# 思想道德修养与法律基础

## 实践教程

主　编◎邢　勇
副主编◎葛晨光　马继彬

北京师范大学出版集团
BEIJING NORMAL UNIVERSITY PUBLISHING GROUP
北京师范大学出版社

**图书在版编目(CIP)数据**

思想道德修养与法律基础实践教程/邢勇主编. —北京：北京师范大学出版社，2016.8(2017.8重印)
ISBN 978-7-303-21181-4

Ⅰ.①思… Ⅱ.①邢… Ⅲ.①思想修养－高等学校－教材
②法律－中国－高等学校－教材 Ⅳ.①G641.6 ②D920.4

中国版本图书馆 CIP 数据核字(2016)第 189525 号

营 销 中 心 电 话 010－58802181 58805532
北师大出版社高等教育分社网 http://gaojiao.bnup.com
电 子 信 箱 gaojiao@bnupg.com

出版发行：北京师范大学出版社 www.bnup.com
　　　　　北京市海淀区新街口外大街 19 号
　　　　　邮政编码：100875
印　　刷：三河兴达印务有限公司
经　　销：全国新华书店
开　　本：730 mm×980 mm 1/16
印　　张：14.75
字　　数：256 千字
版　　次：2016 年 8 月第 1 版
印　　次：2017 年 8 月第 2 次印刷
定　　价：26.50 元

策划编辑：祁传华　　　　责任编辑：祁传华
美术编辑：焦　丽　　　　装帧设计：焦　丽
责任校对：陈　民　　　　责任印制：马　洁

# 前　　言

　　《思想道德修养与法律基础》课是一门以马克思主义思想政治教育学科为支撑，对学生进行人生观、价值观、道德观和法制观系统教育的必修课程之一。它既是一门思想政治理论课，更是一门行为习惯养成过程课，是"知"与"行"的统一，与其他思想政治理论课相比，具有更为鲜明、突出的实践性，这一特点决定了《思想道德修养与法律基础》课加强实践教学的必要性和重要性。正是基于对《思想道德修养与法律基础》课程实践教学必要性和重要性的思考，我们组织了南阳理工学院有着丰富教学经验的任课教师编写了《思想道德修养与法律基础实践教程》一书。

　　本书紧密围绕着教育部统编教材《思想道德修养与法律基础》中的知识要点和培养目标，以马克思列宁主义、毛泽东思想、邓小平理论、"三个代表"重要思想和科学发展观为指导，贯彻"以德治国、以法治国"的战略思想，以社会主义核心价值体系为主线，以理想信念教育为核心，以爱国主义教育为重点，并与教材保持同步。在编写中坚持以人为本的教育理念，以大学生的人生发展为主线，以指导大学生成长、成才和帮助大学生解决实际问题为出发点，让大学生在实践中升华思想境界，铸造优良思想品德，在实践中学会做事，学会做人。

　　本教材具有以下几个鲜明的特点：

　　第一，内容结构清晰，主题鲜明。每章均包括理论导学、实践拓展、知识运用、延伸阅读四个板块。理论导学部分设置了"教学目标"、"教学重点"、"教学难点"等栏目，旨在帮助学生初步把握章节内容，有针对性地进行学习和复习。

　　第二，突出理论与实践相结合的原则。为了提高本书的适用性和实用性，在实践拓展部分设置了"实践类型"、"实践目标"、"实践方案"等栏目，使学生通过实践教学，做到学以致用，学会用理论知识去解决实际问题，提高综合素质，在实践中知荣明耻，从而对学生进行人生引导，实现在思想道德和法律规范上的知行统一。在知识运用部分，本书列举了大量相关的经典案例，这些案例既符合《思想道德修养与法律基础》课程的知识要求，又体现了学生学习、生活和工作的实际诉求，有效地提高了课堂教学的针对性和实效性。

第三，与教材保持同步。本书按照教育部最新颁布的教学大纲编写，纲目紧扣教材，便于老师教、学生学，与教学过程紧密结合。

本书既可以作为高校教师思想政治理论课教学的参考书，也可以作为大学生培养自己的社会实践能力，进行自我修养、自我测试，提高自身素质的有益课外读物。

本书由邢勇任主编，葛晨光、马继彬任副主编，具体编写分工如下：绪论由邢勇撰写；第一章由葛晨光撰写；第二章、第三章由马继彬撰写；第四章、第五章由王艳秋撰写；第六章、第七章、第八章由胡磊撰写。全书由邢勇统一修改、统稿并最终定稿。

为编写本书，我们选入了许多优秀的篇章，并与所选作品的作者进行了广泛的联系，并得到了他们的大力支持，在此，我们表示衷心的感谢！但是由于条件所限，有少部分选入作品的作者我们无法取得联系，还有一些作品在原出版物上就没有署名，在此一并表示感谢！

由于水平有限，在编写过程中难免存在不足或疏漏之处，敬请各位读者批评指正。

编者<br>2016 年 6 月

# 目　　录

# 绪论　珍惜大学生活　开拓新的境界

## 理论导学

### 一、教学目标

**【知识目标】**

1. 了解本课程的性质、任务、教学体系及学习方法。

2. 认识大学生活的特点。

3. 培育和践行社会主义核心价值观。

**【能力目标】**

1. 树立新的学习理念。

2. 明确当代大学生的历史使命与成才目标。

3. 帮助大学生尽快实现角色转换并确立新的人生目标。

4. 提高大学生思想道德素质和法律素质。

**【素质目标】**

1. 激发学生对"思想道德修养与法律基础"课学习的兴趣与热情。

2. 树立正确的成才目标和发展方向。

### 二、教学重点

正确看待大学生活的适应问题，积极寻找解决适应问题的思路和方法。结合高职生实际及个人自身特点，确立成才目标和发展方向。

### 三、教学难点

如何结合自身实际情况，尽快适应大学学习生活，实现从中学生到大学生的角色转化。

1

# 实践拓展

**【实践项目一】**

"我的大学规划"演讲

**【实践类型】**

体验反思类

**【实践目标】**

让学生对自己的大学生活进行总结与反思，分析自己的优势与劣势，明确自己的目标。为自己制订一份实现奋斗目标的计划。

**【实践方案】**

1. 要求每个学生总结自己大学入学以来的生活和学习情况，确立自己在大学期间所要达到的目标，并为实现自己的目标制订一份规划书。

2. 上交规划书。

3. 教师可以在课堂上安排学生就自己的发展规划进行演讲，并进行交流讨论。

**【实践项目二】**

体验父母的辛苦——调查家庭经济状况

**【实践类型】**

体验反思类

**【实践目标】**

每个学生对自己家庭的经济情况及父母对自己的要求进行深入调查。通过调查，对学生进行思想教育，体验父母的艰辛，使父母子女在调查、交流中互相理解，换位思考，缩小代沟，达到情感交融的目的。

**【实践方案】**

1. 学生可以运用体验法，通过电话、通信、网络等方式和父母沟通交流，亲身体验。

2. 调查内容可以包括：

①每年供自己上大学需要提供多少经费支出。自己读完四年大学需要花家里多少钱。

②自己的学习支出占家庭总收入的百分比。父母的经济收入情况。

③父母对自己寄予的期望及希望。

④自己在大学的表现怎么样，现存在哪些不足，能否与父母的付出和期望成正比。

⑤自己今后应该怎么办，自己的将来应该如何规划。

3. 根据调查数据和结果，写出调查报告并上交。

4. 有条件的同学可将所形成的文字材料结合图片、照片及其他技术手段制作成 PPT。

具体制作要求：

①8～10 分钟。

②每个页面都要配有图片。

③利用图表或表格说明家庭收入与本人支出情况。

④可利用动画效果、幻灯片切换效果、背景效果。

⑤幻灯片可以配置背景音乐。

5. 做调查结果汇报。以班级为单位召开主题班会。每个学生都要现场演讲，教师对本次活动认真总结。

6. 通过家长、班级、任课教师的评价，使学生能够更深地体谅父母的辛苦，使传统美德教育在学生思想上真正达到内化。

**活动评价**

1. 根据学生演讲的方式和内容，按思想性、技术性、艺术性的要求评选出班级的优秀者，每班 2 名。

2. 每个班级中评选出的优秀者参加全院的演讲比赛，在全院范围内评选出一、二、三等奖及优秀奖，并就思想性、技术性、艺术性分别评选适当的专项奖。

**【实践项目三】**

学生生涯设计

**【实践类型】**

体验反思类

**【实践目标】**

学生自己动手制作一份个人的大学发展计划，更好地了解自己的兴趣与优势所在，指导自己在未来几年的大学生活中更好地学习和发展，立足于社会现实，客观分析各项因素，综合自身实际从主观到客观认真地分析自己在校期间的学习生涯与个人规划，并以此为理想目标，为自身提供人生的前进动力，同时提高自身的精神境界。

**【实践方案】**

1. 请任课教师讲解，指导学生认识自己生涯规划的意义，学会对自己的人生进行有效的规划，从各方面指导学生如何更好地度过大学时光。

2. 学生在听完任课教师讲解之后，可以根据讲座的内容和讲授的方法、技巧来制作一份个人发展计划书，内容可以包括对自身性格爱好的分析、所学专业就业方向及前景分析、职业选择分析、确定未来大学四年的努力目标和行动计划等方面。

3. 上交个人发展计划书，教师可以在课堂安排学生就自己的个人发展计划书进行交流讨论，找出自己计划中的优缺点，完善自己的计划，以增强其可行性，从而更好地指导学生的发展。

4.《学习生涯设计》PPT 制作要求

①学生需制作《学习生涯设计》PPT 演示文档，边演示边解说。②认识过去，着眼未来，有计划及相对措施。③认识所学专业的课程设置及自身学业中的地位与作用。④PPT 结构完整，字体大小适宜，色彩搭配悦目，内容安排合理，主题突出。

**活动评价**

任课教师检查学生制订的个人发展计划书，根据制订的情况，给出实践教学环节成绩。实践等级可分为四个等级：

优秀——内容完整详细，能够理性地分析出自身的性格爱好特点，就业前景分析和目标制订合理，行动计划切实可行，操作性较强。

良好——内容比较详细，能够理性地分析出自身的性格爱好特点，就业前景分析和目标制订合理，行动计划可行。

及格——内容较全，能够分析出自己的性格爱好，制订了一定的目标，并有意识地选择了一定的方式来实现目标。

不及格——内容不全，不能够分析出自己的性格爱好，目标虚无缥缈，没有可行性。

| 一、基本情况 | | | | | |
|---|---|---|---|---|---|
| 学习生涯设计年限 | 年　月— 　年　月 | | | | |
| 姓名 | | 民族 | | 在校任职 | |
| 籍贯 | | | | | |
| 政治面貌 | | 性别 | | 出生年月 | |
| 家庭住址 | | | | | |
| 爱好及特长 | | | | | |
| 计算机水平 | | | | 外语水平 | |
| 学习生涯主要目标 | | | | | |

续表

| 完成设定目标<br>所需条件 | |
| --- | --- |

**二、学习生涯设计分析**

1. 专业前景分析、就业环境分析

2. 生涯设计：本人当前优势

3. 生涯设计：本人当前不足

**三、学习生涯设计实施方案**

1. 拟解决的关键问题

2. 拟采取的措施

3. 拟采取措施的可行性分析

# 知 识 运 用

【案例一】

## 大学生的困惑

小丽，18岁，四川某高校大学一年级新生，来自北方某城市。小丽是家中的独生女，在父母的关爱与呵护中长大。中学时期一直在父母身边，家中的生活琐事均由父母料理，甚至连衣服鞋袜也不用自己洗。进入大学后，非常想家，不适应大学生活，无法安心学习，后悔来成都上大学，还产生了转学回家的想法。她对所在班级的辅导员说："我简直待不下去了，成天想家。早上一睁眼就想到不是在自己的家里，不想起床，不想吃饭。但又怕身体垮了父母着急，便强迫自己起床锻炼、吃饭。在操场上跑步，听见广播里放的音乐里有'妈妈'之类的歌词就要哭。周末，看见寝室的本地同学回家了，更伤心，更难过。"她说："我知道父母家人希望我在大学里快乐地学习生活，好好读书。我也强迫自己快乐起来，强迫自己好好学习。但是，基本上学不进去，又怕自己被淘汰，只得抱着无可奈何的心情整天将自己塞进课本里面，看着书发呆，好多作业没做。现在我整天提心吊胆，担心期末考试不及格，担心让家里人失望，害怕大家的眼光。开学后这两个多月以来，我是靠着回忆和写信支撑过来的。我靠自己发出的80多封信件（其中48封给家人）和收到的70多封信支持着自己的精神。"

◆ 思考与讨论

案例中的小丽在刚读大学时遇到了哪些问题？这些问题产生的原因是什么？请你为案例中的主人公提出一些有效的解决办法，帮助她顺利走出困境。

◆ 要点提示

新的学习和生活环境给大学新生带来不少心理问题。大学新生要主动地调适心理困扰，适应大学生活，应做出以下几个方面的努力：

1. 要培养独立生活的能力。高中生的大部分时间和精力都用在学习上，生活上的事情绝大多数由父母包办打理；上大学后，生活环境有了很大的变化，没有了父母、长辈的悉心照料，许多事情要开始学会独自处理了。刚进入大学的新生，首先应学会日常生活的打理。要学会准时起床、运动，学会自己料理床铺，收拾房间。学会自己洗衣服、缝补衣服，学会自己照料自己。独立生活的另外一个重要方面是对钱财的管理。

要注意考虑：在生活中，哪些开支是必需的，哪些开支是不必要的，哪些是可有可无的。有了这些基本情况的分析，再确定自己每个月的"消费计划"，使之切实可行。并且要尽量遵照执行，多余的钱可以存入银行，以备急需。

2. 要确立新的目标。由于高中的奋斗目标已经实现，新的目标尚未确立，大学新生入学后感到空虚和迷茫，出现松动情绪。其新的前进动力来源于正确认识自我之后所确立的个人奋斗目标。没有一个明确的奋斗目标，学习就没有持之以恒的动力。因此，新生入校以后，应着手确立自己新的奋斗目标。

3. 要制订学习计划。目标的实现有赖于适当的计划。在制订计划时，应注意处理好长计划与短安排的关系，基础学习与专业学习的关系，全面发展与特长发展的关系，以及德智体美劳诸要素之间的关系等。只有这样，才能使自己的学习计划忙而不乱，有条不紊，有张有弛。

4. 要培养自学能力。大学学习的特点是自主性，它强调学生既要有较强的自学意识，又要善于自学。只有早日培养自己的这种能力，才能使自己在以后激烈的竞争中脱颖而出，成为优秀的人才。

【案例二】

### 勤俭日——聚焦高校食堂饭菜浪费现象

10月31日——世界勤俭日，这天中午，中央民族大学第四食堂已座无虚席。记者穿梭其间，很快发现一名女生端着剩下的大半盘饭菜走向餐具回收台。记者追上去询问女生，为什么没吃完饭菜？女生先是一愣，然后红着脸说："饭太硬，颜色还是黄的，吃不下去，而菜有点淡，没味。"饭菜真的那么难吃吗？记者随即也打了一份三毛钱的饭，要了一个菜。饭确实有点发黄，吃起来有点干，不过，菜的味道还过得去。"剩饭剩菜，是大学生典型的浪费行为。"重庆工商大学一位食堂负责人介绍，该食堂每天有超过1/5的食物被倒掉了，每天都能产生近200斤的潲水。"如此算来，一年就是上万公斤粮食蔬菜被浪费掉了，这足够几十人整整吃一年。"

**问卷调查：**100％**大学生坦承自己存在浪费现象**

调查显示，90％的大学生不知道世界节俭日，而当被问到"浪费项目目前主要有哪些"时，同学反映，浪费饭菜是一直有的，而电脑、手机、游戏机等电子设备诱惑大家浪费更多。"手机的新产品、新服务层出不穷，为赶潮流，得换；一款款的新游戏惊险又刺激，上网时间不断延长，网费、电费随之增长……"大四学生小李告诉记者，他宿舍的5个同学都有手机，争着比着看谁的手机好、功能多，一个月最多的手机费要花300多元。更有意思的是，80％的男生都认为女生比男生浪费更多。"因为她们除了要追新手机、电脑外，还要赶潮流，花更多的钱在服饰、化妆品上，而男生在这方面一般都不太在意。"

有调查显示，恋爱的人比不恋爱的同学每月平均多花费100～300元不等，而这主要体现在男生身上。不过，很多男生都认为，这要算浪费，那也得算在女友（女生）身上。"因为他们平时生活都是很省的，一些哥儿们甚至平时连牙膏、洗发精都舍不得买，千方百计蹭宿舍同学的。而等到假期和女朋友一起买东西时，就变得大方、随意、不理性了。"同济大学王宽笑言。

**专家观点：节约不只是省吃俭用，更在规划生活**

"节约要辩证对待，浪费要绝对制止。"对于大学校园存在的浪费行为，现在提倡大学生勤俭节约不只是要省吃俭用，更是希望大家学会规划生活，恰到好处地消费，避免浪费。勤俭节约是中华民族的传统美德，随着社会经济的发展，大学生的生活水平和质量应该有相应提高，因此勤俭节约的内容也应作出相应调整。从这个角度说，正常使用电脑、手机，买更好的衣服不能说是浪费。"但不能盲目攀比，一攀比，就超出自己的消费能力，就成了不良消费了。"作为没有经济来源的学生，稳健消费，有计划地适度消费，甚至学会一些理财知识，是非常必要的。不提倡女生为买高档服饰节衣缩食，这不利于身体健康。

——摘自《中国学生健康报大学生版》

◆思考与讨论

随着生活水平的提高，大学生的物质消费能力也在提高。合理消费，是对当代大学生的要求；勤俭节约，自古就是中华民族的传统美德。

结合当前部分大学生铺张浪费，甚至为了攀比不惜透支的行为，谈谈你的看法。

◆要点提示

1. 要深刻认识现代化建设的长期性、艰巨性，始终保持谦虚谨慎、不骄不躁的作风，始终保持艰苦奋斗的作风，弘扬求真务实、自强不息的精神，抵制和反对不思进取、得过且过、贪图享乐、奢侈浪费等思想和行为。

2. 无论物质生活发展到何种程度，勤俭节约都是一种美德，是一种永远不会褪色的民族精神。合理消费，不仅需要理智，也需要智慧。要树立正确的人生观、价值观和消费观，将人生的荣誉感建立在自我奋斗而不是金钱的基础之上。

【案例三】

## 让灵魂永远保持站立姿势

刘默涵的故事在北大学生中广为流传——这位来自河北无极县农村贫困家庭的历史系三年级本科生，创立了用自己名字命名的助学基金，一年多来已帮助了 37 个贫困家庭的孩子上学。

刘默涵在贫困中顽强自立的精神感动着同学们，她的经历也引发了诸多思考：贫富不同的出身差异能在多大程度上决定一个人的命运？如何在贫穷中保持心灵的富有？如何使卑微的人生变得博大？……

刘默涵的老乡、北大计算机系学生马秀娟说默涵"实在不得了"！"很有主意，特别能闯"。

同学们说刘默涵"特牛"：靠勤工俭学，不仅完全养护了自己，承担了母亲和妹妹的生活费用，还资助了那么多贫穷孩子上学。叹服之余，很多人困惑：她是怎么做到的？

**"你可以做最幸福的一个！"**

谁能想到，刘默涵曾经是一个被中学开除的"坏学生"。

刘默涵 12 岁那年，父亲暴病去世，剩下她与常年卧病在床的母亲和年幼的妹妹相依为命。从此，贫穷和饥饿像影子那样不离左右。上初中时，因为没能按时凑够学费，刘默涵与老师发生口角，被学校开除了。病弱的母亲四处奔波，刘默涵终于在另一所中学复学了，但一向性情温柔的她变得沉默、尖锐，像只刺猬，动辄便向他人发起攻击。

"如果不是遇到丁老师，当时已经厌学的我根本考不上大学，更重要的是，很可能仍然在仇恨和怨怼中挣扎。"提到新初中的班主任丁俊芬老师，刘默涵心中充满感激之情。

当丁老师了解了这个女孩的辛酸生活经历后，她动情了："那么小就失去父亲太可怜了，被学校开除对她的打击太大了。对于贫困和心理有问题的孩子，做老师的应该付出更多的心血。"

丁老师决心为孩子重塑自信。刘默涵说她一辈子都不会忘记丁老师那改变了她人生的话："这个世界上比你苦的人有很多，你永远都不是最苦的那一个；但是通过努力，你可以做最幸福的一个！"

**"生活苦不是放弃的理由"**

2003 年，19 岁的刘默涵考上了北大，这个天大的喜讯，却成了对她的严峻考验。母亲说："把房子卖了吧，说什么我也要供你读大学。"刘默涵抹着眼泪坚决反对。

关键时刻，一双双援助之手从四面八方伸出：河北省福利彩票中心向她捐助了3000元，左邻右舍和亲戚朋友们从自己本不宽裕的收入中拿出一大堆各种面值的零钞。数千元学费奇迹般地凑齐了。

到学校的第二个月，默涵便在学姐的帮助下找了一份家教工作。

为了省钱，默涵"规定"自己一天只吃3元钱的饭菜。她利用周末到博物馆做解说员，晚上顾不上回宿舍又匆匆赶去做家教。冬天，骑车返回的路上，凛冽的寒风打在脸上，灌进衣服里，胃也饿得直痛。她流着泪告诉自己，生活苦不是放弃的理由。

通过努力刘默涵不仅完全解决了自己上学的各种费用，还每年都带回1500元供家用，并给妹妹攒够了上大学第一年的几千元学费。

**让心灵走出贫困**

北京大学助学工作办公室主任杨爱民说，贫困群体往往要面临比富裕群体更多的挫折感。"刘默涵的经历最令人深思的是：在被不幸击中时，灵魂如何保持站立的姿势；在走出物质贫困的同时，如何让心灵也走出贫困？"

人们对于自强自立的品格总是怀有真诚的敬意和爱护。女同学说穿着朴素的刘默涵是《大长今》中李英爱那样的"氧气美女"，不靠外包装；而相识的男同学对她比对那些外表更加漂亮的女生还要热情、礼貌。

马秀娟说："默涵最吸引人的地方是她的善良和永远为别人着想。她自己受过苦，所以特别不希望别人也受苦。"

家境优裕的北京女孩樊华说："像刘默涵这样的朋友特别值得珍视，她让我看世界有了新的眼光。"

**"默涵助学金"资助37人**

2005年寒假回家，刘默涵在无极县中学的大力支持下，通过办学习班筹到了4110元，为14名家境贫困的高中生分别发放了100～200元不等的助学金。这次行动成为"默涵助学金"的发端。

当地媒体报道了这件事后，刘默涵接到了千余条手机短信和100多个电话。很多人表示要直接捐助刘默涵本人。一位女士在电话里说："默涵，我不想让你这样的好孩子太苦自己，我希望你能得过得轻松点。"

刘默涵说："他们的好意常常感动得我直想哭，可我不能接受。"她婉言说服人们将善款投入到"默涵助学金"上。

迄今，她用"默涵助学金"筹到的12700元资助了37名同学，同时还为4位同学找到了长期资助人。

**◆思考与讨论**

刘默涵是怎样从"一只刺猬"变成各方面都"不得了"的阳光女孩的？谈

谈自己如何在大学生活中展示自我形象,"让灵魂永远保持站立姿势"。

◆要点提示

贫困是可怕的敌人,没有被贫困击倒,并走出自己的一片天地的人,是灵魂站立起来的人。父死母病,生活无着,加上学校、老师的歧视,曾经使年幼的刘默涵变得尖锐、狭隘,"像只刺猬";而丁老师对她的关怀和循循善诱,社会的慷慨相助,进入大学后老师、同学的理解和友爱,造就了今天的刘默涵——一个活泼宽厚、乐于助人,各方面都"不得了"的当代大学生形象。刘默涵这个在贫困的生存环境中自立自强的故事,透露出的更深层意蕴则是:贫穷,可能扭曲人格,使人变得自暴自弃,也可能成为奋发向上的动力,使人变得坚强、仁慈。从这个故事中我们可以看出,走出心灵的贫困比走出物质的贫困更为重要。站直了,你就是一个大写的"人",你的世界就会变得阔大而多彩——贫穷会成为你前进的助推器。

刘默涵在自立之余,没有满足于一己之足,而是怀着感恩的心,将社会对自己的捐助与关爱反哺社会,救助更多的尚在贫困线上挣扎的兄弟姐妹,也在向社会昭示着一种知恩图报的感恩之心,引导更多人向善,这在感恩文化薄弱的社会是一次难得的"精神洗礼"。

刘默涵视野开阔、胸怀宽广,用灵魂感动中国,让更多的人的灵魂站起来。她向社会树立起了"知行统一、脚踏实地"的当代大学生的崭新形象。

【案例四】

## 俞敏洪在北大校庆上的演讲

大家上午好!(掌声)

非常高兴许校长给我这么崇高的荣誉,谈一谈我在北大的体会。

可以说,北大是改变了我一生的地方,是提升了我自己的地方,使我从一个农村孩子最后走向了世界的地方。毫不夸张地说,没有北大,肯定就没有我的今天。北大给我留下了一连串美好的回忆,大概也留下了一连串的痛苦。正是在美好和痛苦中间,在挫折、挣扎和进步中间,最后找到了自我,开始为自己、为家庭、为社会能做一点事情。

学生生活是非常美好的,有很多美好的回忆。我还记得我们班有一个男生,每天都在女生的宿舍楼下拉小提琴,(笑声)希望能够引起女生的注意,结果后来被女生扔了水瓶子。我还记得我自己为了吸引女生的注意,每到寒假和暑假都帮着女生扛包。(笑声、掌声)后来我发现那个女生有男朋友,(笑声)我就问她为什么还要让我扛包,她说为了让男朋友休息一下(笑声、掌声)。我也记得刚进北大的时候我不会讲普通话,全班同学第一次开班会的时候互相介绍，我站起来自我介绍了一番，结果我们的班长站起来跟我说："俞敏洪你能不能不讲日语?"(笑声)我后来用了整整一年时间，拿着收音机在北大的树林中模仿广播台的播音，但是到今天普通话还依然讲得不好。

人的进步可能是一辈子的事情。在北大是我们生活的一个开始，而不是结束。有很多事情特别让人感动。比如说，我们很有幸见过朱光潜教授。在他最后的日子里，是我们班的同学每天轮流推着轮椅在北大里陪他一起散步。(掌声)每当我推着轮椅的时候，我心中就充满了对朱光潜教授的崇拜，一种神圣感油然而生。所以，我在大学看书最多的领域是美学。因为他写了一本《西方美学史》，是我进大学以后读的第二本书。

为什么是第二本呢?因为第一本是这样来的，我进北大以后走进宿舍，我有个同学已经在宿舍。那个同学躺在床上看一本书，叫做《第三帝国的兴亡》。所以我就问了他一句话，我说："在大学还要读这种书吗?"他把书从眼睛上拿开，看了我一眼，没理我，继续读他的书。这一眼一直留在我心中。我知道进了北大不仅仅是来学专业的，要读大量大量的书。你才能够有资格把自己叫做北大的学生。(掌声)所以我在北大读的第一本书就是《第三帝国的兴亡》，而且读了三遍。后来我就去找这个同学，我说："咱们聊聊《第三帝国的兴亡》"，他说："我已经忘了。"(笑声)

我也记得我的导师李赋宁教授，原来是北大英语系的主任，他给我们上《新概念英语》第四册的时候，每次都把板书写得非常的完整，非常的美丽。永远都是从黑板的左上角写起，等到下课铃响起的时候，刚好写到右下角结束。(掌声)我还记得我的英国文学史的老师罗经国教授，我在北大最后一年由于心情不好，导致考试不及格。我找到罗教授说："这门课如果我不及格就毕不了业。"罗教授说："我可以给你一个及格的分数，但是请你记住了，未来你一定要做出值得我给你分数的事业。"(掌声)所以，北大老师的宽容、学识、奔放、自由，让我们真正能够成为北大的学生，真正能够得到北大的精神。当我听说许智宏校长对学生唱《隐形的翅膀》的时候，我打开视频，感动得热泪盈眶。因为我觉得北大的校长就应该是这样的。(掌声)

我记得自己在北大的时候有很多的苦闷。一是普通话不好，二是英语水平一塌糊涂。尽管我高考经过三年的努力考到了北大——因为我落榜了两次，最后一次很意外地考进了北大。我从来没有想过北大是我能够上学的地方，她是我心中一块圣地，觉得永远够不着。但是那一年，第三年考试时我的高考分数超过了北大录取分数线七分，我终于下定决心咬牙切齿填了"北京大学"四个字。我知道一定会有很多人比我分数高，我认为自己是不会被录取的。没想到北大的招生老师非常富有眼光，料到了三十年后我的今天。（掌声）但是实际上我的英语水平很差，在农村既不会听也不会说，只会背语法和单词。我们班分班的时候，五十个同学分成三个班，因为我的英语考试分数不错，就被分到了 A 班，但是一个月以后，我就被调到了 C 班。C 班叫做"语音语调及听力障碍班"。（笑声）

我也记得自己进北大以前连《红楼梦》都没有读过，所以看到同学们一本一本书在读，我拼命地追赶。结果我在大学差不多读了八百多本书，用了五年时间（掌声）。但是依然没有赶超上我那些同学。我记得我的班长王强是一个书癖，现在他也在新东方，是新东方教育研究院的院长。他每次买书我就跟着他去，当时北大给我们每个月发二十多块钱生活费，王强有个癖好就是把生活费一分为二，一半用来买书，一半用来买饭菜票。买书的钱绝不动用来买饭票。如果他没有饭菜票了就到处借，借不到就到处偷。（笑声）后来我发现他这个习惯很好，我也把我的生活费一分为二，一半用来买书，一半用来买饭菜票，饭票吃完了我就偷他的。（笑声掌声）

毫不夸张地说，我们班的同学当时在北大，真是属于读书最多的班之一。而且我们班当时非常活跃，光诗人就出了好几个。后来挺有名的一个诗人叫西川，真名叫刘军，就是我们班的。（掌声）我还记得我们班开风气之先，当时是北大的优秀集体，但是有一个晚上大家玩得高兴了，结果跳起了贴面舞，第二个礼拜被教育部通报批评了。那个时候跳舞是必须跳得很正规的，男女生稍微靠近一点就认为违反风纪。所以你们现在比我们当初要更加幸福一点。不光可以跳舞，而且可以手拉手地在校园里面走，我们如果当时男女生手拉手在校园里面走，一定会被扔到未名湖里，所以一般都是晚上十二点以后再在校园里面走。（笑声掌声）

我也记得我们班五十个同学，刚好是二十五个男生二十五个女生，我听到这个比例以后当时就非常的兴奋（笑声），我觉得大家就应该是一个配一个。没想到女生们都看上了那些外表英俊潇洒、风流倜傥的男生。像我这样外表不怎么样，内心充满丰富感情、未来有巨大发展潜力的，女生一般都看不上。（笑声掌声）

我记得我奋斗了整整两年希望能在成绩上赶上我的同学，但是就像刚才吕植老师说的，你尽管在中学高考可能考得很好，是第一名，但是北大精英人才太多了，你的前后左右可能都是智商极高的同学，也是各个省的状元或者说第二名。所以，在北大追赶同学是一个非常艰苦的过程，尽管我每天几乎都要比别的同学多学一两小时，但是到了大学二年级结束的时候我的成绩依然排在班内最后几名。非常勤奋又非常郁闷，也没有女生来爱我安慰我。（笑声）这导致的结果是，我在大学三年级的时候得了一场重病，这个病叫做传染性浸润肺结核。当时我就晕了，因为当时我正在读《红楼梦》，正好读到林黛玉因为肺结核吐血而亡的那一章，（笑声）我还以为我的生命从此结束，后来北大医院的医生告诉我现在这种病能够治好，但是需要在医院里住一年。我在医院里住了一年，苦闷了一年，读了很多书，也写了六百多首诗歌，可惜一首诗歌都没有出版过。从此以后我就跟写诗结上了缘，但是我这个人有丰富的情感，但是没有优美的文笔，所以终于没有成为诗人。后来我感到非常的庆幸，因为我发现真正成为诗人的人后来都出事了。我们跟当时还不太出名的诗人海子在一起写过诗。后来他写过一首优美的诗歌，叫做《面朝大海，春暖花开》，我们每一个同学大概都能背。后来当我听说他卧轨自杀的时候，号啕大哭了整整一天。从此以后，我放下笔，再也不写诗了。（掌声）记得我在北大的时候，到大学四年级毕业时，我的成绩依然排在全班最后几名。但是，当时我已经有了一个良好的心态。我知道我在聪明上比不过我的同学，但是我有一种能力，就是持续不断的努力。所以在我们班的毕业典礼上我说了这么一段话，到现在我的同学还能记得，我说："大家都获得了优异的成绩，我是我们班的落后同学。但是我想让同学们放心，我决不放弃。你们五年干成的事情我干十年，你们十年干成的我干二十年，你们二十年干成的我干四十年。"（掌声）我对他们说："如果实在不行，我会保持心情愉快、身体健康，到八十岁以后把你们送走了我再走。"（笑声掌声）

有一个故事说，能够到达金字塔顶端的只有两种动物，一是雄鹰，靠自己的天赋和翅膀飞了上去。我们这儿有很多雄鹰式的人物，很多同学学习不需要太努力就能达到高峰。很多同学后来可能很轻松地就能在北大毕业以后进入哈佛、耶鲁、牛津、剑桥这样的名牌大学继续深造。有很多同学身上充满了天赋，不需要学习就有这样的才能，比如说我刚才提到的我的班长王强，他的模仿能力就是超群的，到任何一个地方，听任何一句话，听一遍模仿出来的绝对不会两样。所以他在北大广播站当播音员当了整整四年。我每天听着他的声音，心头咬牙切齿充满仇恨。（笑声）所以，有天赋的人就像雄鹰。但是，大家也都知道，有另外一种动物，也到了金字塔的顶端。那就是蜗牛。蜗牛肯定只能是爬上去。从底下爬到上面可能要一个月、两个月，甚至一年、两年。在金字塔顶端，人们确实找到了蜗牛的痕迹。我相信蜗牛绝对不会一帆风顺地爬上去，一定会掉下来、再爬、掉下来、再爬。但是，同学们所要知道的是，蜗牛只要爬到金字塔顶端，它眼中所看到的世界，它收获的成就，跟雄鹰是一模一样的。（掌声）所以，也许我们在座的同学有的是雄鹰，有的是蜗牛。我在北大的时候，包括到今天为止，我一直认为我是一只蜗牛。但是我一直在爬，也许还没有爬到金字塔的顶端。但是只要你在爬，就足以给自己留下令生命感动的日子。（掌声）

　　我常常跟同学们说，如果我们的生命不为自己留下一些让自己热泪盈眶的日子，你的生命就是白过的。我们很多同学凭着优异的成绩进入了北大，但是北大绝不是你们学习的终点，而是你们生命的起点。在一岁到十八岁的岁月中间，你听老师的话、听父母的话，现在你真正开始了自己的独立生活。我们必须为自己创造一些让自己感动的日子，你才能够感动别人。我们这儿有富裕家庭来的，也有贫困家庭来的，我们生命的起点由不得你选择出生在富裕家庭还是贫困家庭，如果你生在贫困家庭，你不能说老爸给我收回去，我不想在这里待着。但是我们生命的终点是由我们自己选择的。我们所有在座的同学过去都走得很好，已经在十八岁的年龄走到了很多中国孩子的前面去，因为北大是中国的骄傲，也可以说是世界的骄傲。但是，到北大并不意味着你从此大功告成，并不意味着你未来的路也能走好，后面的五十年、六十年，甚至一百年你该怎么走，成为了每一个同学都要思考的问题。就本人而言，我觉得只要有两样东西在心中，我们就能成就自己的人生。

　　第一样东西叫做理想。我从小就有一种感觉，希望穿越地平线走向远方，我把它叫做"穿越地平线的渴望"。也正是因为这种强烈的渴望，使我有勇气不断地高考。当然，我生命中也有榜样。比如我有一个邻居，非常的有名，是我终生的榜样，他的名字叫徐霞客。当然，是五百年前的邻居。但是他确实是我的邻居，江苏江阴的，我也是江苏江阴的。因为崇拜徐霞客，直接导致我在高考的时候地理成绩考了九十七分。（掌声）也是徐霞客给我带来了穿越地平线的这种感觉，所以我也下定决心，如果徐霞客走遍了中国，我就要走遍世界。而我现在正在实现自己这一梦想。所以，只要你心中有理想，有志向，同学们，你终将走向成功。你所要做到的就是在这个过程中要有艰苦奋斗、忍受挫折和失败的能力，要不断地把自己的心胸扩大，才能够把事情做得更好。

　　第二样东西叫良心。什么叫良心呢？就是要做好事，要做对得起自己对得起别人的事情，要有和别人分享的姿态，要有愿意为别人服务的精神。有良心的人会从你具体的生活中间做的事情体现出来，而且你所做的事情一定对你未来的生命产生影响。我来讲两个小故事，讲完我就结束我的讲话，已经占用了很长的时间。

有一个企业家和我讲起他大学时候的一个故事，他们班有一个同学，家庭比较富有，每个礼拜都会带六个苹果到学校来。宿舍里的同学以为是一人一个，结果他是自己一天吃一个。尽管苹果是他的，不给你也不能抢，但是从此同学留下一个印象，就是这个孩子太自私。后来这个企业家做成功了事情，而那个吃苹果的同学还没有取得成功，就希望加入到这个企业家的队伍里来。但后来大家一商量，说不能让他加盟，原因很简单，因为在大学的时候他从来没有体现过分享精神。所以，对同学们来说在大学时代的第一个要点，你得跟同学们分享你所拥有的东西，感情、思想、财富，哪怕是一个苹果也可以分成六瓣大家一起吃。（掌声）因为你要知道，这样做你将来能得到更多，你的付出永远不会是白白付出的。

我再来讲一下我自己的故事。在北大当学生的时候，我一直比较具备为同学服务的精神。我这个人成绩一直不怎么样，但我从小就热爱劳动，我希望通过勤奋的劳动来引起老师和同学们的注意，所以我从小学一年级就一直打扫教室卫生。到了北大以后我养成了一个良好的习惯，每天为宿舍打扫卫生，这一打扫就打扫了四年。所以我们宿舍从来没排过卫生值日表。另外，我每天都拎着宿舍的水壶去给同学打水，把它当作一种体育锻炼。大家看我打水习惯了，最后还产生这样一种情况，有的时候我忘了打水，同学就说"俞敏洪怎么还不去打水"。（笑声）但是我并不觉得打水是一件多么吃亏的事情。因为大家都是同学，互相帮助是理所当然的。同学们一定认为我这件事情白做了。又过了十年，到了1995年年底的时候新东方做到了一定规模，我希望找合作者，结果就跑到了美国和加拿大去寻找我的那些同学，他们在大学的时候都是我生命的榜样，包括刚才讲到的王强老师等。我为了诱惑他们回来还带了一大把美元，每天在美国非常大方地花钱，想让他们知道在中国也能赚钱。我想大概这样就能让他们回来。后来他们回来了，但是给了我一个十分意外的理由。他们说："俞敏洪，我们回去是冲着你过去为我们打了四年水。"（掌声）他们说："我们知道，你有这样的一种精神，所以你有饭吃肯定不会给我们粥喝，所以让我们一起回中国，共同干新东方吧。"才有了新东方的今天。（掌声）人的一生是奋斗的一生，但是有的人一生过得很伟大，有的人一生过得很琐碎。如果我们有一个伟大的理想，有一颗善良的心，我们一定能把很多琐碎的日子堆砌起来，变成一个伟大的生命。但是如果你每天庸庸碌碌，没有理想，从此停止进步，那未来你一辈子的日子堆积起来将永远是一堆琐碎。所以，我希望所有的同学能把自己每天平凡的日子堆砌成伟大的人生。

最后，我代表全体老校友向在座的三千多位新生表一个心意，我代表全体老校友和新东方把两百万人民币捐给许校长，为在座同学们的学习、活动和成长提供一点帮助。（掌声）

◆思考与讨论

请分析以下俞敏洪对大学生活的管理，结合自己的职业生涯规划谈谈大学的学习方向和目标。谈谈你对"把自己每天平凡的日子堆砌成伟大的人生"这句话的理解。

◆要点提示

俞敏洪的大学生活是成功的，虽然一路困难险阻，但他成功的大学生活是一个无法否定的事实。俞敏洪在北京大学 2008 年校庆上风趣幽默的演讲用自己的经历和在北大校园的所见所闻所想来感触祖国的又一代英才。大学是人生中的关键时期，大学应该如何度过？这篇演讲从一个成功人士的角度反观大学时期在个人成长经历中的重要战略位置，提出了大学生应该懂得的为人之道、处世之道、学习之道。大学中的时间看似很多，实则不足，全面学习的理念在入学之初就该被牢牢地固定在我们头脑中，不要让虚度光阴、追悔莫及的遗憾在我们身边上演。

【案例五】

### 在"冷门专业"里预支幸福

**镜头一：看别人的"脸色"，也是好专业**

"萨达姆有没有大规模杀伤性武器？假设他有，根据他的性格经历，请你分析他是否会动用或交出这些武器？"我掷出了这个"调皮"的话题，教室里的气氛一下子活跃起来，学员们兴奋地开始了讨论。随着心理培训课程的不断深入，这些人力资源部经理将掌握更多与员工沟通的技巧，实现公司内部的有机平衡。更让我欣慰的是，我曾经厌倦退缩的专业已然开花结果。

多年以前，我收到大学通知书那天，是我悲喜交加的一天，我没考上第一志愿"经济"专业，而是被调剂到第二志愿"心理"专业。这使我陷入了无边的沮丧——尽管多年以后的事实证明这不过是闭塞山区信息不畅造成的"情报误读"——要我一个大男人，成天研看别人云山雾罩的"脸色"吗？

真正投身学习之后，我发现它并不是我想象的那样晦涩、分裂、支离破碎、扑朔迷离，我更不是成天被"变态"、"癔症"、"呓语"这样的词汇纠缠。我在"心理学科"这一科学、健康、有序的理论系统内稳定运行。"应用心理学"更与现实生活丝丝入扣，"从站立姿势分析他们的相恋程度"，

"从他进入招聘房间之前的种种细节判断这个人是不是理想中的求职心态"，这些看似浅显的现象，我们是从理论高度上去把握它们的。

在后来的求职过程中，我这个学心理专业的人，更是做到"知己知彼，百战不殆"。我冲着一家大公司的"人事职位"投去了简历，电话通知很快到了，我注意到秘书小姐声音微微发颤、急促，便用轻松亲切的语调同她说："您这几天情绪是不是比较紧张？要注意休息。"她惊讶极了："没错，这一周来天天加班，每天都要写报告，累死了。"

等我准时到达招聘房间后，主考官看着我眯眯笑："你就是那个'心理大师'？来，你替我分析看，我是什么样的人……"我当然不会没礼貌地对考官品头论足，不过，那天的话题却是围绕"有趣的心理实验"和"如何调节公司里的员工情绪"而展开，比如，能否模拟加拿大麦克吉尔大学的"感觉剥夺"实验，让员工在不能与外界有任何接触的环境中待上半天，他们在百无聊赖之后会更深切地认识到，"只有通过更广泛的接触，才可能更多地拥有力量，更好地发展"。这一招对激励销售人员走出低谷、屡败屡战，尤其有用……

如今心理学科已经成了一门热门学科，在压力巨大的时代，不管是企业、个人都需要专业的咨询和"治疗"。今天的我，庆幸当初的误打误撞和之后的坚持，时代趋势不断变化，"冷门"也会变"热门"。

**镜头二：强扭的瓜也甜**

上我理想的大学，学我所爱的专业，创立自己的公司，这就是我当初高考的目标和动力。而我现在是一名国防生，至于我为什么会当国防生，为什么会换一个专业，却有着一段抹不去的回忆。

高考结束，填报志愿时过分谨慎，我没能如愿进入清华大学。同学安慰我说，大学只不过是我们登上社会舞台的一个跳板罢了，跳板的质量再差，也不至于会让我们站在上面就会压断它，我们所需要做的就是尽量跳得更高！而且，专业还是我喜欢的专业，想到此，我心里多少有点宽慰了。

然而，交完 6000 多元的学费和 1000 元的住宿费后，我所剩的钱已经寥寥无几了，生活没保障，我感到了一定的压力。三个月后，正好学校要求每个班至少推选一个国防生，最好是让家庭条件比较差的同学报名，班主任和几个同学商量后都推选了我。当国防生的好处是有国防奖学金，再就是可以在全校范围内任选专业，但毕业后，工作地点、单位必须服从分配，几年之内不能跳槽(听说)。这对我来说非常痛苦。

我一心想在北京这座大城市发展，如果毕业后被分到什么偏远的地方，那我的梦想不就全泡汤了吗？但考虑到自己的家境，想到父母身上沉重的负担，我最终还是报了国防生。

许多个夜晚，我在想，别人都是因为对原来的专业不满意才通过申请国防生这个渠道来转专业的，而我难道仅因贫穷就放弃原先的目标吗？我开始了反抗，撒尽一切谎想方设法退出国防生，但都没有成功。就这样一个强扭的瓜不得不在一块新土地上面生根发芽了。

而现在，我才明白，其实一切都不是我想象的那样。当国防生的日子让我收获到了很多。每逢训练，我都能实实在在地感到了一种叫做"超越自我"的东西。当兵之前，看着自己不高的个头、瘦弱的身形，站在高个子面前有时还有些许自卑呢，现在就不会，一年下来，内心练就出的那股毅力和坚韧，时时在告诉我自己"我能"！

国防生的生活有不少东西都是很难得的经验，有许多感受都是常人无法体会和理解的。这些在部队里得到的意志、经历和办事思维都会为我今后事业的发展打好基础。

如果再让我重新选择，我还是会选择当国防生，只不过理由绝对不是贫穷。

**镜头三：曾经进过哲学系**

五年前的 8 月，我收到了期盼已久的大学录取通知书，但当我在全家人的喜悦中拆开信封时，无疑遭到了当头一棒，录取我的是哲学系，而不是挚爱的中文！哲学？天哪！我的出路在哪儿？当时的我甚至认为，十年寒窗的努力都付之东流了。

这种情绪让我在开学后一直没有找到学习的感觉，直到两个月后，我发现自己才真正地接触到了哲学。记得当时开设的课程有人生哲学、逻辑学、科技哲学等，刚开始对这些课我很茫然，难道它们也属于哲学？科技也有哲学？建筑也有哲学？甚至工业、经济、军事中都包括了哲学？这倒引起了我的兴趣。在课上我似乎远离了哲学本身，因为我同样找到文学、历史，也看到了自然科学。

不过一年后，我还是转系离开了，也许对哲学仅仅是兴趣，而中文才是追求，但在此后的生活中我体会到了自己的变化，我对周围的世界敏感起来，善于在思考中寻找快乐、思考人、思考环境、思考自己、思考生命，思考一切可以思考的东西。

于是我开始领悟"哲学是智慧之学"的说法了。

中文让我获得的是知识，而哲学赋予我的是一种智慧。智慧隐含于内，不像诗词歌赋一般可以拿来炫耀，但它的优势只有自己可以体会。

毕业那年我报考了公务员，公务员的考试是对逻辑和思维的考查，是对待人处事能力的评判。当我运用哲学的思维去思考事态，运用深度挖掘的哲学方法去应对考题的时候，猛然发现，其实在这一道道看似简单的题目背后，都潜藏着巨大的陷阱，而带我绕过那陷阱的正是我那智慧指示牌。

不过，公务员只是我人生道路上一个选择。后来，我还是回高校继续进修。良好的哲学思维让我在学术专业的研究上如鱼得水。当然，人生道路还很漫长，哲学带来的财富我才挥霍了九牛一毛。

现在想想，曾经进过哲学系，对我来说真是不小的福气。

◆思考与讨论

你所学的专业是"冷门"专业还是"热门"专业？你划分的依据是什么？"上了大学，我不喜欢自己的专业"是许多大学生的真实感受，对此你有什么好的建议？

◆要点提示

赤橙黄绿青蓝紫，哪个颜色最美呢？很多人喜欢红色，那么就可以说红色最美吗？当到处都是一抹红的时候，任何其他颜色都会成为人们争相追逐的宠儿。人，包括人类社会，会不自觉地摆荡在天平的两端，但从不静止。

在大学中，现阶段普遍被人们看好的"热门"专业会挤得头破血流。也许因为它现在就业前景好，也许因为它能给从业人员带来丰厚利润，也许因为它更体面；但当许多人都来分热门专业的"大蛋糕"时，谁来保证毕业时"蛋糕"依然热乎，谁能确定芸芸众生中自己可以脱颖而出？大学生选择专业结合社会需求无可厚非，这是由专业的普遍性决定的；但也要有自己独特个性在里面，这体现出专业的特殊性。

人的天分各有不同，选择一个适合自己的专业才是明智的。当然，说起来容易，但没有衡量"适合"程度的尺子。只有当你完全投入其中，将自己的聪明才智结合到专业中看自己是否可以饶有兴趣，运用灵活，你自己就清楚了。进入大学，你拥有了徜徉于知识海洋的条件和时间，只要你善加利用，就可以为自己寻找到合适的方向。但这个尝试的过程必须由你自己完成，这是一个期望干一番事业的人不可避免的问题。大学是一块沃土，等待着有智者去耕耘；否则再肥沃的土壤也会荒废。大学生活，也许你并不满意，但还绝不至于一无是处；大学生活，也许你并未察觉，但它的确是个充满智慧的宝藏。大学生活，以更加深刻的记忆留存，为你谱写青春的经过。大学的时光，需要你去珍惜，而不是抱怨；大学的精华，等待你去发现。

# 延 伸 阅 读

## 三种学习方法

英国唯物主义哲学家培根曾用蜘蛛、蚂蚁和蜜蜂来比喻三种不同的学习方法。他说，一种人的学习方法类似蜘蛛。他们读书不多，愿动脑筋却只在狭小的天地里耕耘，虽然取得一些成果，但由于知识领域狭窄而使其借鉴不足，往往容易一叶障目、钻进牛角尖里不能自拔。一种人的学习类似蚂蚁，他们朝夕勤奋攻读，读书很多，但是只是满足于书本上的条条框框，不肯越雷池一步，更不敢提出质疑，人云亦云。他们的成果只能是一些因循守旧、七拼八凑的东西，就像蚂蚁只把它们在路上遇到的东西搬进窝里一样。一种人的学习类似蜜蜂。他们的读书既求博览、又求精深。他们以积极主动的姿态，有目的、有针对性地学习，大胆探索、勇于创新，不断提出新问题、新设想，并通过实践来验证和丰富这些思想，加以创造性地提炼、升华，从而得到崭新的成果，就像蜜蜂飞进万花丛中，广采花汁、提炼加工，酿出甘美芬芳的蜂蜜一样。

三种学习方法，三种不同结果。只有第三种"广采百花酿好蜜"，才是创造性的、有无限广阔前途的学习方法。

——选自陈勇、冷祥初：《大学生思想道德修养》，中国矿业大学出版社出版。

### 新起点、新方向
### 五位中国名校校长寄语大学新生

又是一年开学时节，新生们满怀激动与憧憬，从四面八方聚拢而来。大学生活对他们来说新鲜而陌生，就在他们踏进校门的第一时间，校长们送上了真挚的祝福和殷切的期望。大学的追求、大学的责任，在这一刻变得亲切和亲近。更有不少学生在收到录取通知书的同时就已收到了校长的亲笔信。大学的文化、大学的传统早已跨过高高的围墙，与同学们亲密接触。

大学，已近在眼前。

### 新的起跑线上，追求更快、更高、更强
——清华大学校长　顾秉林

2008 年我们一同见证了举世瞩目的第 29 届奥运会成功举办。在此，我想以奥林匹克口号的六个字——"更快、更高、更强"，向同学们提出三点希望。

"更快"，就是希望同学们更快地适应大学生活。大家知道，在游泳、跑步等项目中，起跑快的人往往会占有领先优势。各位同学都是同龄人中的佼佼者，现在大家又站在大学生活的同一起跑线上，即将踏上一段新的征程。学校为大家提供了平等竞争的环境和良好的学习条件，希望同学们更快进入新的学习状态，特别是更加自觉主动地学习，注重方法和思维的训练，培养创新意识、创新能力、实践能力和批判性思维。

"更高"，就是希望同学们树立更高的奋斗目标。在跳高项目中，运动员总要不断挑战新的高度，而每一个新目标都是运动健儿们再一次起跳的新动力。对于各位同学来说，在中学时考上大学、进入清华就是一个具体目标，如今这一阶段性目标已经实现，过去曾出现过一些同学因为失去新的目标而学习懈怠，甚至由于沉迷网络等原因而荒废学业。所以，希望同学们在步入大学后要确立更高的奋斗目标，保持刻苦攻读、奋发向上的激情。

"更强"，就是希望同学们练就强健的体魄和良好的心理素质。清华有着重视体育的优良传统，老校友们在回顾大学生活时，都深感在清华养成的体育锻炼习惯使自己终身受益。清华人不仅把体育作为健身的手段，而且作为"培养健全人格的最好工具"，注重身心的协调发展。在座的同学都是中学的"尖子"，现在汇聚到清华园"同场竞技"，就好像奥运会上的"强手如林"，大家会面临激烈的竞争、更大的压力，也许会遇到各种意想不到的困难、挫折以至失败。但正如举重、跳高等项目上，运动员们常常是以未能达到更高目标而结束比赛，但下一次仍要冲击新的纪录那样，同学们在遇到挫折时，不要消沉与放弃，而要善于调整与坚持，以良好的身心素质，面对压力，迎接挑战，克服困难，战胜自我，发挥潜能，成为高素质、高层次、多样化、创造性的拔尖创新人才。

### 珍惜个性兴趣，克服从众心态
——复旦大学副校长　蔡达峰

每个人都是在不断变化的环境中成长的。进入大学以后，你会面临许多新问题和新要求，你要去理解大学与高中的差异，去领悟一所有百余年

历史的高等学府的精神和特色，去审视和把握自己的发展目标，你到复旦来做什么？毕业后要做什么？毕生要坚持什么？

复旦有自己崇高的志向，它要培养未来社会的栋梁之材。你欲对社会有大贡献，首先要努力完善自己的人格，做人的道理懂得越多，你才会越高尚。无论你学什么专业，都当以天下为己任，关心社会发展、关心人类命运、关心百姓疾苦。在此过程中，你可以学会理性地看问题，养成宽阔的视野和胸怀，进而提升人生的境界，开拓自身的前程。

复旦是学术的殿堂，是各学科众多优秀学者为人类奉献智慧的地方，你身在其中，就要努力提高学习能力，做学问的道理懂得越多，你就会越有作为。无论你学什么专业，都要集中精力，独立思考，保持兴趣，敢于探索。都要坚持尊重学术、崇尚理性、追求真理的精神，这对做学问和做人都很重要。

大学是培养优秀成年公民的地方，你将在这里独立地处理个人事务，自我教育能力的培养是你必须掌握的课程，否则你将难以独立处理职业事务，担当社会重任。

欲学会独立处事，就要充分了解自己，珍惜自己的个性和兴趣，理性地分析和检讨自己的需要，只有明确了自己的意图，才会克服自己的弱点，才会有效地管理自己，才会安心地去看书、选课和选专业等，才会克服追崇热门的从众心态。

欲学会独立处事，就要培养自己的选择能力。复旦有各种机会，包括各种讲座、课程和活动项目等，这些都是受教育的好机会。建议你尽可能广泛地去领略和了解，多向老师和同学咨询，然后根据自己的意图，慎重地做出决断，不要轻率地采取排斥的态度。选择能力实质上是承受后果的能力，对于你已经选择的事情，就要用一往直前的决心和吃苦耐劳的毅力坚持下去，追求成功，不要患得患失。

欲学会独立处事，就要培养自己的规纪意识。大学有各种规章，这是长期办学经验的积累，是教学风气和质量的保障，也是你可以独立处事的依据。在复旦，每个学生都有可能获得好成绩，但这必须以能力为标准，必须以严守规纪为前提，绝不受钱财、权力或人情的干扰。你选择了复旦，就要学会承受复旦的压力。

欲成为未来社会的栋梁，不但要独立自尊，还要有良好的集体意识和协作精神，善于处理他人与自己的关系。协作精神以道德情操为本，关键是谦让和奉献。要服务社会，自己先得练习尊重别人。那种孤傲冷漠、骄傲自大的习气，是断不可能受人欢迎的。

## 一等品行，成就一等学问

### ——上海交通大学校长　张　杰

交通大学兴办于民族危亡之际，为中华富强而兴学育才，立校之初即提出"求实学，务实业"、"饮水思源"。唐文治老校长主张学业品行合一，留有名言"欲成第一等学问、事业、人才，必先砥砺第一等品行"，强调以第一等品行为根基，成就第一等学问、事业和人才。这样一种以人为本、求真务实、德育为基、敢为人先的育人理念，在交大根深蒂固，并逐渐为其他兄弟大学所认同。正是秉承和发扬了这种理念，112 年来，交通大学为国家的现代化进程做出了许多不可磨灭的贡献，从这所学校走出了众多改变中国历史轨迹的杰出人物。

儒家经典《大学》开宗明义："大学之道，在明明德，在亲民，在止于至善。"简单说就是，教育的根本是为了发扬我们身上的那些美好的品德，并且用这些美好的品德来影响身边的人，从而追求完善的人格。交通大学的校训是"饮水思源，爱国荣校"，彰显的就是感恩和责任。今天，我们一起来回顾历史，就是希望每一位交大人，都时刻铭记我们的使命和责任，时刻铭记祖国和母校，时刻铭记自己的父母和师长。因为，只有懂得感恩和责任，才会有健全的人格。希望大家珍惜在大学学习的人生黄金时期。交大不仅是传授大家知识的地方，更重要的是建设大家的能力，培育大家的素质和养成大家完善人格的圣地，这就是我们的"交大之道"，也是我们这些师长们的真心期盼。

一个人若想成功，不能没有激情和梦想，同样，要想成为一个伟大的大学，也不能没有伟大的激情和梦想。交大这 112 年的发展，就是不断实现一个又一个梦想的过程。现在，我们的梦想是交大能够成为一所大师云集，精英荟萃，科技成果和人文思想精彩纷呈、交相辉映的大学，成为一所不仅能够推动国家的工业现代化，而且能够促进人类健康、引领社会发展、对人类社会进步贡献卓著的世界一流大学。

我们深知，目标之前，横亘着历史与现实的宽阔河流，梦想的实现不但需要激情，更需要踏实的工作和努力的拼搏。千里之行、始于足下。让我们来一起努力！

## 学会"仰望天空"

### ——同济大学校长　裴　钢

大学是一个全新的概念，大学要把你们从一个学生转变为一个社会人，成为一个能够承担许多责任的国家栋梁。这是一个根本的转变，是一个艰难甚至有些痛苦的过程。

大学首先是一个潜心学习的好地方。这里有许多国内外知名的科学家，有包罗万象的图书音像资料，有涉及国计民生各方面的学科体系。大学生的知识面一定要拓宽，可以文理兼修，社会科学和自然科学结合，并学一些管理和艺术课程，使自身素质更全面。完善的知识结构和多元的思维方式，将帮助你更具备创新能力，更适应社会变革的需求。

大学是一个小社会，也是能力锻炼的试验田，大学生在学习的同时，要重视能力的培养。能力虽然无法在成绩表上反映出来，但却是走进社会的通行证。同学们报考大学的时候，就非常关心就业问题，这是个好现象。用人单位不仅看学习成绩，更看重素质和能力——与人交往沟通、准确地表达自己的观点、善于团结包容与合作、敢于面对困难和克服困难、挑战权威又懂得尊重他人。大学生还要逐步树立责任感，对自己的将来负责、对家庭负责、对国家的建设和发展负责。

温家宝同志在同济百年校庆上亲切勉励大学生要善于独立思考和创新，希望大家经常仰望天空，学会做人、学会思考。所以，同学们要注意从点点滴滴的身边小事做起，逐步培养独立思考的能力，积累干事业的志向。

### 怀一颗自信的心走进校门
——华东师范大学校长　俞立中

北宋大学问家李觏说过："善之本在教，教之本在师"，教师职业肩负着国家和民族的未来，被赋予高尚的道德期许和社会责任。去年，国家在教育部直属六所师范大学实施免费师范生教育试点，这项政策旨在鼓励最优秀的青年学子投身教育事业，培养大批"乐教、适教、善教"的优秀教师和教育家。你有幸成为这一政策的受益者，一定能深切体会到这份崇高的责任。

一个教育家，要有崇高的社会责任感和道德使命感，要有深厚的文化素养、渊博的科学知识和创新的思维能力，还要有磁铁般的亲和力。为此，学校已经为你精心设计了一整套培养方案，帮助你全面发展、成长成才。我真诚地希望你从这一刻开始，为适应新的生活环境和学习方式做好充分准备，为圆满完成四年学业做好充分准备。同时，衷心期待你坚定做一名光荣的人民教师的理想信念，志存高远、立志成才、求实创造、陶冶品性、积极进取、全面发展，努力成长为优秀教师和未来教育家，在为祖国未来教育事业奉献青春才华的同时，成就自我、实现理想。

### 李开复给大学生的第四封信
#### ——大学四年应是这样度过

今天，我回复了"开复学生网"开通以来的第 1000 个问题。关掉电脑后，始终有一封学生来信萦绕在我的脑海里，挥之不去。

开复老师：

就要毕业了。回头看自己所谓的大学生活，我想哭，不是因为离别，而是因为什么都没学到。我不知，简历该怎么写，若是以往我会让它空白。最大的收获也许是……对什么都没有的忍耐和适应……

这封来信道出了不少大三、大四学生的心声。大学期间，有许多学生放任自己、虚度光阴，还有许多学生始终也找不到正确的学习方向。当他们被第一次补考通知唤醒时，当他们收到第一封来自应聘企业的婉拒信时，这些学生才惊讶地发现，自己的前途是那么渺茫，一切努力似乎都为时已晚……

这"第四封信"是写给那些希望早些从懵懂中清醒过来的大学生，那些从未贪睡并希望把握自己的前途和命运的大学生以及那些即将迈进大学门槛的未来大学生们的。在这封信中，我想对所有同学说：

大学是人一生中最为关键的阶段。从入学的第一天起，你就应当对大学四年有一个正确的认识和规划。为了在学习中享受到最大的快乐，为了在毕业时找到自己最喜爱的工作，每一个刚进入大学校园的人都应当掌握七项学习：学习自修之道、基础知识、实践贯通、兴趣培养、积极主动、掌控时间、为人处事。只要做好了这七点，大学生临到毕业时的最大收获就绝不会是"对什么都没有的忍耐和适应"，而应当是"对什么都可以有的自信和渴望"。只要做好了这七点，你就能成为一个有潜力、有思想、有价值、有前途的快乐的毕业生。

大学：人生的关键

大学是人生的关键阶段。这是因为，进入大学是你终于放下高考的重担，第一次开始追逐自己的理想、兴趣。这是你离开家庭生活，第一次独立参与团体和社会生活。这是你不再单纯地学习或背诵书本上的理论知识，第一次有机会在学习理论的同时亲身实践。这是你第一次不再由父母安排生活和学习中的一切，而是有足够的自由处置生活和学习中遇到的各类问题，支配所有属于自己的时间。

大学是人生的关键阶段。这是因为，这是你一生中最后一次有机会系统性地接受教育。这是你最后一次能够全身心建立你的知识基础。这可能是你最后一次可以将大段时间用于学习的人生阶段，也可能是最后一次可以拥有较高的可塑性、集中精力充实自我的成长历程。这也许是你最后一次能在相对宽容的，可以置身其中学习为人处世之道的理想环境。

　　大学是人生的关键阶段。在这个阶段里，所有大学生都应当认真把握每一个"第一次"，让它们成为未来人生道路的基石；在这个阶段里，所有大学生也要珍惜每一个"最后一次"，不要让自己在不远的将来追悔莫及。在大学四年里，大家应该努力为自己编织生活梦想，明确奋斗方向，奠定事业基础。

　　基础知识：数学、英语、计算机、互联网

　　我曾经说过，中国学生的一大优势是扎实的基础知识，如数学、物理等。但是，最近几年，同学们在目睹了很多速成的例子（如丁磊、陈天桥等）之后，也迫切希望能驶上成功的快车道。这渐渐形成了一种追求速成的浮躁风气。有许多大学生梦想在毕业后就立即能做"经理"、"老板"，还有许多大学生入学时直接选择了"管理"专业，因为他们认为从这样的专业毕业后马上就可以成为企业的管理者。可不少学生进入了管理专业后，才发现自己对本专业的学习毫无兴趣。其实，管理专业和其他专业一样，都是传授基础知识和基本方法的地方，没有哪个专业可以保证学生在毕业时就能走上领导岗位。无论同学们所学的是哪个专业，大学毕业才是个人事业的真正开始。想做企业领导或想做管理工作的同学也必须从基层做起，必须首先在人品方面学会做人，在学业方面打好基础。

　　如果说大学是一个学习和进步的平台，那么，这个平台的地基就是大学里的基础课程。在大学期间，同学们一定要学好基础知识其中包括数学、英语、计算机和互联网的使用，以及本专业要求的基础课程（如商学院的财务、经济等课程）。在科技发展日新月异的今天，应用领域里很多看似高深的技术在几年后就会被新的技术或工具取代。只有对基础知识的学习才可以受用终身。另外，如果没有打下好的基础，大学生们也很难真正理解高深的应用技术。最后，在许多的中国大学里，教授对基础课程也比对最新技术有更丰富的教学经验。

　　数学是理工科学生必备的基础。很多学生在高中时认为数学是最难学的，到了大学里，一旦发现本专业对数学的要求不高，就会彻底放松对数学知识的学习，而且他们看不出数学知识有什么现实的应用或就业前景。但大家不要忘记，绝大多数理工科专业的知识体系都建立在数学的基石之上。例如，要想学好计算机工程专业，那至少要把离散数学（包括集合论、图论、数理逻辑等）、线性代数、概率统计和数学分析学好；要想进一步攻读计算机科学专业的硕士或博士学位，可能还需要更高的数学素养。同时，数学也是人类几千年积累的智慧结晶，学习数学知识可以培养和训练人的思维能力。通过对几何的学习，我们可以学会用演绎、推理来求证和思考的方法；通过学习概率统计，我们可以知道该如何避免钻进思维的死胡同，该如何让自己面前的机会最大化。所以，大家一定要用心把数学学好，不能敷衍了事。学习数学也不能仅仅局限于选修多门数学课程，而是要知道自己为什么学习数学，要从学习数学的过程中掌握认知和思考的方法。

21世纪里最重要的沟通工具就是英语。有些同学在大学里只为了考过四级、六级而学习英语，有的同学仅仅把英语当作一种求职必备的技能来学习，甚至还有人认为学习和使用英语等于崇洋媚外。其实，学习英语的根本目的是为了掌握一种重要的学习和沟通工具。在未来的几十年里，世界上最全面的新闻内容，最先进的思想和最高深的技术，以及大多数知识分子间的交流都将用英语进行。因此，除非你甘心做一个与国际脱节的人，英语学习是至关重要的。在软件行业里，不但编程语言是以英语为基础设计出来的，最重要的教材、论文、参考资料、用户手册等资源也大多是用英语写就的。学英语绝不等于崇洋媚外。中国正在走向世界，中国需要学习西方的先进思想和先进科学技术，学好英语才是真正的爱国。很多中国留学生的英语考试成绩不错，也高分考过四级、六级、托福，但是留学美国后上课时却很难听懂课程内容，和外国同学交流时就更加困难。我们该如何学好英语呢？既然英语是最重要的沟通工具，那么，最重要的学习方法就是尽量与实践结合起来，不能只"学"不"用"，更不能只靠背诵的方式学习英语。读书时，大家尽量阅读原版的专业教材（如果英语不够好，可以先从中英对照的教材看起），并适当地阅读一些自己感兴趣的专业论文，这可以同时提高英语和相关专业的知识水平。其次，提高英语听说能力的最好方法是直接与那些以英语为母语的外国人对话。现在有很多在中国学习和工作的外国人，他们中的不少人为了学中文，很愿意与中国学生对话、交流，这是很好的学习机会。此外，大家不要把学英语当作一件苦差事，完全可以用有趣的方法学习英语。例如，可以多看一些名人的对话或演讲，多看一些小说、戏剧甚至漫画。初学者可以找英文原版的教学节目和录像来学习，有一定基础的则应该看英文电视或电影。看一部英文电影时，最好先在有字幕的时候看一遍，同时查找生词、熟悉句式，然后在不加字幕的情况下再看一遍，仅靠耳朵去听。听英文广播也是很好的练习英文听力的方法，大家每天最好能抽出半小时到一小时的时间收听广播并尽量理解其中的内容，有必要的话还可以录下来反复收听。在互联网上也有许多互动式的英语学习网站，大家可以在网站上用游戏、自我测试、双语阅读等方式提升英语水平。总之，勇于实践、持之以恒是学习英语的必由之路。

信息时代已经到来，大学生在信息科学与信息技术方面的素养也已成为他们进入社会的必备基础之一。虽然不是每个大学生都需要懂得计算机原理和编程知识，但所有大学生都应能熟练地使用计算机、互联网、办公软件和搜索引擎，都应能熟练地在网上浏览信息和查找专业知识。在21世纪，使用计算机和网络就像使用纸和笔一样是人人必备的基本功。不学好计算机，你就无法快捷全面地获得自己需要的知识或信息。

最后，每个特定的专业也有它自己的基础课程。以计算机专业为例，许多大学生只热衷于学习最新的语言、技术、平台、标准和工具，因为很多公司在招聘时都会要求这些方面的基础或经验。这些新技术虽然应该学习，但计算机基础课程的学习更为重要，因为语言和平台的发展日新月异，但只要学好基础课程（如数据结构、算法、编译原理、计算机原理、数据库原理等）就可以万变不离其宗。有位同学生动地把这些基础课程比拟为计算机专业的内功，而把新的语言、技术、平台、标准和工具比拟为外功。那些只懂得追求时髦的学生最终只知道些招式的皮毛，而没有内功的积累，他们是不可能成为真正的高手的。虽然我一向鼓励大家追寻自己的兴趣，但在这里仍需强调，生活中有些事情即便不感兴趣也是必须要做的。例如，打好基础，学好数学、英语和计算机的使用就是这一类必须做的事情。如果你对数学、英语和计算机有兴趣，那你是幸运儿，可以享受学习的乐趣；但就算你没有兴趣，你也必须把这些基础打好。打基础是苦功夫，不愿吃苦是不能修得正果的。

实践贯通："做过的才真正明白"

上高中时，许多学生会向老师提出"为什么？有什么用？"的问题，通常，老师给出的答案都是"不准问"。进入大学后，这些问题的答案应该是"不准不问"。在大学里，同学们应该懂得每一个学科的知识、理论、方法与具体的实践、应用如何结合起来，尤其是工科的学生更是如此。有一句关于实践的谚语是这样说的："我听到的会忘掉，我看到的能记住，我做过的才真正明白。"无论学习何种专业、何种课程，如果能在学习中努力实践，做到融会贯通，我们就可以更深入地理解知识体系，可以牢牢地记住学过的知识。因此，我建议同学们多选些与实践相关的专业课。实践时，最好是几个同学合作，这样，既可经过实践理解专业知识，也可以学会如何与人合作，培养团队精神。如果有机会在老师手下做些实际的项目，或者走出校门打工，只要不影响课业，这些做法都是值得鼓励的。外出打工或做项目时，不要只看重薪酬待遇（除非生活上确实有困难），有时候，即便待遇不满意，但有许多培训和实践的机会，我们也值得一试。以计算机专业为例，实践经验对于软件开发来说更是必不可少的。微软公司希望应聘程序员的大学毕业生最好有十万行的编程经验。理由很简单：实践性的技术要在实践中提高。计算机归根结底是一门实践的学问，不动手是永远也学不会的。因此，最重要的不是在笔试中考高分，而是实践能力。但是，在与中国学生的交流过程中，我很惊讶地发现，中国某些学校计算机系的学生到了大三还不会编程。这些大学里的教学方法和课程的确需要更新。如果你不巧是在这样的学校中就读，那你就应该从打工、自学或上网的过程中寻求学习和实践的机会。

培养兴趣：开阔视野，立定志向

孔子说："知之者不如好之者，好之者不如乐之者。"我在"给中国学生的第三封信"中曾深入论述了快乐和兴趣是一个人成功的关键。如果你对某个领域充满激情，你就有可能在该领域中发挥自己所有的潜力，甚至为它而废寝忘食。这时候，你已经不是为了成功而学习，而是为了"享受"而学习了。在"第三封信"中，我也曾谈到我自己是如何在大学期间放弃了我不感兴趣的法律专业而进入我所热爱的计算机专业学习的。

有些同学问我，如何像我一样能找到自己的兴趣呢？我觉得，首先要客观地评估和寻找自己的兴趣所在：不要把社会、家人或朋友认可和看重的事当作自己的爱好；不要以为有趣的事就是自己的兴趣所在，而是要亲身体验它并用自己的头脑做出判断；不要以为有兴趣的事情就可以成为自己的职业，例如，喜欢玩网络游戏并不代表你会喜欢或有能力开发网络游戏；不要以为有兴趣就意味着自己有这方面的天赋，不过，你可以尽量寻找天赋和兴趣的最佳结合点，例如，如果你对数学有天赋但又喜欢计算机专业，那么你完全可以做计算机理论方面的研究工作。

最好的寻找兴趣点的方法是开拓自己的视野，接触众多的领域。唯有接触你才能尝试，唯有尝试你才能找到自己的最爱。而大学正是这样一个可以让你接触并尝试众多领域的独一无二的场所。因此，大学生应当更好地把握在校时间，充分利用学校的资源，通过使用图书馆资源、旁听课程、搜索网络、听讲座、打工、参加社团活动、与朋友交流、使用电子邮件和电子论坛等不同方式接触更多的领域、更多的工作类型和更多的专家学者。当年，如果我只是乖乖地到法律系上课，而不去尝试旁听计算机系的课程，我就不会去计算机中心打工，也不会去找计算机系的助教切磋，就更不会发现自己对计算机的浓厚兴趣。

　　通过开阔视野和接触尝试，如果你发现了自己真正的兴趣爱好，这时就可以去尝试转系的可能性，尝试课外学习、选修或旁听相关课程；你也可以去找一些打工或假期实习的机会，进一步理解相关行业的工作性质；或者，努力去考自己感兴趣专业的研究生，重新进行一次专业选择。其实，本科读什么专业并不能完全决定毕业后的工作方向，正如我所强调的那样，大学期间的学习过程培养的是你的学习能力，只要具备了这种能力，即使从事的是全新的工作，你也能在边做边学的过程中获取足够的知识和经验。

　　除了"选你所爱"，大家也不妨试试"爱你所选"。有些同学后悔自己在入学时选错了专业，以至于对所学的专业缺乏兴趣，没有学习动力；有些同学则因为追寻兴趣而"走火入魔"，毕业后才发现荒废了本专业的课程；另一些同学因为在学习上遇到了困难或对本专业抱有偏见，就以兴趣为借口，不愿意面对自己的专业。这些做法都是不正确的。在大学中，转系可能并不容易，所以，大家首先应尽力试着把本专业读好，并在学习过程中逐渐培养自己对本专业的兴趣。此外，一个专业里可能有很多不同的领域，也许你对专业里的某一个领域会有兴趣。现在，有很多专业发展了交叉学科，两个专业的结合往往是新的增长点。因此，只要多接触、多尝试，你也许就会碰到自己真正感兴趣的方向。"数字笔"的发明人王坚博士在微软亚洲研究院负责用户界面的研究，可是谁又能想到他从本科到博士所学的都是心理学专业，而用户界面又正是计算机和心理学专业的最佳结合点。另外，就算你毕业后要从事其他的行业，你依然可以把自己的专业读好，这同样能成为你在新行业中的优势。例如，有一位同学不喜欢读工科，想毕业后进入服务业发展，我就建议他先把工科读好，将来可以在服务业中以精通技术作为自己的特长。

　　人生的路很长，每个人都可以有很多不同的兴趣爱好。在追寻兴趣之外，更重要的是要找寻自己终身不变的志向。有一本书的作者曾访问了几百个成功者，问他们有哪件事是他们今天已经懂得，但在年轻时却留下了遗憾的事情。在受访者的回答中，最多的一种是："希望在年轻时就有前辈告诉我、鼓励我去追寻自己的理想和志向。"相比之下，兴趣固然关键，但志向更为重要。例如，我的志向是"使影响力最大化"，多年以来，我有许多兴趣爱好，如语音识别、对弈软件、多媒体、研究到开发的转换、管理学、满足用户的需求、演讲和写作、帮助中国学生等，兴趣可以改变，但我的志向是始终不渝的。因此，大家不必把某种兴趣当作自己最后的目标，也不必把任何一种兴趣的发展道路完全切断，在志向的指引下，不同的兴趣完全可以平行发展，实在必要时再做出最佳的抉择。志向就像罗盘，兴

31

趣就像风帆，两者相辅相成、缺一不可，它们可以让你驶向理想的港湾。

积极主动：果断负责，创造机遇

创立"开复学生网"时，我的初衷是"帮助学生帮助自己"。但让我很惊讶的是，更多的学生希望我直接帮他们做出决定，甚至仅在简短的几句自我介绍后就直接对我说："只有你能告诉我，我该怎么做。"难道一个陌生人会比你更知道自己该怎么做吗？我慢慢认识到，这种被动的思维方式是从小在中国的教育环境中培养出来的。被动的人总是习惯性地认为他们现在的境况是他人和环境造成的，如果别人不指点，环境不改变，自己就只有消极地生活下去。持有这种态度的人，事业还没有开始，自己就已经被击败，我从来没见过这样消极的人可以取得持续的成功。

从大学的第一天开始，你就必须从被动转向主动，你必须成为自己未来的主人，你必须积极地管理自己的学业和将来的事业，理由很简单：因为没人比你更在乎你自己的工作与生活。"让大学生活对自己有价值"是你的责任。许多同学到了大四才开始做人生和职业规划，而一个主动的学生应该从进入大学时就开始规划自己的未来。

积极主动的第一步是要有积极的态度。大家可以用我在"第三封信"里推荐的方法，积极规划自己的人生目标，追寻兴趣并尝试新的知识和领域。纳粹德国某集中营的一位幸存者维克托·弗兰克尔曾说过："在任何特定的环境中，人们还有一种最后的自由，就是选择自己的态度。"

积极主动的第二步是对自己的一切负责，勇敢面对人生。不要把不确定的或困难的事情一味搁置起来。比如说，有些同学认为英语重要，但学校不考试就不学英语；或者，有些同学觉得自己需要参加社团磨炼人际关系，但是因为害羞就不积极报名。但是，我们必须认识到，不去解决也是一种解决，不做决定也是一个决定，这样的解决和决定将使你面前的机会丧失殆尽。对于这种消极、胆怯的作风，你终有一天会付出代价的。

积极主动的第三步是要做好充分的准备：事事用心，事事尽力，不要等机遇上门；要把握住机遇，创造机遇。中国科技大学校长朱清时院士在大三时被分配到青海做铸造工人。但他不像其他同学那样放弃学习，整天打扑克、喝酒。他依然终日钻研数理化和英语。六年后，中国科学院要在青海做一个重要的项目，这时朱校长就脱颖而出，开始了他辉煌的事业。很多人可能说他运气好，被分配到缺乏人才的青海，才有这机会。但是，如果他没有努力学习，也无法抓住这个机遇。所以，做好充分的准备，当机遇来临时，你才能抓住它。

积极主动的第四步是"以终为始"，积极地规划大学四年。任何规划都将成为你某个阶段的终点，也将成为你下一个阶段的起点，而你的志向和兴趣将为你提供方向和动力。如果不知道自己的志向和兴趣，你应该马上做一个发掘志向和兴趣的计划；如果不知道毕业后要做什么，你应该马上制订一个尝试新领域的计划；如果不知道自己最欠缺什么，你应该马上写一份简历，找你的老师、朋友打分，或自己审阅，看看哪里需要改进；如果毕业后想出国读博士，你应该想想如何让自己在申请出国前有具体的研究经验和学术论文；如果毕业后想进入某个公司工作，你应该收集该公司的招聘广告，以便和你自己的履历对比，看自己还欠缺哪些经验。只要认真制定、管理、评估和调整自己的人生规划，你就会离你自己的目标越来越近。

掌控时间：事分轻重缓急，人应自控自觉

除了积极主动的态度，大学生还要学会安排自己的时间，管理自己的事务。一位同学是这么描述大学生活的："大学和高中相比似乎没有什么太大的区别，每天依旧是学习，每次考试后依旧是担心考试成绩……不同的只是大学里上网的时间和睡觉的时间多了很多，压力也小了很多。"这位同学并不明白，"时间多了很多"正是大学与高中之间巨大的差别。时间多了，就需要自己安排时间、计划时间、管理时间。

安排时间除了做一个时间表外，更重要的是"事分轻重缓急"。在《高效能人士的七个习惯》一书中，作者史蒂芬·柯维提出，"重要事"和"紧急事"的差别是人们浪费时间的最大理由之一。因为人的惯性是先做最紧急的事，但这么做会导致一些重要的事被荒废掉。例如，我认为这篇文章里谈到的各种学习都是"重要的"，但它们不见得都是老师布置的必修课业，采纳我的建议的同学们依然会因为考试、交作业等紧急的事情而荒废了打好基础、学习做人等重要的事情。因此，每天管理时间的一种好方法是，早上确定今天要做的紧急事和重要事，睡前回顾一下，这一天有没有做到两者的平衡。

每个人都有许多"紧急事"和"重要事"，想把每件事都做到最好是不切实际的。我建议大家把"必须做的事"和"尽量做的事"分开。必须做的事要做到最好，但尽量做的事尽力而为即可。建议大家用良好的态度和宽广的胸怀接受那些你暂时不能改变的事情，多关注那些你能够改变的事情。此外，还要注意生物钟的运行规律，按时作息，劳逸结合，这样才能在学习时有最好的状态。

大学四年是最容易迷失方向的时期。大学生必须有自控的能力，让自己交些好朋友，学些好习惯，不要沉迷于对自己无益的习惯（如网络游戏）里。一位积极主动的中国学生在"开复学生网"上劝告其他同学："不要玩游戏，至少不要玩网络游戏。我所认识的专业水平比较高的大学朋友中没有一个玩网络游戏的。沉迷于网络游戏是对于现实的逃避，是不愿面对自己不足的一面。我认为，要脱离网络游戏，就得珍惜自己宝贵的大学时间，找到自己感兴趣的方向，做一些有意义并能给自己带来满足感的事情。"

为人处世：培养友情，参与群体

很多大学生入校时都是第一次离开父母，离开自己生长的环境。进入校园开始集体生活后，如何与同学、朋友及社团的同事相处就成为了大学生学习内容的一部分。大学是大家最后一次可以在相对宽松的环境中学习、培养、训练如何与人相处的机会。在未来，人们在社会里、在工作中与人相处的能力会变得越来越重要，甚至超过了工作本身。所以，大学生要好好把握机会，培养自己的交流意识和团队精神。

"人际交往能力不够强，人际圈子不够广，但又没有什么特长可以引起大家的注意，在社团里也不知道怎么和其他人有效地建立联系。"这是一些大学生在人际交往方面经常遇到的困惑。对于如何在大学期间提高人际交往能力，我的建议是：

第一，以诚待人，以责人之心责己、以恕己之心恕人。对别人要抱着诚挚、宽容的胸襟，对自己要怀着自我批评、有过必改的态度。与人交往时，你怎样对待别人，别人也会怎样对待你。这就好比照镜子一样，你自己的表情和态度，可以从他人对你流露出的表情和态度中一览无遗。你若以诚待人，别人也会以诚待你。你若敌视别人，别人也会敌视你。最真挚的友情和最难解的仇恨都是由这种"反射"原理逐步造成的。因此，当你想修正别人时，你应该先修正自己。你想别人怎么对你，你就应该怎么对人。你想他人理解你，你就要首先理解他人。

第二，培养真正的友情。如果能做到第一点，很多大学时的朋友就会成为你一辈子的知己。在一起求学和寻求自身发展的道路上，这样的友谊弥足珍贵。交朋友时，不要只去找与你性情相近或只会附和你的人做朋友。好朋友有很多种：乐观的朋友、智慧的朋友、脚踏实地的朋友、幽默风趣的朋友、激励你上进的朋友、提升你能力的朋友、帮你了解自己的朋友、对你说实话的朋友等。此外，大学时谈恋爱也可以教你如何照顾别人，增进同理心和自控力，但恋爱这件事要随缘，不必为了谈恋爱而谈恋爱。

第三，学习团队精神和沟通能力。社团是微观的社会，参与社团是步入社会前最好的磨炼。在社团中，可以培养团队合作的能力和领导才能，也可以发挥你的专业特长。但更重要的是，你要做一个诚心诚意的服务者和志愿者，或在担任学生工作时主动扮演同学和老师之间沟通桥梁的角色，并以此锻炼自己的沟通能力，为同学和老师服务。这样的学习过程也不会很轻松，挫折是肯定有的，但是不要灰心，大学社团里的人际交往是一种不用"付学费"的学习，犯了错误也可以从头来过。

第四，从周围的人身上学习。在班级里、社团中，多观察周围的同学，特别是那些你觉得交往能力和沟通能力特别强的同学，看他们是如何与人相处的。比如，看他们如何处理交往中的冲突、如何说服他人和影响他人、如何发挥自己的合作和协调能力、如何表达对他人的尊重和真诚、如何表示赞许或反对、如何在不冒犯他人的情况下充分展示个性等。通过观察和模仿，你渐渐地会发现，自己的人际交往能力会有意想不到的改进。在学校里，每一个朋友都可以成为你的良师，他们的热心、幽默、机智、博学、正直、沟通、礼貌等品德都可以成为你的学习对象。同时那些你不喜欢的人和事也可以为你敲响警钟，警告你千万不要做那样的人和事。当然，你也应当慷慨地帮助每一个朋友，试着做他们的良师和模范。

第五，提高自身修养和人格魅力。如果觉得没有特长、没有爱好可能会成为自己人际交往能力提高的一个障碍，那么，你可以有意识地去选择和培养一些兴趣爱好。共同的兴趣和爱好也是你与朋友建立深厚感情的途径之一。很多在事业上有所建树的人都不是只会闭门苦读的书呆子，他们大多都有自己的兴趣和爱好。我在微软亚洲研究院的同事中就有绘画、桥牌和体育运动方面的高手。业余爱好不仅是人际交往的一种方式，还可以让大家发掘出自己在读书以外的潜能。例如，体育锻炼既可以发挥你的运动潜能，也可以培养你的团队合作精神。如果真的没有什么兴趣爱好，那么，多读些好书丰富自己的知识也可以改进自己的人际交往能力，因为没有什么比智慧和渊博更能体现一个人的人格魅力了。所以，学会与人相处，这也是大学中的一门"必修课"。

对大学生们的期望：

踏入大学校门时，你还是一个忙碌的、青涩的、被动的、为分数读书的、被家庭保护着的中学毕业生。就读大学时，你应当掌握七项学习，学好自修之道、基础知识、实践贯通、兴趣培养、积极主动、掌控时间、为人处世。经过大学四年，你会从思考中确立自我，从学习中寻求真理，从独立中体验自主，从计划中把握时间，从交流中锻炼表达，从交友中品味成熟，从实践中赢得价值，从兴趣中攫取快乐，从追求中获得力量。离开大学时，只要做到了这些，你最大的收获将是"对什么都可以拥有的自信和渴望"。你就能成为一个有潜力、有思想、有价值、有前途的中国未来的主人翁。

所以，我认为大学四年应是这样度过。

——李开复：《与未来同行》

# 第一章　追求远大理想　坚定崇高信念

## 一、教学目标

**【知识目标】**

1. 了解理想与信念的内涵及联系。

2. 认识理想、信念对人生的重要性。

3. 领会理想、信念对大学生成长成才的重要意义。

**【能力目标】**

1. 深入理解实现个人理想和实现共同理想、远大理想的关系。

2. 明确在确立理想和实现理想的过程中，要充分认识实现理想的长期性、艰巨性和曲折性。

3. 树立中国特色社会主义的共同理想，追求共产主义远大理想。

4. 提高大学生在实践中化理想为现实的能力。

**【素质目标】**

1. 激发大学生自觉树立科学的理想信念的兴趣与热情。

2. 增强大学生树立马克思主义科学信仰，确立中国特色社会主义的共同理想、追求共产主义远大理想的自觉性。

3. 提高大学生在确立和实现个人奋斗目标的过程中，正确看待和取舍眼前利益、长远利益的觉悟。

## 二、教学重点

理想、信念对大学生成长成才的重要意义；科学认识中国特色社会主义的共同理想和马克思主义的科学信仰。

## 三、教学难点

如何使学生结合自身实际情况，尽快树立科学的理想、信念并在实践中化理想为现实；认清实现理想的长期性、艰巨性和曲折性。

# 实 践 拓 展

【实践项目一】
当代大学生的理想
【实践类型】
社会调查类
【实践目标】
了解当代大学生的理想。
【实践方案】
1. 通过调查问卷、网络提问等方式调查当代大学生的理想。
2. 分析当代大学生的理想类型。
3. 总结什么是科学的理想，当代大学生应如何树立科学的理想。
【实践项目二】
革命烈士诗抄朗诵
【实践类型】
体验反思类
【实践目标】
用朗诵的方式，悼念先烈，祭奠英灵，激发我们奋勇前进的斗志，坚定理想信念，更好地开创未来。
【实践方案】
1. 由任课教师指导学生学习革命先烈的英雄事迹，挑选诗抄，让学生学习。
2. 学生学习后，根据自己所长，选定诗抄进行演练。
3. 每个自然班级先在本班内部举行比赛，选出 2～3 名学生，参加院系比赛。
4. 选拔优秀学生，参加实践教学会演。

# 知识运用

【案例一】

## 一个大学生的思索与探索

《苍生：一个青年学子对当代中国社会的思索与呐喊》，是一位名叫徐海珊的大学生写的一本书：大学4年间，他三进西部，三进大别山，北进中原，行程4万多里，足迹遍及中西部11个省、自治区的51个县、市、区、旗(其中有25个是国家级贫困县)，记下的调查笔记有数十万字，拍下的照片有十多斤重。用徐海珊自己的话来说，他是在关注贫困地区和贫困群体。

徐海珊的家乡在广东平远县，那是典型的客家山村。他有意识地开始思考农村问题，还是在高中时代。

他说："那时，我与一位念中专的朋友为日后彼此的出路问题经常发生争论，争论的焦点是回乡务农，还是进城闯荡。几番争论下来，我们发现，无论怎样，都无法找到让自己留在农村的理由。我有一种难言的心酸：农村，不但城里人看不起，就连生于斯长于斯的农村人也瞧不起，它就像一块是非之地，大家唯恐逃之不及。"

"1998年9月，我考进中南民族学院法律系，成了都市里的大学生。但是，我无法忘记农村，因为我心里有一种深深的愧疚。这种愧疚不但我有，那些和我一样舍家留城的学子，那些弃家进城的'农村精英'恐怕都会有。逃离农村所产生的愧疚，会让我们的灵魂终生难以安宁：因为在那片依然封闭落后的土地上还生活着我们的亲人，那里有我们的根。"

大一下学期，徐海珊想创建大学生反贫困协会，团结同人为农村做一些实在的事情。由于种种原因，他最后创办了人口资源环境研究会，并专门设立了反贫困委员会。

同时，他开始做着进西部考察农村的准备，因为那里是中国贫困人口最集中的地方。他说，不经历农村，就不了解现在的中国，不体验贫困，就不了解中国的现在。

徐海珊想为西部民族贫困地区的农民带去一份礼物，他想写一本扫盲读物。为此，他走访了湖北省扶贫办等十多个相关部门，收集和阅读了近两百万字的资料。为了使扫盲读物通俗易懂，他借来了整套小学语文课本一句一句地啃。

1999年7月15日，他背着300本自费出版的扫盲读物《幸福课堂》，踏上了去西部的路。在西部农村，徐海珊不止一次遭遇过这样的尴尬：前一天才发到农民手里的扫盲读物，第二天早上就在茅厕里发现了已经揉皱成团的内页。

回到武汉后，他将刚刚拿到的专业奖学金全部寄往西南民族贫困地区。

如果说，当初徐海珊对农村的关注只是一个农家子弟挣不脱的农村情结，那么从西南回来后，他已清醒地认识到，在我们这个农业人口占多数的国度，农村问题就是中国问题。没有农村的现代化，就不可能有中国的现代化。关注农村，就是关注中国的未来。

1999 年 11 月，徐海珊在武汉高校举办了"心系苍生反贫困展"，展出了他深入西南民族贫困地区农村开展文化扶贫拍摄的照片。

短短两三天，前来观看影展的学生达到 3000 多人，不少人站在照片前不禁潸然泪下，400 多人写下了三四万字的留言。

影展引起的反响，促使徐海珊下定决心用最宝贵的学生时代去倡导、构建和实践中国校园慈善公益事业。几年里，徐海珊一直将它作为大学时代的社会理想，并为此竭心尽力。他说，悯怀弱者就是责任担纲：黎民不饥不寒，你我同心同行。

2000 年暑假，徐海珊开始了第三次西部之行。他考察了农村教育和生态环境，特别调查了少数民族贫困地区的女童教育问题。回学校后，徐海珊发动同学结对资助了他在青海高原摸底登记的 15 名失学儿童。

到西北考察的日子里，徐海珊几乎每天都面对贫困，这让他有一种喘不过气来的沉重。就像他在《苍生》一书中写的那样："忧患就是一种沉重、深刻而且痛苦的清醒。我们宁愿选择一种最痛苦的清醒，也不愿活在麻醉了的冷漠之中。因为我们知道，活着的痛比糊涂的死更有价值。更何况，忧患的痛是为了更多的不痛……"在《苍生》一书的附录里，我看到了徐海珊为建立中国校园慈善公益事业体系所做的努力——发起大型公益捐赠活动、设专题论坛、建希望图书馆、自费出版大学生文化扶贫报……他在为贫困地区和贫困群体呐喊、呼吁。

——吴绊雯：《读者》

◆**思考与讨论**

作为一名大学生该树立什么样的人生理想与信念？如何认识个人理想和社会理想之间的关系？

◆**要点提示**

1. 在人生的历程中，理想和信念总是如影随形，相互依存。理想是信念的根据和前提，信念则是实现理想的重要保障。在很多情况下，理想亦是信念，信念亦是理想。当理想作为信念时，它是指人们确信的一种观点和主张；当信念作为理想时，它是与奋斗的目标联系的一种向往和追求。

2. 大学生只有把个人的命运与祖国和人民的命运联系在一起，在实现理想、创造未来的征途中才能有战胜种种艰难险阻的坚定不移的信心和坚韧不拔的毅力。若个人与祖国和人民的命运相脱离，个人遭遇一点困难、曲折或失败，就往往会感到缺乏力量的支撑和立足的根基，从而灰心丧气、悲观失望，甚至动摇理想信念，就不可能将理想变为现实，更不可能体会实现理想的巨大幸福。

【案例二】

### 用梦想打造百度　靠技术改变世界

李彦宏 1991 年毕业于北京大学信息管理专业，随后赴美国布法罗纽约州立大学完成计算机科学硕士学位。美国硅谷文化深深影响了他，在硅谷的日子，让李彦宏感受最深刻的还是商战气氛。他经常翻看《华尔街日报》：微软如何跳出来公然反叛 IBM，又怎样以软件教父的身份对抗 SUN、网景……一个个鲜活的商战故事，让李彦宏感觉到："原来技术本身并不是唯一的决定性因素，商战策略才是真正决胜千里的因素。"

创业与守业没有哪家公司会一帆风顺。在百度成立初期，有记者写文章"八问百度"，其中很多问题针对其客户资源和利润增长点。现在看来，当初的一些担心并非多余，百度成立半年内狂扫国内门户网站，占领了国内搜索引擎 80％的市场，但后来一些客户投靠了 GOOGLE，有的自立门户自己开发搜索，市场的竞争是残酷的。

面临市场变化，见过无数硅谷商战的李彦宏也在变化中求发展。现在的百度，以搜索网站和竞价排名为主要的业务增长点，以国内数量巨大的中小企业为主要客户。这与他和徐勇为拿到第一桶金向投资人递交的商业计划书内所写的做门户网站的生意大相径庭。

推出竞价排名并实施"闪电计划"，对百度实行第二次技术升级后，2003 年的财务报表显示李彦宏的赌注押对了：据美国 Alexa 统计，百度现在已经是全球第二大独立搜索引擎，在中文搜索引擎中更是遥遥领先，名列第一，当 6800 万中国网民通过搜索引擎寻找各种信息，80％以上的用户会看到由百度提供的结果。

海外归来也在适应中国的环境。2000 年 1 月 1 日，李宏彦面对 5 个员工宣布了两条公司制度：公司里不许抽烟和带宠物。共同的海外背景面对同样的本土环境，李彦宏和合作伙伴徐勇分别负责技术和销售，4 年来一直是密切合作与互补的关系，虽然有分歧，有争吵，但遇到困难时大家同心协力一起扛过去。在浮躁的互联网产业，李彦宏以一种超乎寻常的平和心态，不急功近利，不随波逐流，在专注经营搜索领域中自己这"一亩三分地"。像很多硅谷技术人员的理想一样，李彦宏的理想是希望靠技术改变世界。现在这个社会越来越趋向合理，你对社会做出贡献了，社会也会给予你同样的回报。

◆思考与讨论

李彦宏和他打造的百度事业的成功说明了什么？如何理解理想与现实的关系、理想与奋斗的关系？如何把自身成才的理想与祖国的需要连在一起？

◆要点提示

1. 人生之于信念，如同航船之于舵手。航船没有舵手，就会在大海中迷失方向，就会在暗礁险滩中葬身，就会被惊涛骇浪所吞没。人生没有信念，就会在前进中迷失自我，生活就将变得黯淡无光，生命也就变得没有意义。活着也只不过剩下一个躯壳，活着也只不过是行尸走肉。

2. 人生之于信念，如同飞鸟之于羽翼。飞鸟没有羽翼，就不能展翅高飞，就不能掠过天空，就只能望空兴叹。人生没有信念，就不能获得成功，就不能实现夙愿，就只能怨天尤人，生命也就变得毫无价值。活着也只不过是浑浑噩噩，无所事事，活着也只不过如无根的浮萍，随波逐流。

人生需要信念，如同花草需要养分。没有养分，花草就会枯萎、殆尽。即使苟活，活着也只不过是残红、惨绿，再也没有生机与活力。

3. 人生需要信念，坚定的信念。人生的道路固然难以一帆风顺，固然布满荆棘、充满坎坷，但只要有坚定的信念，就总会看到希望，看到曙光。即使前方有再多的艰难困苦，即使前方的风浪再大，也会执着追求，无怨无悔。人生的价值并不在于成功后的荣光，而在于追求本身，在于信念的树立与坚持的过程。

【案例三】

一壶沙子变成了一壶清冽的水

浩瀚的沙漠中，一支探险队在艰难地跋涉。头顶骄阳似火，烤得探险队员们口干舌燥，挥汗如雨。最糟糕的是，他们没有水了。水就是他们赖以生存的信念，信念破灭了，一个个像塌了架，丢了魂，不约而同地将目光投向队长。这可怎么办？

队长从腰间取出一个水壶，两手举起来，用力晃了晃，惊喜地喊道：

"哦，我这里还有一壶水！但穿越沙漠前，谁也不能喝。"沉甸甸的水壶从队员们的手中依次传递，原来那种濒临绝望的脸上又显露出坚定的神色，一定要走出沙漠的信念支撑他们跟跄着，一步一步地向前挪动。看着那水壶，他们抿抿干裂的嘴唇，陡然增添了力量。

终于，他们死里逃生，走出茫茫无垠的沙漠，大家喜极而泣之时，久久凝视着那个给了他们信念支撑的水壶。队长小心翼翼地拧开水壶盖，缓缓流出的却是一缕缕沙子。他诚挚地说："只要心里有坚定的信念，干枯的沙子有时也可以变成清冽的泉水。"

"这个世界上，没有人能够使你倒下。如果你自己的信念还站立着的话。"这是著名的黑人领袖马丁·路德·金的名言。即使在最困难的时候，也不要熄灭心中信念的火把。

◆思考与讨论

是什么力量支撑探险队员在烈日下走出浩瀚的沙漠？对你有何启示？

◆要点提示

理想和信念是激励人们向着既定目标奋斗前进的动力，是人生力量的源泉。一个人有了坚定正确的理想和信念，就会以惊人的毅力和不懈的努力成就事业、创造奇迹。古今中外多少英雄豪杰之所以能在充满困难的条件下最终成就伟业，一个重要的原因就在于他们胸怀崇高的理想信念，因而具有锲而不舍的动力。与之相反，一个人如果没有崇高的理想和信念，就有可能虚度一生，甚至腐化堕落，走上邪路。

【案例四】

## 信念的价值

美国诺必塔小学的董事兼校长皮尔·保罗对所有的学生都是一视同仁的，在他的心目中根本没有什么"优生"和"差生"之别。因而，他对所有学生都给予热忱的鼓励，从而在他们心中树起一面旗帜，而孩子确实是需要鼓励、需要有一面旗帜的。在他的学生中，有一位叫罗杰·罗尔斯的学生后来成为美国纽约州历史上第一位黑人州长。

罗杰·罗尔斯出生在纽约的大沙头贫民窟。那里环境恶劣，充满暴力。罗杰·罗尔斯所在的诺必塔小学的学生不与老师合作，旷课、斗殴，甚至砸烂教室黑板。皮尔·保罗想了很多办法来引导他们，可是没有一个是奏效的。后来他发现这些孩子都很迷信，于是在他上课的时候就多了一项内容——给学生看手相。他用这个办法来鼓励学生。

有一天，当罗尔斯从窗台上跳下，伸着小手走向讲台时，皮尔·保罗说:"我一看你修长的小拇指就知道,将来你是纽约州的州长。"当时,罗尔斯大吃一惊,因为长这么大,只有他奶奶让他振奋过一次,说他可以成长为五吨重的小船的船长。这一次,皮尔·保罗先生竟说他可以成为纽约州的州长,着实出乎他的预料。他记下了这句话,并且相信了它。

从那天起,"纽约州州长"就像一面旗帜飘在罗尔斯的心中,他的衣服不再沾满泥土,说话时不再夹杂污言秽语。他开始挺直腰杆走路,在以后的 40 多年间,他没有一天不按州长的身份要求自己。51 岁那年,他终于成了州长。

在就职演说中,罗尔斯说:"信念值多少钱?信念是不值钱的,它有时甚至是一个善意的欺骗,然而你一旦坚持下去,它就会迅速升值。"信念,可以成为所有奇迹的萌发点;鼓励,能够成为一个人一生的动力。

◆思考与讨论

1. 请分析一下是什么力量使得罗尔斯终于在 51 岁那年成为纽约州州长的?这些力量是如何发挥作用的?结合自己的实际,谈谈如何实现自身的职业理想。

2. 谈谈你对"信念值多少钱?信念是不值钱的,它有时甚至是一个善意的欺骗,然而你一旦坚持下去,它就会迅速升值"这句话的理解。

◆要点提示

皮尔·保罗对罗尔斯的一句善意的鼓励"我一看你修长的小拇指就知道,将来你是纽约州的州长"使得罗尔斯精神为之振奋,并且相信了它。从此,"纽约州州长"这面信仰的旗帜高高飘扬在罗尔斯的心中,使得他在此后的 40 多年间始终按州长的身份要求自己并最终实现了当选"纽约州州长"这个人生理想。一句小小的鼓励,转化成一个孩子的信念。正是在这种信念的驱使下,故事的主人公以一名"州长"的标准严格要求自己,最终实现了自己儿时的理想。从一个顽劣的少年,到一个品行端正的有为州长,信念的价值就在于此。信仰的力量是强大的,正确的人生信仰必然引导人们朝着有益于社会发展的目标前进,不断提升自我,为社会做出更多的贡献;而错误的信仰则会阻碍社会的发展,把人生引入歧途。因此,科学信仰对于大学生来说是至关重要的。

此案例说明,信念可以成为所有奇迹的萌发点,能够成为一个人一生前进的动力。一个没有信念,或者不坚持信念的人,只能平庸地过一生;而一个坚持自己信念的人,永远也不会被困难击倒。因为信念的力量是惊人的,它可以改变恶劣的现状,形成令人难以置信的圆满结局。每个人都希望有一天能飞黄腾达,都希望能登上人生之巅,享受随之而来的丰硕果实。遗憾的是，人们往往监守不住自己的信念。总觉得顶峰是那样高不可攀，想象一下就已经足够了，当代大学生要自觉树立科学的理想信念，并在科学理想、信念的指引下同自己所学专业密切结合，确立正确的职业理想，合理规划大学生涯，并矢志不渝地努力追求，不畏前进道路上的艰难险阻，以"天生我材必有用，千金散尽还复来"的豪迈气概沿着理想的阶梯奋力攀爬，使自己的青春在为祖国富强、人民幸福而忘我奋斗中闪光，使自己的大学和人生不要在追悔中度过。坚定马克思主义信仰，坚持中国共产党的领导，走中国特色社会主义道路，在为建设中国特色社会主义、实现中华民族伟大复兴的征途中不遗余力地发挥光和热。

# 延 伸 阅 读

## 新生活是从选定方向开始的

比赛尔是西撒哈拉沙漠中的一个小村庄，它靠在一块 1.5 平方公里的绿洲旁，从这儿走出沙漠一般需要三昼夜的时间，可是在肯·莱文 1926 年发现它之前，这儿的人没有一个走出过大沙漠。据说他们不是不愿意离开这个贫瘠的地方，而是尝试过很多次都没有走出来。

肯·莱文作为英国皇家学会的院士，当然不相信这种说法。他用手语向这儿的人问其原因，结果，每个人的回答都是一样：从这儿无论向哪个方向走，最后都还要转回到这个地方来。为了证实这种说法的真伪，他做了一个试验，从比赛尔村向北走，结果三天半就走了出来。

比赛尔人为什么走不出来呢？肯·莱文非常纳闷，最后他只得雇一个比赛尔人，让他带路，看看到底是怎么回事？他们准备了能用半个月的水，牵上两匹骆驼，肯·莱文收起指南针等设备，只拄一根木棍跟在后面。10天过去了，他们走了大约 800 英里的路程，第 11 天的早晨，一块绿洲出现在他们眼前，他们果然又回到了比赛尔。这一次，肯·莱文终于明白了，比赛尔人之所以走不出大沙漠，是因为他们根本就不认识北极星。

在一望无际的沙漠里，一个人如果凭感觉往前走，他会走出许许多多大小不一的圆圈，最后的足迹十有八九是一把卷尺的形状。比赛尔村地处浩瀚的沙漠中间，方圆上千公里，没有指南针，想走出沙漠，确实是不可能的。

肯·莱文在离开比赛尔时，带了一个叫阿古特尔的青年，这个青年就是上次和他合作的人，他告诉这个汉子，只要你白天休息，夜晚朝着北面那颗最亮的星星走，就能走出沙漠。阿古特尔照着去做，三天之后果然来到了大漠的边缘。

现在，比赛尔已是西撒哈拉沙漠中的一颗明珠，每年有数以万计的旅游者来到这儿。阿古特尔因此成为比赛尔的开拓者，他的铜像被竖在小城的中央。铜像的底座上刻着一行字：新生活是从选定方向开始的。

——选自百度文库

# 生命中的三盏灯

大学留言册的扉页，是恩师赠我的留言。虽然只寥寥数语，却字字珠玑，闪耀着智慧的光芒。多少年来，它们就像三盏灯，照亮我前进的路。

第一盏灯：志存高远。人的一生中，你求上，有可能居中；你求中，则有可能居下；而你若求下，则必定不入流。所以在人生起步的时候，立志必须高远。要学雄鹰展翅飞，不效燕雀安于栖。只有这样，才能激发你生命的潜能，步步为营，逐渐走向辉煌。

第二盏灯：把握当下。昨日如流水，一去不回头，对过去空流泪、徒伤悲，不但于事无补，反而会消沉了意志，浪费了精力。而不可即的明日，太空洞缥缈，不可捉摸。正确的方法就是关注现在，把握当下。只有这样，你才能有所作为，不负此生。

第三盏灯：永不气馁。人的一生中，有许多无法预料的苦难悲伤，就宛如层层乌云，铺天盖地压来。如果就表面看来，它们十分强大，势不可挡，但这一切并不可怕。而最可怕的是人的颓靡不振。这正是许多人失败的真正原因。一个人的一生中，无论你从事何种职业，面对何种际遇，只要你永不气馁，就一定会有成功的那一天。

三条赠言，是我生命中的三盏灯，它们永远高悬在我人生的航船上，指引着我前进的方向，躲开迷茫、失望、悲伤这些暗礁，鼓励我乘着智慧、欢乐、信心鼓起的风帆，在人生的大海上，向一个又一个更高更远的目标前进。

——选自王虎林：《生命中的三盏灯》

# 不要放弃你的梦想

假如一个人终生也没有找到自己活着的意义，那不是很悲哀吗？

我们此生不一定要成大名、立大功，可是，我们一定要有自己的梦想，并把它具体起来，使它成为可能，然后去追求它、去实现它。追寻一个梦想是一种极大的幸福和快乐。你也曾体会过这种幸福和快乐吗？

有人放弃了自己的梦想，从前进的行列中败退下来，是因为他失去了自己的意志。

我们时常会看到，有些人好像不是在自己的意志指挥之下过活，而是在别人给他划定的范围之内兜圈子。他们所奉为圭臬、所赖以决定自己动向的，是"别人认为怎样怎样"，"我如不这样做，别人会怎样说"，或"假如我这样做，别人会怎样批评"。不幸的是，别人的批评又是那么不一致，张三认为应该向东，李四认为应该向西，赵五认为应该向南，王六认为应该向北。你如选择其一，其他三人总会指责你。

于是，时常顾虑到"别人怎样说"的人，他就只好一年到头在不知究竟怎样才好的为难紧张之中团团转，总也走不出一条路来。

这种人，即使侥幸由于他天生的善于应对而能做到"不受批评"的地步，他最大的成就也不过是个乡愿之类的人物。别人所给他的最大的敬意，也不过是说他一句"圆滑周到"而已。而就他自己本身来说，因为他终生被驱策在"别人"的意见之下，一定感到头晕眼花，疲于奔命，把精力全部消耗在应付环境、讨好别人上，以至没有余力去追求自己的梦想。

当然，我并不是说一个人应该独断独行，不顾是非黑白。而是说，我们在听取别人的意见之后，一定要经过自己的认定和理解。我们应该自己有定见，用足够的理智去认清事实，在决定方向之后，就不再受别人意见所左右。

古人说"岂能尽如人意，但求无愧我心"，也就是这个意思。我们没有办法使所有的人都同意我们，没有办法听从每一个人的意见。所以，我们尽可不必顾虑到"别人怎样说"或"别人怎样想"，而只要考虑到自己的理智怎样说，自己的良心怎样想就行了，也就是说，"我只对自己负责"。

一个人的所作所为，只要自己问心无愧，即使有瓜田李下之嫌也可以不避。也只有如此，才可以避免瞻前顾后、左右为难的苦恼，才可以使自己的梦想实现。

胡适博士曾鼓励青年人做"梦"，因为"梦"代表一种想象力，一点抱负，一些愿望，以及一些对现实的不满。正如一位哲人所说："如果你有胆量堂皇高贵地做梦，这梦就会成为预言。"

——选自崔海涛、郑观洲主编：《人生经典》

## 胡歌的励志故事：什么都不能阻挡他重回巅峰

近日，第 22 届上海电视节落幕，演员胡歌凭借《琅琊榜》中"梅长苏"一角的出色表现获封白玉兰奖最佳男主角，去年他主演的三部电视剧《大好时光》、《琅琊榜》、《伪装者》在中国热播，累计产生了近 150 亿次的网络播出量，韩国、美国等也相继开播他演出的新作品。

可是，胡歌的人生并不是一帆风顺的。23 岁那年他一夜成名，但 24 岁就遭遇车祸、毁容。现在，33 岁，我们可以清楚地看到他的伤疤，也可以清楚地看到他的光芒。

22 岁那年，胡歌接到他的第一部作品《仙剑奇侠传》，男主角，李逍遥。很多"80 后"都玩过这个游戏，很多"90 后"都看过这部电视剧。虽然一千个人心中有一千个哈姆雷特，可是我们都接受了这个李逍遥。直到现在，我们依然觉得，李逍遥就是长成胡歌的模样。那时候，他就像是被上帝眷顾的苹果，上帝多亲了一口，让他拥有令人羡慕的长相，上帝多看了一眼，所以一夜之间拥有鲜花、掌声、荣光，前途无限。

他并不幸运，因为灾难很快就来了。2006 年 8 月 29 日晚，胡歌与女助手张冕乘坐的现代旅行车与一辆厢式货车发生追尾碰撞，张冕抢救无效死亡。后来，他写了一本书叫《幸福的拾荒者》，描述了这一段黑暗的经历，"我无助地坐在漆黑的夜里，身体所有的感官都丧失了功能"。胡歌的脖子和右眼缝合了 100 多针，并在四天内经历两次全身麻醉的手术。"其实那天，连我自己都以为将会失去一半的光明……在被推进手术室之前，我一直在思考如何面对右眼的失明。我自己用手检查了面部的伤势，左边并无大碍，右边血肉模糊，犹以眼部最为严重，没有任何知觉。我在救护车上非常镇定地向医生询问右眼的情况，得到的答案是不确定。"他在香港治疗时才听说同车好友已去世。他的经纪人蔡艺侬跟他说"眼睛缝了不能哭"，胡歌只能"把头放很低很低，让眼泪掉在地上"。关于发生事故的原因，有一个说法是司机疲劳驾驶，但胡歌并没有辞退他。他说，全世界都可以怪他，我不能。如果我不原谅他，这个小孩就完了。

他幸运地捡回了生命，但也在脸上留下了伤痕。在他之前，没有一个明星，能够用经历车祸毁容的脸重新出发。如果他要继续演戏，这注定是一条艰难的路。"我幸运地最先找回了生命，却看着另一个生命逐渐远去；我感谢上天保全了我的眼睛，却无法在感受光明的同时去认领残破的容颜。"

但是，伤疤不是他的缺陷，而是一枚勋章。一年之后，2007 年 6 月 22 日，胡歌正式宣布复出。他瘦了很多，棱角磨砺得更加突出，由于车祸导致脸上面部神经损伤，表情也不那么自然，在拍戏之余，他面对镜子苦练面部神经。那时候，他常用黑框眼镜挡住自己的伤疤。我们不愿让别人看到自己的伤疤和缺陷，胡歌也一样，更何况他的工作需要一张完美的脸。很多人可能因为同情他的遭遇而接受新的胡歌，可是自己接受自己，始终需要时间。在《仙剑奇侠传 3》里，他用长刘海遮住伤疤。这部电视剧让他成功回归，我们似乎看到了李逍遥的影子，可是又不免为他惋惜。很多人说，李逍遥是他的巅峰，他回不去了。可是，他突然明白，胡歌是个演员，不是个明星。他说，回不去的皮囊，可以用思想填满。2009 年，曾经资助的希望小学落成，他用自己去世好友的名字为小学命了名，他开始坦然面对那一段过去，而不是害怕提及。

他用更多的时间去研究表演，让大家把焦点集中在作品上。2013 年，胡歌用一整年的时间回归话剧舞台，出演话剧《如梦之梦》，获得第二届丹尼国际舞台表演艺术最佳男演员奖。出演电视剧《轩辕剑之天之痕》的时候，他没有了刘海遮挡，有人说胡歌眼角上的疤痕真的很明显，他的仙气是彻底随车祸烟消云散了。他说，既然是天之痕了，肯定得有条上天恩赐的痕印吧。伤疤或许不能出现在明星脸上，但是优秀的演员可以让人忽视他的容貌。后来，在《伪装者》中的很多镜头都可以清晰地看到他的伤痕。《琅琊榜》里的梅长苏，整齐束发，坦坦荡荡。这个角色更是像另一个胡歌，经历过黑暗，脱胎换骨，改头换面，有刻骨铭心的过去，却依然清澈坚定。戏里，梅长苏说："既然我活了下来，就不能白白地活着。"胡歌特别喜欢这句台词，他说，要对得起你的苦难。胡歌对得起他的苦难，因为，经历过的一切让他变得更强大，磨砺出了一个更坚定的胡歌。《琅琊榜》里的胡歌，哪怕是站在画面的最角落，也依然在发光。

媒体人咪蒙在《琅琊榜：比玛丽苏、杰克苏更高级的是，梅长苏》里评价胡歌的表演，她说，胡歌是难得的能沉得住气、静下心来演戏的艺人。他没有杂念，正如他的眼神，清澈、干净。因为他的心是定的，所以在镜头面前，角色也立住了。城门外马车内那场，重回故地，前尘往事浮上心头。他不能说一个字，他的眼神里，有沧海桑田的喟叹，有物是人非的唏嘘。重遇仇人谢玉，胡歌走向他，眼神淡定中，隐含杀气。在阔别十年的家园——林府面前，他为了不泄露自己的真实身份，他不敢进，甚至不敢看，更不敢哭。他所能表达的极限，就是红了眼眶。我们在《琅琊榜》里，看到了演技巅峰的胡歌，也看到了重回颜值巅峰的胡歌。

现在的胡歌，比 22 岁时更加沉稳从容，车祸也好，伤痕也罢，没有什么能阻挡他内心的强大，遮挡他的光芒。这种光芒，不仅是容貌，也是内涵。疤痕露出来，才是真正的坦然。10 年的时间，他经历了各种各样的困难，最大的难题恐怕就是如何接受自己的变化，怎么样去战胜自己心里的焦虑和痛苦。庆幸的是，他面对了自己，找回了自己，即便受过伤，也可以走出更好的人生。"这 10 年，我去过山顶也到过谷底，抹过微云也斩过荆棘。我想人生就是这般起起伏伏吧！要说与之前最大的变化，或许是不管身在何处，心永远都与地平线齐平。"他说。所以你看，没有什么值得去遮掩的伤痕，所有出现在生命里的波折，所有留在我们身上的命运的痕迹，都是我们区别于他人独一无二的标识。伤疤，放不下是缺陷，放下了就是勋章。

——资料来源《三联生活周刊》

## 人的高贵在于灵魂

法国思想家帕斯卡尔有一句名言："人是一支有思想的芦苇。"他的意思是说，人的生命像芦苇一样脆弱，宇宙间任何东西都能置人于死地。可是，即便如此，人依然比宇宙间任何东西高贵得多，因为人有一颗能思想的灵魂。我们当然不能也不该否认肉身生活的必要，但是，人的高贵却在于他有灵魂生活。作为肉身的人，人并无高低贵贱之分。唯有作为灵魂的人，由于内心世界的巨大差异，人才分出了高贵和平庸，乃至高贵和卑鄙。

两千多年前，罗马军队攻进了希腊的一座城市，他们发现一个老人正蹲在沙地上专心研究一个图形。他就是古代最著名的物理学家阿基米德。他很快便死在了罗马军人的剑下，当剑朝他劈来时，他只说了一句话："不要踩坏我的圆！"在他看来，他画在地上的那个图形是比他的生命更加宝贵的。更早的时候，征服了欧亚大陆的亚历山大大帝视察希腊的另一座城市，遇到正躺在地上晒太阳的哲学家第欧根尼，便问他："我能替你做些什么？"得到的回答是："不要挡住我的阳光！"在他看来，面对他在阳光下的沉思，亚历山大大帝的赫赫战功显得无足轻重。这两则传为千古美谈的小故事表明了古希腊优秀人物对于灵魂生活的珍爱，他们爱思想胜于爱一切包括自己的生命，把灵魂生活看得比任何外在的事物包括显赫的权势更加高贵。

珍惜内在的精神财富甚于外在的物质财富，这是古往今来一切贤哲的共同特点。英国作家王尔德到美国旅行，入境时，海关官员问他有什么东西要报关，他回答："除了我的才华，什么也没有。"使他引以为自豪的是，他没有什么值钱的东西，但他拥有不能用钱来估量的艺术才华。正是这位骄傲的作家在他的一部作品中告诉我们："世间再没有比人的灵魂更宝贵的东西，任何东西都不能跟它相比。"

其实，无须举这些名人的事例，我们不妨稍微留心观察周围的现象。我常常发现，在平庸的背景下，哪怕是一点不起眼的灵魂生活的迹象，也会闪放出一种很动人的光彩。

有一回，我乘车旅行。列车飞驰，车厢里闹哄哄的，旅客们在聊天、打牌、吃零食。一个少女躲在车厢的一角，全神贯注地读着一本书。她读得那么专心，还不时地往随身携带的一个小本子上记些什么，好像完全没有听见周围嘈杂的人声。望着她仿佛沐浴在一片光辉中的安静的侧影，我心中充满感动，想起了自己的少年时代。那时候我也和她一样，不管置身于多么混乱的环境，只要拿起一本好书，就会忘记一切。如今我自己已经是一个作家，出过好几本书了，可是我却羡慕这个埋头读书的少女，无限缅怀已经渐渐远逝的有着同样纯正追求的我的青春岁月。

每当北京举办世界名画展览时，便有许多默默无闻的青年画家节衣缩食，自筹旅费，从全国各地风尘仆仆来到首都，在名画前流连忘返。我站在展厅里，望着这一张张热忱仰望的年轻的面孔，心中也会充满感动。我对自己说：有着纯正追求的青春岁月的确是人生最美好的岁月。

若干年过去了，我还会常常不由自主地想起列车上的那个少女和展厅里的那些青年，揣摩他们现在不知怎样了。据我观察，人在年轻时多半是富于理想的，随着年龄增长就容易变得越来越实际。由于生存斗争的压力和物质利益的诱惑，大家都把眼光和精力投向外部世界，不再关注自己的内心世界。其结果是灵魂日益萎缩和空虚，只剩下了一个在世界上忙碌不止的躯体。对于一个人来说，没有比这更可悲的事情了。我暗暗祝愿他们仍然保持着纯正的追求，没有走上这条可悲的路。

——选自周国平：《周国平论教育》

# 信念的力量

有这么一句至今都难以忘记的话，"即使千帆过尽，还会有满载希冀的第一千零一只船；只要心中梦幻不灭，就不会被孤独抛在岸边，只要青春体内的热血还在流动，那广阔的海洋，就不会把你的梦搁浅"。

是的，这个"梦幻"其实就是我们心中的那个"信念"，我们想要追求的东西；我们潜意识中想要，并且相信自己可以得到的东西。

也许有人会问："信念值多少钱呢?"罗米·罗尔斯说："信念是不值钱的，它有时甚至是一个善意的欺骗，然而一旦你坚持下去，它就会迅速升值。"

这就是信念，一个不值钱的，但却拥有价值的，甚至是还会升值的东西。拥有一个信念，相信这个信念，并且坚持它，那么，你就会看到它的价值了。

每个人都渴望成功，但成功者往往是那些在心中树立顽强成功信念，并为之不懈奋斗的人。在他们眼中，世界上没有能与不能的问题，他们只有一个考虑，要还是不要? 只要别人办得到的，我也行，即使是别人办不到的，我也有可能办得到。这，便是成功者在心中树立的信念。

远航的船只有有了明确的目的地，才能顺利航行。拥有一个信念，才能坚定你的目标和信心，才能促使你人生小舟的前行。在心中树立一个信念的航体，信念就会在潜意识中给我们以激励，并唤起我们前行的信心和勇气。这种激励和勇气不是任何人的赠予，而是自己的行为与自己的心理玩的游戏。信念要求你自己永远以正面的角度来思考所求的问题，每个人都可以追逐自己想要的，而并非自己恐惧的。

安东尼·罗宾说，因为我恐惧，所以我必须立即行动，朝着自己想要的方向跑。

西方有言："只要想到，注定得到。"这句话说的其实就是信念的意义。其含义是："绝对要思考你想要的东西，这样，你也一定会得到它。很多事情看起来很复杂，但当你下定决心，当你拥有一个坚定的信念时，它立刻变简单了。"

我们经常可以听到这样的宣言："我相信，我能行!"这句话并不是脱口而出的豪言壮语，也不是哗众取宠地追随潮流，而是说话者心中一个坚韧的信念，一个集励志与勇气于一体的信念。只有这种信念才能激起前行者心中沸腾的热血，才能使奋斗者心无旁骛、执着不悔地前行。

雄鹰吞云吐雾、攀日揽月、风驰电掣，是因为心中有搏击风雨、傲视苍穹的梦想和希望。

生命有起有伏，有高高的峰峦，也有阴暗的低谷。处在人生的低谷时，要坚定一个可以启程、可以走出黑暗的信念，要坚定星光往往是从黑暗和血泊中升起的信念。

莎士比亚说，"只要结果好，一切终将完美。"而完美和壮阔需要心中信念的火焰永不熄灭，需要坚毅的跋涉永不停歇，需要在生命的小舟中树立一个永不折断的信念之桨。

——选自武数娜博客

# 居里夫人的人生信念

居里夫人，法国籍波兰科学家，研究放射性现象，发现镭和钋两种放射性元素，一生两度获诺贝尔奖。她在晚年回顾自己的一生时，以《我的信念》为题，写下了如下异常真诚的文字：

生活对于任何一个男女都非易事，我们必要有坚韧不拔的精神；最要紧的，还是我们自己要有信心。我们必须相信，我们对一件事情是有天赋的才能，并且，无论付出任何代价，都要把这件事情完成。当事情结束的时候，你要能够问心无愧地说："我已经尽我所能了。"

有一年的春天里，我因病被迫在家里休息数周，我注视着我的女儿们所养的蚕，结着茧子。这使我极感兴趣，望着这些蚕固执地、勤奋地工作着，我感到我和它们非常相似，像它们一样，我总是耐心地集中在一个目标。我之所以如此，或许是因为有某种力量在鞭策着我——正如蚕被鞭策着去结它的茧子一般。

在近五十年来，我致力于科学的研究，而研究基本上是对真理的探讨。我有许多美好快乐的回忆。少女时期我在巴黎大学，孤独地过着求学的岁月；在那整个时期中，我丈夫和我专心致志地，像在梦幻之中一般，艰辛地在简陋的书房里研究，后来我们就在那儿发现了镭。

我在生活中，永远是追求安静的工作和简单的家庭生活。为了实现这个理想，后来我要竭力保持宁静的环境，以免受人事的侵扰和盛名的渲染。

我深信在科学方面，我们是有对事而不是对人的兴趣。当皮埃尔·居里和我决定应否在我们的发现上取得经济上的利益时，我们都认为这是违反我们的纯粹研究观念。因而我们没有申请镭的专利，也就抛弃了一笔财富。我坚信我们是对的。诚然，人类需要寻求现实的人，他们在工作中，获得最大的报酬。但是，人类也需要梦想家——他们对于一件忘我的事业的进展，受了强烈的吸引，使他们没有闲暇，也无热诚去谋求物质上的利益。我的唯一奢望，是在一个自由国家中，以一个自由学者的身份从事研究工作，我从没有视这种权益为理所当然的，因为在二十四岁以前，我一直居住在被占领和蹂躏的波兰。我估量过法国自由的代价。我并非生来就是一个性情温和的人。我很早就知道，许多像我一样敏感的人，甚至受了一言半语的呵责，便会过分懊恼，他们尽量隐藏自己的敏感。从我丈夫的温和沉静的性格中，我获益匪浅。当他猝然长逝以后，我便学会了逆来顺受。我年纪渐老了，我愈会欣赏生活中的种种琐事，如栽花、植树、建筑，对诵诗和眺望星辰，也有一点兴趣。

我一直沉醉于世界的优美之中，我所热爱的科学，也不断增加它崭新的远景。我认定科学本身就具有伟大的美。一位从事研究工作的科学家，不仅是一个技术人员，并且他是一个小孩，在大自然的景色中，好像迷醉于神话故事一般。这种魅力，就是使我终生能够在实验室里埋头工作的主要因素了。

——摘编自《科学启蒙》

# 林觉民《与妻书》

意映卿卿如晤：

吾今以此书与汝永别矣！吾作此书时，尚是世中一人；汝看此书时，吾已成为阴间一鬼。吾作此书，泪珠和笔墨齐下，不能竟书而欲搁笔！又恐汝不察吾衷，谓吾忍舍汝而死，谓吾不知汝之不欲吾死也，故遂忍悲为汝言之。

吾至爱汝，即此爱汝一念，使吾勇于就死也。吾自遇汝以来，常愿天下有情人都成眷属；然遍地腥膻，满街狼犬，称心快意，几家能彀？司马青衫，吾不能学太上之忘情也。语云："仁者老吾老以及人之老，幼吾幼以及人之幼。"吾充吾爱汝之心，助天下人爱其所爱，所以敢先汝而死，不顾汝也。汝体吾此心，于啼泣之余，亦以天下人为念，当亦乐牺牲吾身与汝身之福利，为天下人谋永福也。汝其勿悲！

汝忆否？四五年前某夕，吾尝语曰：与其使吾先死也，无宁汝先吾而死。汝初闻言而怒；后经吾婉解，虽不谓吾言为是，而亦无辞相答。吾之意，盖谓以汝之弱，必不能禁失吾之悲。吾先死，留苦与汝，吾心不忍，故宁请汝先死，吾担悲也。嗟夫！谁知吾卒先汝而死乎！

吾真真不能忘汝也。回忆后街之屋，入门穿廊，过前后厅，又三四折，有小厅，厅旁一室，为吾与汝双栖之所。初婚三四个月，适冬之望日前后，窗外疏梅筛月影，依稀掩映。吾与汝并肩携手，低低切切，何事不语？何情不诉？及今思之，空馀泪痕。又回忆六七年前，吾之逃家复归也，汝泣告我："望今后有远行，必以告妾，妾愿随君行。"吾亦既许汝矣。前十余日回家，即欲乘便以此行之事语汝；及与汝相对，又不能启口。且以汝之有身也，更恐不胜悲，故惟日日呼酒买醉。嗟夫！当时余心之悲，盖不能以寸管形容之。

吾诚愿与汝相守以死。第以今日事势观之，天灾可以死，盗贼可以死，瓜分之日可以死，奸官污吏虐民可以死，吾辈处今日之中国，国中无地无时不可以死，到那时使吾眼睁睁看汝死，或使汝眼睁睁看我死，吾能之乎？抑汝能之乎？即可不死，而离散不相见，徒使两地眼成穿而骨化石；试问古来几曾见破镜重圆？则较死为尤苦也。将奈之何！今日吾与汝幸双健，天下之人，不当死而死，与不愿离而离者，不可数计；钟情如我辈者，能忍之乎？此吾所以敢率性就死，不顾汝也。

吾今死无馀憾，国事成不成，自有同志者在。依新已五岁，转眼成人，汝其善抚之，使之肖我。汝腹中之物，吾疑其女也；女必像汝，吾心甚慰。或又是男，则亦教其以父志为志，则我死后，尚有二意洞在也。甚幸！甚幸！

吾家日后当甚贫；贫无所苦，清静过日而已。吾今与汝无言矣！吾居九泉之下，遥闻汝哭声，当哭相和也。吾平日不信有鬼，今则又望其真有；今人又言心电感应有道，吾亦望其言是实。则吾之死，吾灵尚依依旁汝也，汝不必以无侣悲！

吾平生未尝以吾所志语汝，是吾不是处；然语之又恐汝日日为吾担忧。吾牺牲百死而不辞，而使汝担忧，的的非吾所思。吾爱汝至，所以为汝谋者惟恐未尽。汝幸而遇我，又何不幸而生今日之中国！吾幸而得汝，又何不幸而生今日之中国，卒不忍独善其身！嗟夫！巾短情长，所未尽者尚有万千，汝可以模拟得之。吾今不能见汝矣！汝不能舍吾，其时时于梦中得我乎！一恸！

辛未三月二十六夜四鼓　意洞手书

家中诸母皆通文，有不解处，望请其指教，当尽吾意为幸。

## 以信仰之光照亮奋斗之路
### ——写在中国共产党成立 95 周年之际

（一）又一个 7 月来临，时间从未改变前行的脚步。

上海兴业路的一栋小楼，迎来更多朝圣者。95 年前，一群年轻人聚集在这里，革命的星火，燃烧出一片崭新的天地。这一过程如此艰辛也如此辉煌，正如纪念馆展览结束处悬挂着的题词——"作始也简，将毕也钜"。

陕西延安杨家岭的中央大礼堂，有人展开党旗，重温入党誓词。1945年，党的七大在这里召开，建立一个新民主主义中国的脚步从这里启程。会场墙壁的旗座上，写着八个字——"坚持真理，修正错误"。

北京，天安门广场花团锦簇，大街小巷飘扬的党旗上，镰刀锤头格外醒目。从苦难中来，朝复兴而去，一个古老的民族向着百年梦想迈进。党的十八大之后，习近平总书记告诫全党——"勿忘人民，甘作奉献"。

95 年，3 句话。源于德国小镇特里尔的种子，在一代代中国共产党人的心灵中孕育成长。红色的激流汇入黄色的土层，掀起汹涌壮阔的狂澜，汇聚成光耀中华的绚丽日出，它让世界四分之一的人口选择了马克思主义，荡涤风雨如磐的暗夜，照亮民族复兴的征程，彻底改造了这个古老的国家，彻底改变了人民的命运，彻底改写了人类社会的政治版图。

从嘉兴南湖红船上寻找光明的摆渡人，到驾驭世界第二大经济体的领航者，中国共产党激励与召唤着亿万人民生死与共、始终相随，让这个曾经四分五裂、一穷二白的国度，于危难中振作，在绝望中重生，已然可见复兴的曙光。

有人说，了解中国，必须了解中国共产党；读懂中国共产党，才能读懂中国。95 年过去，就让我们重新打开时间的闸门，踏上那条举世瞩目的中国道路，翻阅风雷激荡的红色篇章。

（二）亿万万人家国，95 年拼搏。为了民族独立、人民解放，国家富强、人民富裕，无数人汇聚在马克思主义的旗帜下。历史会记录下每一代人的奋斗与牺牲，也会给他们的选择一个肯定的回答。

"敌人只能砍下我们的头颅，决不能动摇我们的信仰！因为我们信仰的主义，乃是宇宙的真理！为着共产主义牺牲，为着苏维埃流血，那是我们十分情愿的啊！"1935 年 8 月，方志敏在就义之前慷慨陈词。这位赣东北苏区的创建者，过着"清贫、洁白朴素的生活"，却"生存一天就要为中国呼喊一天"，只因他是"马克思主义笃诚的信仰者"，坚信"苏维埃可以救中国，革命必能得最后的胜利"。

"为了抉择真理,我们应当回去;为了国家民族,我们应当回去;为了为人民服务,我们应当回去……为我们伟大祖国的建设和发展而奋斗!"1950年2月,华罗庚在归国途中,写下这封《致中国全体留美学生的公开信》。那一年,华罗庚、朱光亚、邓稼先、叶笃正等1000多名留美学生不畏艰辛奔向新中国,很多人加入了中国共产党。他们相信,"新民主主义已经很明显地指出中国社会建设该取的道路","我们的民族将再也不是一个被人侮辱的民族了"。

"我们是有组织、有信仰、有觉悟的人。"2008年5月,瞿永安的11位亲人在汶川地震中丧生。在满地瓦砾的家门口,这位北川县副县长泪流满面磕了三个头,随后起身投入抗灾一线。在那场特大地震之后,从"80后"女警察蒋敏、组织部长王理效,到参与援建的干部崔学选,定格下无数共产党员的奉献精神。在汶川震区考察救灾和重建的外国友人感慨:"有一条'经'我们很难取走——你们有这么多勇于献身的中共党员。"

95年来,无数仁人志士,汇聚于信仰的旗帜之下。在他们身上,有着这个群体的心灵密码,有着共产党人共同的精神基因——

他们相信,"只有在斗争中无所畏惧,才能在追求真理的过程中把自己雕塑成器"。在这真理里,凝聚着智慧与知识的结晶,也蕴藏着国家与民族发展的路径。沿着这条真理之路,沉沦的中国才能走向复兴,亿万中国人才能过上更好的生活。他们视追寻这样的真理为理想,他们以实践这样的真理为信仰。

他们秉承,"人生应该如蜡烛一样,从顶燃到底,一直都是光明的"。他们把国家、民族乃至人类的命运,扛在自己的肩膀上。走在这条道义之路,他们将小我消融于"大我",成为无私的爱国者、无畏的革命者、无悔的牺牲者。他们视承担这样的责任为使命,他们以坚守这样的价值为意义。

水打山崖,风过林海。95年来,信仰在奋斗中淬火,一代又一代共产党人前行的足迹,构成了一个国家为强大而探索的思想史,也构成了一个民族为复兴而奋斗的心灵史。真理之光与道义之光交相辉映,让这一段历程群星闪耀,照亮着中华民族的天空。

(三)并非每个共产党员,都是天生的马克思主义者。很多时候,信仰是选择的结果。回到他们思想的源头,才能理解共产党人95年来的选择,才能发现为什么马克思主义"占据着真理和道义的制高点"。

一百多年来,马克思主义一直是现代世界思想乐章中的一个重要主题。马克思是第一个把世界作为政治、经济、科学和哲学的整体来理解的人。这位"现代社会思想之父",揭示了自然界、人类社会、人类思维发展的普遍规律。这是人类智慧一座令人仰止的高峰，正如曾获诺贝尔经济学奖的希克斯所言，"大多数希望弄清历史一般进程的人会使用马克思主义的范畴或者这些范畴的某种修正形式，因为几乎没有其他的范畴形式可用"。

对于有识之士，马克思提供了丰富的思想资源；对于有志之士，马克思更开掘出广阔的精神空间。坚持实现人民解放、维护人民利益的立场，以实现人的自由而全面的发展和全人类解放为己任，体现出马克思主义理论的价值基础。在马克思的历史批判、经济批判、政治批判中，"人的解放"是一以贯之的核心，也是他终生奋斗的使命。从为人类谋福利的道德信念，到对人的命运的客观探讨，再到人与世界关系的总体把握，直至追求"每个人的全面而自由的发展"，马克思主义开辟出一条个人和人类追求超越性价值的道路。

这位共产党人的精神导师，正是一个完美例证。他出身富裕家庭，23岁拿到博士学位，25岁娶了一位贵族小姐，还是《莱茵报》主编。但他却抛弃了这一切，选择了"最能为人类福利而劳动的职业"，为工作和革命颠沛流离40年，一贫如洗、儿女夭殇，直到1883年3月在办公桌前永远地睡去。德国哲学家康德曾说，人类最震撼的秉性，就在于为他人而工作，为后代而牺牲。马克思一生的际遇，正实现了对"人"的定义。

一部人类文明史，产生了科学主义与人文主义两大思潮，分别体现着人类对真与善、实然与应然、工具理性与价值理性的追求。马克思主义则努力在二者之间架起桥梁，把科学的真理性与价值的超越性，统一于共产主义理想之中。从这个意义上，习近平总书记指出："无论时代如何变迁、科学如何进步，马克思主义依然显示出科学思想的伟力，依然占据着真理和道义的制高点。"

这正是马克思主义能在世界的东方，吸引如此众多信仰者的根本原因。

（四）对于古老的中华文明，马克思主义无疑是一个截然不同的思想体系。中国人最早知道"共产主义"，是在江南制造局出版的《西国近事汇编》中。为什么这个国人并不熟悉的概念，能在此后的一百多年里，为中国的发展提供了源源不断的理论支持和精神支撑，奠定无数人信仰的基石？

一本中文初版《共产党宣言》，见证了马克思主义与中国深深的精神共鸣。1926年，这本封面错印成"共党产宣言"的书辗转成为山东广饶刘集村党支部的学习材料，曾因国民党搜查、日伪军"扫荡"而被埋进锅灶、藏在粮囤、塞进鸟窝。然而，那位"大胡子"却让刘集村成为"红色堡垒"，190人走上革命道路，有据可考的烈士就有28人。这些"以前没有听说过"的道理，在中国人的精神世界中开辟出一片新的天地，让人看到还有一条革命的道路、还有一种解放的理想、还有一种自由的力量。

伟大的思想，总能诉说时代深藏的心曲，总是属于人类永恒的历史。"阶级斗争"、"无产者"、"社会主义"这些概念，深刻地切中了当时中国的脉搏；为人类解放而奋斗的理想，更与沉沦日久渴望复兴的精神诉求相通。这个从遥远西方引来的火种，一经播撒便在中国大地形成燎原之势。以95年前的7月为起点，一代代共产党人汇入信仰的洪流，不屈不挠的奋斗、义无反顾的牺牲、改天换地的豪情，推动百年中国的浩荡前行。

面对革命战争的枪林弹雨，他们浴血奋战、视死如归；面对建设年代的艰难局面，他们激情燃烧、无私奉献；面对"文化大革命"十年浩劫，他们信念执着、从不消沉；面对改革开放的千钧重担，他们不畏艰险、勇敢担当。无数英雄儿女凝聚在信仰的旗帜下，勇往直前以赴之、断头流血以从之；无数志士仁人凝聚在真理的旗帜下，实事求是以谋之，殚精竭虑以成之，他们挺起了民族的脊梁，谱写了可歌可泣的壮丽篇章。

从人均国民收入仅27美元，到经济总量超过10万亿美元，成为世界第二大经济体；从新中国成立之初4000多万人流离失所，到让6亿多人口摆脱贫困，对全球减贫贡献率逾70%；从一穷二白到成为世界第一大贸易国、全球最大外汇储备国；从铁钉、火柴都造不出来，到"两弹一星"横空出世，"嫦娥"奔月"蛟龙"入海……"共产党并不曾使用什么魔术，他们只不过知道人民所渴望的改变"，并用他们的意志唤起了难以想象的力量，在1946年出版的《中国的惊雷》中，美国记者白修德和贾安娜得出的结论，直到今天仍在被一次次验证。

迄今为止，还没有一种理论能像马克思主义这样，鼓舞数十亿人为改变自身命运而奋斗，指引人类社会向着伟大社会理想不断探索。晚年张学良回忆当年和红军作战，曾经这样追问：谁能在缺衣少食、围追堵截中把这样的队伍带出来，而且依旧保持着高昂的士气和强悍的战斗力？67年前，司徒雷登总结国民党失败原因时，曾经这样分析："共产党之所以成功，在很大程度上是由于其成员对它的事业抱有无私的献身精神。"2012年党的十八大报告，曾经这样指出，"对马克思主义的信仰，对社会主义和共产主义的信念，是共产党人的政治灵魂，是共产党人经受住任何考验的精神支柱"。

从只有50多人的小党发展成拥有8700多万党员、世界上最大的执政党，从积贫积弱的落后国家迈向社会主义强国，正是马克思主义信仰，催生了一种新的社会实践、一套新的政治制度、一条新的发展道路，让一个政党的成长与一个国家的重生融为一体，在动荡的百年历史中写下不朽的传奇。

（五）习近平总书记指出："一个政党，如一个人一样，最宝贵的是历尽沧桑，还怀有一颗赤子之心。"走过 95 年，时代场景几经转换，保持"赤子之心"，何其之难。

相比于战争年代的烽烟四起、血雨腥风，我们现在少了生与死的考验、血与火的洗礼，多了深水区的"改革阵痛"、转型期的"两难烦恼"。相比于建设年代的激情澎湃、质朴单纯，我们现在少了封闭与孤立的困境、匮乏与贫穷的难题，多了不同利益的纠结交汇、不同观念的激荡交锋。甚至，相比于三十多年前，我们现在也还需面对更多声音的鼓噪喧嚣、面对更为复杂的全球语境。共产党人的"赶考"远未结束。

一些人视马克思主义为雾里看花，以共产主义为空中楼阁，丢弃了理想与方向，忘记了信念和担当。一些人崇尚"实用主义"，热衷"及时行乐"，把权力变成谋私的工具，把私欲看作人生的目标。一些人对群众感情淡漠，习惯高高在上，淡忘了鱼水关系，割裂了血肉联系。翻阅贪官忏悔录，总能看到在权力、财富、美色的诱惑之下，信仰的城池如何失守、精神的旗帜如何变色。

如果说，信仰曾经体现在"砸碎旧世界"的革命之时、闪耀在"创造新世界"的建设之时、迸发在"追赶全世界"的改革之时，那么，今天的共产党人，更需把信仰写在全面小康之路、伟大复兴之路上。

正因此，党的十八大以来，习近平总书记不断重申信仰、强调理想，视理想信念为共产党人的"钙"，以人生观、世界观、价值观为共产党人的"总开关"，把对马克思主义的信仰、对社会主义和共产主义的信念，比作共产党人的"政治灵魂"、"精神支柱"，告诫全党在新的时代条件下，共产党人唯有对马克思主义真正做到"虔诚而执着、至信而深厚"，才能"练就共产党人的钢筋铁骨，铸牢坚守信仰的铜墙铁壁"。

正因此，党的十八大以来，我们以不断线的思想教育反"四风"、改作风，严规矩、强纪律，打掉党和人民群众之间"无形的墙"；惩治腐败不手软，打虎拍蝇无禁区，彰显"共产党与腐败水火不容"的决心；修订廉洁自律准则、党纪处分条例等党内重要法规，扎牢制度治党的铁笼子……全面从严治党凝心聚力、扶正祛邪，不仅让党心一振，更试出了人心向背。

正因此，党的十八大以来，以习近平同志为总书记的党中央，坚守"人民"这一核心价值，以新理念新思想新战略开创治国理政新境界。从"五位一体"、"四个全面"、新发展理念，到深化改革、转型创新、脱贫攻坚，既有发展路径的选择，也有发展价值的坚守，蕴含着对马克思主义真理性的思考，也彰显着对马克思主义道义性的追求，在创造震撼人心的"中国奇迹"的同时，也努力书写温暖人心的"中国故事"。

1925 年，在填写"少年中国学会"改组委员会征询意见调查表时，毛泽东写道："本人信仰共产主义，主张无产阶级的社会革命。"一代人有一代人的使命。21 世纪的今天，走过 95 年的中国共产党，只有坚持"为绝大多数人奋斗"的信仰，坚定"为人民服务"的宗旨，才能始终得到人民群众的信任和拥护，始终成为引领中国社会发展进步的核心力量。

(六)每一个国家民族，每一段历史时空，都有自己的精神指引。将近一个世纪过去了，那些令人心潮澎湃的信仰故事，那些光芒闪耀的信仰足印，要怎样化为我们继续前行的精神之源？

与中国的现代转型相伴随的，是一个民族精神世界的转型。当今中国，利益的正当性早已"去魅"。我们走出了"耻于言利"的时代，主张利益、保护利益，这是时代的进步。但毋庸讳言，我们的时代也出现了令人忧心的错位，在一些人那里，物质利益成为唯一"价值"，精神追求被彻底放逐。于是，责任能够淡漠、道德可以离席、灵魂容许出丑。放眼全球，这是一种颇具世界性的"现代病"，正如未来学家托夫勒在《第三次浪潮》中所说："从来没有那么多国家里的人民，感到精神上如此空虚与沉沦。"

方此之时，回望我们党近百年为信仰而奋斗的光辉历程，更有现实意义。一代代共产党人以对真理与道义的不懈追求，以对国家与民族的勇敢担当，在成为"两个先锋队"的同时，也为中国构筑起一个崇高的精神世界。这是马克思主义留给我们的精神财富，是几代共产党人积累的精神基因。那种超越个体与小我、献身整个人类的理想和情怀，至今依然令人敬仰。

让我们从这样的信仰中得到净化。唯有把握这样的信仰，才能理解，为什么 95 年来，如此多人被吸引到马克思主义的旗帜之下，不求显达于世、不求暂得于己，为了理想与信念不惜抛头颅、洒热血。他们中有人放弃了"鸦飞不过的田产"，有人背离了"自小熟悉的阶级"，本应顺风顺水者偏向荆棘而行，本可锦衣玉食者不惜向死而生。埋骨雨花台的烈士，74％受过高等教育；葬身渣滓洞的英灵，70％出身富裕家庭。这些信仰的献身者、理想的殉道者，谱写了时代的慷慨悲歌，铸造了民族的血脉精魂，让亿万人呼吸到了"英雄的气息"。

让我们从这样的信仰中获得方向。唯有把握这样的信仰，才能理解，为什么 95 年来，如此多人薪火相传，舍生忘死、公而忘私，将国家民族带到更好的境界。焦裕禄忍着剧烈疼痛坚持工作，把藤椅都顶破；沈浩扎根小岗村，积劳成疾猝逝在工作一线；杨善洲放弃退休后悠闲的生活，用双手把荒山变成林海……永恒的丰碑上记录着这些时代的先锋，不是因为他们的权力或者财富，而是因为他们刻下了一个大写的"人"。岂曰无碑，山河为碑；何用留名，人心即名。这是共产党人的道德觉悟，也是一个集体的精神传承。

让我们从这样的信仰中汲取力量。唯有把握这样的信仰，才能理解，为什么95年来，如此多人风从影随，紧紧团结在我们党的周围，休戚与共、生死相随，共同书写下"中国奇迹"。农民的手推车，推出了淮海战役的胜利；林县的乡亲们，在悬崖上开凿出红旗渠；无数劳动者全力打拼，开创国家的未来。这是精神的巨大感召力，建设人民共和国的理想，实现"中国梦"的召唤，让人看到更广阔的天地、更高远的世界，绘就了一个国家、一个民族、一个时代的精神图谱。

"石在，火种是不会绝的。"回到马克思主义，回到共产党人的信仰，我们会发现，在物质之外、利益之上，个人还有责任，理想还有价值，生命还有担当。

（七）回望历史，不只是采摘耀眼的花朵，更是去获取熔岩一般运行奔腾的地火。

有历史学家提出三种历史时间——"长时段"、"中时段"和"短时段"，分别对应着历史中的"结构"、"局势"和"事件"。"事件"只是"闪光的尘埃"，而"结构"才是历史上起决定性作用的因素。

95年风云激荡，坚守共产主义理想，坚持和发展马克思主义，共产党人为中国历史创造出一种全新的"结构"。这种"结构"，既是基本的制度体系，也是根本的思想体系，更是耀眼的信仰光芒。

95年来，这个成立时只有几十人的党，已经成为拥有8700多万党员的世界最大规模执政党；这个四分五裂、积贫积弱的国家，已经从低谷走向复兴，崛起于世界民族之林。

不忘初心，方得始终。今天，距离中华民族伟大复兴目标从未如此之近，这个国家和这片土地上的人民，比任何时候都更需要信仰的光芒和力量。潮平海阔，千帆竞发，我们的工作已经写入人类的历史，我们的工作还将继续改变人类的未来。

——任仲平

# 第二章　弘扬中国精神　共筑精神家园

## 理论导学

### 一、教学目标

**【知识目标】**

1. 深入理解爱国主义及中国精神的科学内涵。

2. 进一步明确爱国主义是中华民族继往开来的精神支柱。

3. 全面把握新时期爱国主义的丰富内涵和根本要求。

4. 充分认识爱国是当代大学生必备的政治觉悟、价值规范和道德情感。

**【能力目标】**

1. 继承和弘扬中华民族优良的爱国主义传统，明确新时期的爱国主义要求，不断增强当代大学生的社会责任感和使命感。

2. 帮助大学生进一步明确新时期爱国主义的时代价值。

3. 帮助大学生学会自觉承担实现中华民族伟大复兴的历史重任，以实际行动报效祖国。

4. 引导学生对时代、国情进行思考，引导他们在新的时代条件下，以理性的方式表达爱国之情。

**【素质目标】**

1. 激发大学生的爱国热情，把对祖国的深情化为为祖国的美好明天而奋斗的动力。

2. 培养大学生的爱国情怀，把爱国之情转化为爱国之志，做一名忠诚的爱国者。

3. 不断增强大学生的民族自尊心和自豪感，将爱国的激情转化为学习的动力，以实际行动服务人民，报效祖国。

4. 增强国防观念，掌握国防知识，发扬爱国主义精神，自觉履行国防义务，奉献爱国真情。

## 二、教学重点

深入理解爱国主义的科学内涵，进一步明确民族精神是一个国家赖以生存和发展的精神支柱，明确新时期大学生爱国主义的时代价值，以及如何在实践中践行爱国行动。

## 三、教学难点

继承和发扬中华民族爱国主义的优良传统，正确认识在经济全球化背景下，弘扬爱国主义精神的现实意义。把爱国之情转化为立志成才之志、报国之情，自觉承担起实现中华民族伟大复兴的重任。

# 实 践 拓 展

【实践项目一】
参观爱国主义教育基地
【实践类型】
实地考察类
【实践目标】
了解日本侵华史，学习彭雪枫将军的爱国精神，培养学生的爱国情感。
【实践方案】
1. 利用课堂时间或利用休息日参观彭雪枫纪念馆。
2. 收集彭雪枫的历史资料。
3. 准备好参观所需物品，参观前做好学生的安全和思想教育工作。注意安全，注意对参观地区环境的保护。
4. 明确参观的目的，让学生有目的地进行参观。
5. 参观结束后，教师组织学生在课堂上进行讨论交流，写出观后感并上交。
【实践项目二】
大学生的爱国情感与爱国意识的访谈
【实践类型】
体验反思类
【实践目标】
通过对学生的爱国情感与爱国意识进行访谈，使学生继承爱国主义优良传统，弘扬民族精神和时代精神。

**【实践方案】**

1. 在校园内开展一次小记者活动，随机采访校内的大学生，采访的主题为"今天，我们爱国吗？"以更好地了解当前大学生的爱国情况。

2. 以小组为单位，分小组进行采访。

3. 采访之前，组员之间应该充分讨论和交流，设计好访谈思路和问题，做到有备无患。

4. 采访对象的选择应具有代表性，既有学生干部，也有一般学生；既有男的，也有女的；既有本省的，也有外省的；既有大一的，也有大二、大三的学生。

5. 采访活动结束后，教师利用课堂时间组织学生进行小组内讨论，然后小组派出代表在全班范围内进行交流。

6. 以小组为单位，以自己采访得到的内容为基础，写出新闻稿并上交。

**活动评价**

教师针对学生的采访情况和上交的新闻稿的写作情况，给出实践教学环节成绩，对学生做出优秀、良好、及格、不及格四个等级的评价。

优秀——小组活动踊跃，组内成员之间配合较好，访谈问题设计到位；课堂积极发言，参与交流；新闻稿写作有特色，论据充分，结构合理，精辟体现出自己的见解与对爱国主义的理解。

良好——小组活动比较踊跃，组内成员之间配合较好，访谈问题设计较好；课堂能够发言，参与交流；新闻稿写作内容较丰富，结构合理，体现出自己的见解与对爱国主义的理解。

及格——能够进行小组活动，组内成员之间配合一般，访谈问题设计一般；课堂很少发言，对大家的讨论不够关注；新闻稿写作一般。

不及格——基本没有进行小组活动，组内成员之间无法配合，课堂没有发言，也没有参与讨论；新闻稿写作敷衍了事，或未上交新闻稿。

访谈问题设计参考：

(1)你觉得你爱国吗？

(2)你认为那些获得诺贝尔奖的外籍华裔爱国吗？为什么？

(3)你认为我校每周举行升国旗仪式意义大吗？为什么？

(4)奥运会上，五星红旗升起时，你的感受如何？是很激动还是觉得很平淡？

(5)你赞成大学生学日语吗？你是怎样想的？

(6)你怎样看待抵制日货？你觉得是否应该抵制日货？

(7)你认为圆明园的断壁残垣该保存吗？为什么？

(8)你怎样看待中国学生对外国娱乐文化(如韩日偶像、日本动漫、好莱坞大片)等的崇拜?

(9)当今青少年对国外文化津津乐道,对本民族文化却知之甚少,你认为这样是什么原因造成的?

(10)你认为什么教育对爱国热情的培养影响最大?是家庭、学校,还是社会的舆论导向?

(11)你会通过怎样的方式来表达自己的爱国情怀?

(12)作为一名中国人,你是否感到自豪?

(13)如果身边有人组织合法的爱国主义示威游行活动,你是否会参加?你认为这种爱国的示威游行有何作用?

(14)就大学生中盛行的在宿舍悬挂国旗、将自己的 QQ 头像设为"Love China"字样等爱国行为,你有什么看法?

**【实践项目三】**

观看大阅兵

**【实践类型】**

体验反思类

**【实践目标】**

通过观看大阅兵,了解新中国成立六十多年来辉煌的历程,展示我国综合国力的强大,进一步培养大学生的民族自豪感、自信心,更加坚定没有共产党,就没有新中国,没有共产党,就没有社会主义中国的信念。

**【实践方案】**

1. 利用课堂时间或利用休息日观看大阅兵。

2. 收集中国共产党陆海空三军发展的历史资料。

3. 明确观看的目的,让学生有目的地进行观看。

4. 观看结束后,教师组织学生在课堂上进行讨论交流,写出观后感并上交。

# 知 识 运 用

**【案例一】**

## 课堂上的交锋

一位原为记者的中国留学生赴法国巴黎十二大学就读,第一堂对话课时就受到了教授的"挑战"。

教授："作为记者，请概括一下你在中国是如何工作的？"

留学生："概括来讲，我可以写我愿意讲的东西。"

教授精心设计了一个陷阱："我可以知道您是来自哪个中国吗？"

"先生，我没听清楚您的问题。"

"我是想知道，您是来自台湾中国还是北京中国。"

霎时，全班几十双不同颜色的眼睛一齐扫向了中国留学生和一位台湾同学。中国留学生沉静地说："只有一个中国，教授先生，这是常识。"随后，那位台湾同学在教授和同学们的注视下也重复一遍说："只有一个中国，教授先生，这是常识。"

教授似乎不甘心，提出一个更大难度的问题："我实在愿意请教，中国富强的标志是什么，这儿坐了二十几个国家的学生，我想大都有兴趣弄清楚这一点。"中国留学生站起来，一字一板地说："最起码的一条是：任何一个离开祖国的我的同胞，再不会受到像我今日承受的这类刁难。"

教授离开了讲台走向中国留学生，一只手放在他的肩上，轻轻地说："我丝毫没有刁难你的意思。我只是想知道，一个普通的中国人是如何看待他们自己国家的问题的。"然后他大步走到教室中央大声宣布："我向中国人脱帽致敬。"

——选自钟丽思：《向中国人脱帽致敬》

◆**思考与讨论**

为什么中国留学生会受到刁难？为什么后来又得到教授的脱帽致敬？

◆**要点提示**

世界对中国的评价就是从我们自己的表现得来的。我们自尊、自强，并且深深地热爱自己的国家，才能赢得世界人民对中国和中国人民的尊重。

【案例二】

痛炒美籍印度教授的鱿鱼

1996 年 9 月 2 日，陈磊到达了位于美国东北部佛蒙特州的米德尔伯里市，在著名的米德尔伯里大学开始了为期四年的大学留学生活。

陈磊的课程并不是十分紧张。像中国的大学一样，米德尔伯里大学的课程也分为选修课和必修课两种。陈磊就读的是经济系，所以，经济学是她的必修课之一。为陈磊讲授经济学课程的，是一位美籍印度教授，名叫那米诺。那米诺四十多岁的年纪，常年穿着一条牛仔裤和一件花格衬衫，留着一脸大胡子，不修边幅，非常随意，走在校园里，很是扎眼。

那米诺的课讲得很好，不光必修他课程的学生们喜欢听他的课，就连选修课程的外系的学生们，也喜欢听他的课。听他授课的学生，在整个米德尔伯里大学中，人数是最多的。陈磊也很喜欢这位大胡子老师，她觉得，他不光课讲得轻松幽默，深入浅出，而且，为人也很乐观随和，没有架子。

可是，开学还不到一个月，陈磊便被这位美籍印度老师惹怒了。那一天，那米诺从经济学理论讲到了世界经济的发展，又从世界经济的发展讲到了世界各国的经济状况，讲着讲着，他竟然讲起了中国。他简直就是信口开河，胡说八道："中国是一个非常贫穷非常闭塞的国家，那里的人非常愚昧，非常守旧，经济也不发达，科学技术更是落后，而且，那里没有平等自由。"陈磊连手也没有举，便从座位上站了起来，大声地质问道："请问，那米诺教授，您到过中国吗？"那米诺一愣，继而十分不屑地回答道："我是没有去过中国，可是，这与我讲的话有什么关系？""当然有关系。"陈磊毫不示弱地质问，"请问那米诺教授，你既然没有到过中国，那么，你对中国的那些评价，都是从哪里来的呢？"那米诺一下呆住了。半晌，他才无可奈何地承认："我是从报刊上看来的和从别人那里听来的。"陈磊笑着说："那米诺先生，我记得你给我们上第一堂课时，你就说过，不要过分相信理论，只有实践才能出真知。可是，你既没有去过中国，也没有经过认真调查，只是翻翻报刊，听听流言蜚语，便对中国和中国人民下这样的结论，你不觉得可笑吗？""那米诺教授，我想告诉你，你所说的一切都不是真实的！中国的经济在飞速发展，中国的科学技术在快速进步，中国的法律和法规，更是在逐渐建立和完善，中国人民的权利，已经得到了足够的保障！"陈磊环视了一眼四周的同学们，"你所说的那些，不过是西方社会对中国的偏见，或者是西方某些政府出于某种目的而制造的谎言而已！"教室里100多名学生听了陈磊的讲话，先是寂静无声，继而，响起了一阵热烈的掌声。

在美国那一段时间里，她每天晚上2点睡觉，早晨5点起床。白天，其他同学玩耍嬉闹的实践，陈磊全用于学习。期末考试时，陈磊选择的三门课程都得了"A＋"。期末考试过后，陈磊在校园里遇见了那米诺。陈磊不理他，可是那米诺却跑了过来："陈，有你这样的中国人，我知道中国是什么样子了。也许，我真的错了。"陈磊的回答落地有声："不是也许，是肯定！您肯定错了。"

——陈磊：《闯入华尔街的中国女孩》

◆思考与讨论

陈磊作为一名出国留学的大学生，她在美国表现出来的爱国行为令人钦佩。她那种敢于斗争、善于斗争的爱国品质和铮铮傲骨，给我们留下了深刻的印象。请谈谈你的感想。

◆要点提示

1. 热爱祖国、矢志不渝。刻骨铭心的爱国之情，矢志不渝的爱国之志，生死不移的爱国之行，写满了中华民族的光辉史册。

2. 新时期中华民族的爱国主义，既承接了历史上爱国主义的优良传统，又吸纳了鲜活的时代精神，内涵更加丰富。建设中国特色社会主义是新时期爱国主义的主题。在现阶段，爱国主义主要体现在弘扬民族精神与时代精神，献身于建设和保卫社会主义现代化事业，献身于促进祖国统一事业上。

3. 以振兴中华为己任，努力做到立报国之志，增建国之才，践爱国之行。要自觉弘扬以爱国主义为核心的民族精神和以改革创新为核心的时代精神，把自己的真才实学同报效国家的志向结合起来，身体力行，为国家和民族作出应有的贡献，实现做一个忠诚的爱国者的人生追求。

4. 在经济全球化的今天，当代大学生要始终维护国家的主权和尊严。

【案例三】

言论汹涌，行动谨慎，理性爱国

"当'藏独'分子试图分裂祖国的时候，当一些西方媒体歪曲事实违背良知的时候，当一些政客居心叵测妖魔化中国的时候，中国人民用各种方式，表达了对祖国最朴素、最深厚的感情。这种强烈的爱国热情，令人动容，弥足珍贵……"19日，关于近期华人不同形式的抗议活动，《人民日报》发表了题为《把自己的事情办好》的署名评论文章，"如何表达爱国热情"再度成为关键词。随即，记者围绕这一话题对不同城市的高校师生进行电话采访。

我属于比较理性的学生：武汉大学韦同学在接受记者采访时表示，很多信息在网络上看到，网上网下隔了一层，感觉信息分为两种，"一种在自己看来是极端的、缺乏理性和盲目的，比如胡乱转帖要抵制；还有一种是感觉比较理性的分析"。该同学表示，"我和我的同学都很爱国，但我是属于比较理性的学生"。当记者问会不会将爱国情绪转化成行动时，该同学认为"游行我可以接受，但要看是什么情况"。

当然要抗议CNN(美国有线电视新闻网)，但要采取有效的方式。中国传媒大学研究生王同学现在正忙于毕业与找工作，关于近期CNN辱华事件，她表示"我能理解CNN作为一个媒体有自己的立场，但作为中国人，无法接受近期CNN这种歪曲事实、恶意侮辱中国人的行为，当然要抗议和反对"。关于如何抗议和反对，该同学回答"会采用某种方式表达自己情绪，但要视情况而定，采取比较有效的方式"。同时，该同学也表示："现在主要忙于找毕业和工作，生活将以此为重点，但一定会关注事情的发展和变化，国家有需要的话，一定会尽自己最大的力量。"

抗议是人心所向，学业依然是重点。浙江大学某老师接受记者采访时也表达了自己的看法，该老师认为，自己的学生不论身处国内还是国外都对此次 CNN 辱华事件感到强烈愤慨，也纷纷通过各种方式表达自己的抗议之声，这是"人心所向"，奥运会是中国的一件盛事，每个人都希望它能顺利举办。针对近期网上关于游行示威抵制家乐福的号召，该老师表示，"爱国的情绪是应该的，但这样的行为是否合适需要我们认真思考"。她认为，"大学生现在依然要以学业为重，爱国情绪落实到行动上就是好好学习"。

记者随机在不同的网络群中开展了"如何看待 CNN 辱华事件？如何表达爱国情绪？"的调查，并搜索了部分高校校内论坛的留言板，通过网友们的回复可以看出，如何表达爱国情绪、是否应该开展抗议行动依然是争论的热点话题。

网友健：我觉得这是一起不值得任何猜疑的侮辱中华民族和广大华人的恶劣新闻报道事件，强烈要求 CNN 做出真诚的道歉，尤其是在奥运当前的情况下，给中华民族在世界上造成了十分恶劣的影响。同时，对有些事情我们要理性看待，理智爱国。

网友秀和：作为大学生，愤青是没用的，太理性也是不行的。可以表达爱国的心情，同时要警惕居心叵测者。

网友阿九：尽管我一直告诉自己要理性，但我还是会和同学做些小的宣传标，让更多的人知道这件事情，并表达我们的愤怒情绪，中国人不可欺。

　　……

通过对网友们回复的梳理，不难看出，在汹涌激烈的争论中，争论的焦点在于抗议形式的合理性和有效性，但无须争论的统一立场是中国人不可欺辱，面对歪曲报道，必须要发出自己的声音。

　　——资料来源：人民网（记者雷志龙）

◆思考与讨论

为什么不同时期有不同内容和不同方式的爱国主义？

◆要点提示

1. 不同时期，一个国家的社会基本矛盾和根本任务是不同的，真正的爱国必须服从社会基本矛盾的解决和国家根本任务的完成。目前我国的经济建设正处于快速发展时期，所以社会稳定是根本，一切影响和破坏社会稳定的行为都不能理解为爱国。

2. 爱国主义作为人们的一种主观精神和行为状态，表现为从爱国情感到爱国思想、再到爱国行为这样三种层次不同却相互联系的发展阶段。这一升华过程就是使爱国从以情感为主的感性认识上升为理性认识，并付诸行动的过程。

理智爱国要贯穿到爱国情感、爱国思想、爱国行为的全过程。

【案例四】

### 报国是不可推辞的责任

"爆炸"，这个听起来威力无边的词，让人很难与这位笑容可掬的 88 岁老人联系在一起。他是著名力学家、我国爆炸力学的奠基人和开拓者之一郑哲敏院士。昨天，他登上了 2012 年度国家最高科技奖的领奖台。这一年，他 89 岁，献身于祖国力学事业已整整 58 个年头，在他老人家的人生体验当中始终贯穿着这样的爱国情怀。

*"做国家需要的事情"*

获了奖，这位耄耋之年仍思维敏捷、耕耘不辍的科学家觉得"心情很复杂"。他说："我就是一个普通的科研人员，获奖感到很惶恐，有荣誉就有责任，我这么大年纪还能为国家尽多少力？总觉得好像欠了什么完不成。"

做国家需要的事情——这是郑哲敏从美国加州理工学院毕业回国前，导师钱学森对他的叮嘱，也成为他人生的主线。

时间回溯到 1960 年秋天的一个下午，力学所操场上发生了一次小小的爆炸。硝烟散尽后，一片薄薄的铁板被炸成了一个小碗。

这个爆炸成形实验让当时任力学所所长的钱学森预见到一门新科学正在诞生，将其命名为"爆炸力学"，并将开创这门学科的任务交给了郑哲敏。

*"看得更深一些、更远一些"*

求学时，郑哲敏遇到了两位对他影响深远的人——他的大学老师钱伟长和博士生导师钱学森。

"钱学森先生曾对我说，你做这个问题要想到后面更大的问题是什么，这对我的影响很大，就是说不要把眼光只局限在眼前的'小'问题上。"这也成为郑哲敏一生治学的信条。

郑哲敏继承了老师以应用力学为主的方向，他希望打开力学大门，走进更多行业，在发展高技术、实现传统工业现代化和可持续发展方面发挥作用。

早在 1956 年，郑哲敏就作为钱学森的助手参加了 12 年科学技术发展远景规划中力学学科规划的制定。1977～1999 年，他一直是我国力学学科发展规划主要领导者和制定者之一。

"他是一位战略科学家，总是比别人看得更深一些，更远一些。"学生兼同事洪友士说。

但郑先生谦逊地说："我的想法很简单，就想为国家做一些实实在在的事情。"

郑哲敏，1924 年 10 月出生于山东济南。1947 年毕业于清华大学机械工程系，1948 年至 1952 年在美国加州理工学院机械工程系学习，先后获得硕士、博士学位。1955 年回国后在中国科学院力学研究所工作至今，历任室主任、副所长、所长等职，现任所学术委员会名誉主任。1980 年当选中国科学院院士，1993 年当选美国工程院外籍院士，1994 年选聘为中国工程院院士。

他阐明了爆炸成形的机理和模型律，与合作者一起提出了流体弹塑性模型，带领团队先后解决了穿甲和破甲相似率等一系列问题。

对于获奖，郑先生坦言心情很复杂，"有了这份荣誉就有了份沉甸甸的责任。我这么大年纪了，还能尽到多少责任？所以总有点欠了什么完不成的感觉"。

接下来一个多小时的采访中，郑先生又多次提到"责任"这两个字，对国家、对力学学科，对学生……他用自己的一生完成着对祖国、对人民重于泰山的责任。"我们获得教育，直接或间接的是由于全国人民的劳动。"

1943 年，19 岁的郑哲敏以优异的成绩考入西南联合大学（抗战期间国立清华大学、国立北京大学、南开大学在昆明合办的大学），和早一年考入的哥哥一样就读电机系。在这里，郑哲敏第一次开始对当下国家的前途命运以及自己的责任有了更深刻的思考。

怎么样才能富国强民？在经过一番思考和探索之后，生性淡泊名利且对政治不感兴趣的郑哲敏决定投身科学救国。

因为觉得和哥哥学不同专业，能对国家有更大贡献。于是，在进入大学的第二年，郑哲敏从电机系转到了机械系。抗战胜利后，北大、清华、南开三校迁回原址，郑哲敏所在的工学院回到北京的清华园。同年，钱伟长从美国回到清华大学任教，在他的课上，大四的郑哲敏首次接触到弹性力学、流体力学等近代力学理论。钱伟长严密而生动的理论分析引起了他的极大兴趣，从此又走上研究力学的道路。

1948 年，经过全国选拔获得"国际扶轮社国际奖学金"的郑哲敏前往美国加州理工学院留学。在那里，郑哲敏用一年时间取得硕士学位后，跟随当时已誉满全球的钱学森攻读博士学位。在学习的过程中，他深受钱学森所代表的近代应用力学学派的影响：着眼重大的实际问题，强调严格推理、表述清晰、创新理论，进而开辟新的技术和工业，这成为郑哲敏后来一生坚持的研究方向和治学风格。

出国留学，是为了归国报效，郑哲敏"从没想过不回国"。然而，新中国成立后，中国在美留学生归国集体受阻，郑哲敏毕业后不得不先暂时留在美国加州理工学院当助教。但他仍然感到自己像一叶浮萍，扎不下根来，心中时刻牵挂着祖国。

1954 年日内瓦会议后，美国移民局取消了对一批留学生不得离境的限制。郑哲敏先生遂于当年 9 月从纽约乘船离美，回到了阔别 6 年半的祖国。在"回国留学生工作分配登记表"中，郑哲敏先生写道："回国本是一贯主张。我们之所以获得教育，直接或间接的是由于全国人民的劳动，因此回国服务是不可推辞的责任。同时一个人如果不是在为群众的利益工作，那么生活便失去了意义。"

承担爆炸力学学科创建重任，"虽然是一个全新的领域，但国家现在需要我做这个，那么我当然义不容辞"

1960 年秋天的一个下午，中科院力学所的篮球场上发生了一次小小的爆炸。当响声、硝烟和尘土消散之后，一片薄薄的铁板炸成的一个小碗出现在围观人群的面前。钱学森激动地拿着这个小碗绕场一周，给众人传看。他知道，一个他寄予厚望的新专业即将诞生，而他的得意门生郑哲敏，则是创建这个专业的最佳人选。

同年，爆炸力学这门新学科就诞生了，钱学森在中国科技大学他负责的力学系里开设工程爆破专业，1962 年开设爆炸力学专业，并由郑哲敏负责这个专业的具体事宜。与此同时，郑哲敏自己所在的中科院力学所第二研究室也将爆炸力学定为主要学科方向。

"爆炸"这个听起来威力无边的词，其实原本与郑哲敏毫不相干，在回国以前，他连炸药和雷管都不曾听过。

"虽然是一个全新的领域，但国家现在需要我做这个，那么我当然义不容辞。"郑哲敏说。

之后，经过 30 多年的努力，郑哲敏和他领导的团队在流体弹塑性模型等爆炸力学基础理论，以及核爆效应、穿破甲机理、防护工程、爆炸加工、爆炸安全、爆炸处理水下软基、瓦斯突出机理等爆炸力学主要应用领域取得了一系列有重要影响的成果，为爆炸力学这门学科的成熟、壮大做出了奠基性贡献。

在开拓发展爆炸力学学科的同时，郑哲敏也一直密切关注整个力学学科的发展。他长期担任中国力学相关组织与学术机构的主要负责人，参与和主持制定了一系列重要力学学科及相关科学规划。

"郑先生在促进中国力学国际学术地位的提升等方面也倾尽心血。"力学所副所长杨亚政说，"1988年的时候我陪郑先生到澳大利亚去申办世界力学家大会，一直到2008年我们才申办成功。这期间，郑先生一直带领大家坚持不懈，2008年申办的时候已经是84岁的高龄。我印象中坐飞机时郑先生还随身带了一个吸氧机，以备身体的随时不适。"

2012年，世界力学家大会在北京如期召开，这是大会第一次在发展中国家召开。"当时到了1700多人，交流的效果也非常好，国际组织对中国的力学研究成果非常认可，这让郑先生很欣慰。"杨亚政说。

以培养青年力学人才为己任，"要潜心做研究，少点社会活动，少点商人气息"

郑哲敏很注重青年人才的培养，一直把培养优秀人才作为己任。

"我很庆幸自己在成长的道路上遇到了很多好的老师，他们对我一生都起到了极其重要的影响。我希望自己对学生也能这样。"郑哲敏说。

李世海是中科院力学所的一名研究员，1984年开始跟郑哲敏做博士论文。他说郑先生不但指导了自己的科研，同时对自己的人生选择也起了很大的作用。他说："郑先生常常教育我们要潜心做研究，少点社会活动，少点商人气息。"

熟悉郑哲敏的人都知道，他"只做雪中送炭，不做锦上添花的工作"。"郑先生从来都是以国家重大的、急迫的需求为选题方向，以深入的科学规律认识和系统的实践检验为标准，做'爬坡的工作'、'出汗的工作'。"中科院力学所所长樊菁说。

他不但这样要求自己，也同样这样教育自己的学生。"要做国家所需要的，下苦功夫，啃硬骨头。"

"1998年左右，我们搞二期创新，当时西部刚开发，郑先生建议做西部开发，搞一些地质灾害问题的研究。我主动请战，郑先生非常支持，但同时告诉我这事很难做，一定要做好打持久战的准备。之后的十多年里，在这个项目研究过程中，郑先生一直在鼓励和支持我，让我们到现场去做，让我们向工程地质专家学习。后来每次开会，郑先生都是到场亲自指导。在他的帮助下，如今我们已取得了一些不错的进展。"李世海说。

如今，年近90岁的郑哲敏依旧活跃在科研第一线，对当代年轻科技工作者工作和生活状态也一直很关注。他说，现在的年轻人确实压力比较大，但还是希望他们能眼光放远一点，不要为一时的得失计较太多，还是要多做点实事。

◆思考与讨论

谈谈你对郑哲敏所说的话，"国家需要什么，我就做什么"的理解和认识。郑哲敏的"科学精神和做人原则"带给我们哪些启发？

◆要点提示

郑哲敏院士作为新时期崇高的爱国精神和爱国情怀的践行者，作为当代大学生学习的榜样，他的"国家需要什么，就做什么"这句话正是他的爱国情感、强国志气与报国行动三者交融的有机结合，他把自己的一切与国家、民族的振兴，国家科技发展紧紧联系在一起的可贵品格，反映了个人对祖国的依存关系，这已超越了学科的界限，这种将国家发展兴盛作为最高目标的科学精神和做人原则，尤其值得我们当代大学生学习。作为一名大学生要以国家利益为重，努力学习，报效国家，以实际行动自觉承担社会服务责任，肩负起实现中华民族伟大复兴的重任，做一名爱国守法、明礼诚信、敢于奉献的大学生。

【案例五】

### 爱国的名人故事

爱国主义作为民族精神的核心，像一颗璀璨的明珠始终闪耀在五千年中华文明的历史长河中。一部中华民族史，也正是一部爱国主义发展史。爱国主义在不同时期和不同人物身上的不同表现，彼此交相辉映，呈现出丰富的内涵和动人的魅力。

法国19世纪的浪漫主义作家大仲马说："为祖国而死，那是最美的命运啊！"刻骨铭心的爱国之情，矢志不渝的报国之志，生死不移的爱国之行，写满了中华民族的光辉史册。为清白以死而证的屈原，誓死不降匈奴的苏武，位卑未敢忘忧国的陆游，不为高官厚禄所动而慷慨就义的文天祥，"苟利国家生死以，岂因祸福趋避之"的林则徐，"我自横刀向天笑，去留肝胆两昆仑"的谭嗣同，还有抗日战争中，面对日本帝国主义的威逼利诱毫不妥协的英雄们，他们用自己的生命向我们诠释了什么叫"热爱祖国，矢志不渝"。

*"人生自古谁无死，留取丹心照汗青"的文天祥*

南宋在崖山海战惨败后，陆秀夫背着8岁幼帝跳海而亡，南宋灭亡。张弘范向元世祖请示如何处理南宋宰相文天祥，元世祖说："谁家无忠臣？"命令张弘范对文天祥以礼相待，将文天祥送到大都（今北京），软禁在会同馆，决心劝降文天祥。

元世祖首先派降元的原南宋左丞相留梦炎对文天祥现身说法，进行劝降。文天祥一见留梦炎便怒不可遏，留梦炎只好悻悻而去。元世祖又让降元的宋恭帝赵显来劝降。文天祥北跪于地，痛哭流涕，对赵显说："圣驾请回！"赵显无话可说，怏怏而去。元世祖大怒，于是下令将文天祥的双手捆绑，戴上木枷。关进兵马司的牢房。文天祥入狱十几天，狱卒才给他松了手缚，又过了半月，才给他褪下木枷。

元朝丞相孛罗亲自开堂审问文天祥。文天祥被押到枢密院大堂，昂然而立，只是对孛罗行了一个拱手礼。孛罗喝令左右强制文天祥下跪。文天祥竭力挣扎，坐在地上，始终不肯屈服。孛罗问文天祥："你现在还有什么话可说？"文天祥回答："天下事有兴有衰。国亡受戮，历代皆有。我为宋尽忠，只愿早死！"孛罗大发雷霆，说："你要死？我偏不让你死。我要关押你！"文天祥毫不畏惧。

从此，文天祥在监狱中度过了三年。在狱中，他曾收到女儿柳娘的来信，得知妻子和两个女儿都在宫中为奴，过着囚徒般的生活。文天祥深知女儿的来信是元廷的暗示：只要投降，家人即可团聚。然而，文天祥尽管心如刀割，却不愿因妻子和女儿而丧失气节。他在写给自己妹妹的信中说："收柳女信，痛割肠胃。人谁无妻儿骨肉之情？但今日事到这里，于义当死，乃是命也。奈何？奈何！"由于拒不投降，元朝决定处死文天祥。被押解到刑场时，监斩官问："丞相还有什么话要说？回奏还能免死。"文天祥喝道："死就死，还有什么可说的？"他问监斩官："哪边是南方？"有人给他指了方向，文天祥向南方跪拜，说："我的事情完结了，心中无愧了！"于是引颈就刑，从容就义。死后在他的衣物中发现一首诗："孔曰成仁，孟曰取义，唯其义尽，所以仁至。读圣贤书，所学何事？而今而后，庶几无愧。"

清初大儒顾炎武在《日知录·正始》中说："保天下者，匹夫之贱，与有责焉耳矣。"后被人们简化为"天下兴亡，匹夫有责"。也就是说，国家兴盛或衰亡，每个人都有责任。以天下为己任，无论身居何位，都要心忧天下、关心国家的命运和民生的苦乐，自觉地把个人的前途与国家的兴衰联系起来，把爱国的思想付诸实践行动。

巾帼不让须眉的秋瑾

秋瑾，原名鉴湖女侠，祖籍浙江山阴（今绍兴市），出生于福建厦门。性豪侠，习文练武，喜男装。清光绪二十年（1894），其父秋信候任湘乡县（今湘乡市）督销总办时，将秋瑾许配给今双峰县荷叶乡神冲王廷钧为妻。光绪二十二年，秋与王结婚。婚礼期间，秋瑾当着许多道喜的亲友朗诵自作的《杞人忧》:"幽燕烽火几时收,闻道中洋战未休;膝室空怀忧国恨,谁将巾帼易兜鍪",以表忧民忧国之心,受到当地人们的敬重。

光绪三十年(1904),秋瑾毅然冲破家庭的束缚,自费东渡日本留学,先入日语讲习所,继入青山实践女校。

秋瑾在日期间,积极参加留日学生的革命活动,与陈撷芬发起共爱会,和刘道一等组织十人会,创办《白话报》,参加洪门天地会,受封为"白纸扇"(军师)。光绪三十一年归国。春夏间,经徐锡麟介绍加入光复会。七月,再赴日本,加入同盟会,被推为评议部评议员和浙江主盟人,翌年归国,在上海创办中国公学。不久,任教于浔溪女校。同年秋冬间,为筹措创办《中国女报》经费,回到荷叶婆家,在夫家取得一笔经费,并和家人诀别,声明脱离家庭关系。是年十二月(1907年1月),《中国女报》创刊。秋瑾撰文宣传女权解放主张提倡女权,宣传革命。旋至诸暨、义乌、金华、兰溪等地联络会党,计划响应萍浏醴起义,未果。

光绪三十三年正月(1907年2月),秋瑾接任大通学堂督办。不久与徐锡麟分头准备在浙江、安徽两省同时举事。联络浙江、上海军队和会党,组织光复军,推徐锡麟为首领,自任协领,拟于七月六日在浙江、安徽同时起义。因事泄,于七月十三日在大通学堂被捕。七月十五日从容就义于浙江绍兴轩亭口,写下了"秋风秋雨愁煞人"的绝句。

孙中山先生和宋庆龄先生对秋瑾都有很高的评价。1912年12月9日,孙中山致祭秋瑾墓,撰挽联:"江户矢丹忱,重君首赞同盟会;轩亭洒碧血,愧我今招侠女魂。"1916年8月16~20日孙中山、宋庆龄游杭州,赴秋瑾墓凭吊,孙说:"光复以前,浙人之首先入同盟会者秋女士也。今秋女士不再生,而'秋风秋雨愁煞人'之句,则传诵不忘。"1942年7月宋庆龄在《中国妇女争取自由的斗争》一文中称赞秋瑾是"最崇高的革命烈士之一"。1958年9月2日宋为《秋瑾烈士革命史迹》一书题名。1979年8月宋为绍兴秋瑾纪念馆题词:"秋瑾工诗文,有'秋风秋雨愁煞人'名句,能跨马携枪,曾东渡日本,志在革命,千秋万代传侠名。"

岳飞"精忠报国"

岳飞应募参军,因战功累累不断升职,宋高宗亲手写了"精忠岳飞"四个字,制成旗后赐给他。又召他到寝阁,对他说:"中兴的大事,全部委托给你了。"金人攻打拱州、亳州,刘锜向朝廷告急,宋高宗命令岳飞火速增援,并在赐给岳飞的亲笔信中说:"设施之事,一以委卿,朕不遥度。"岳飞于是调兵遣将,分路出战,自己率领轻装骑兵驻扎在郾城,兵锋锐气十足。但是,后来高宗和秦桧决定与金议和,向金称臣纳贡。就在岳飞积极准备渡过黄河收复失地的时候，高宗和秦桧却连发 12 道金字牌班师诏，命令岳飞退兵。后岳飞被以"莫须有"的罪名毒死于临安风波亭，时年仅 39 岁。

　　辛弃疾忧国忧民

　　辛弃疾曾写《美芹十论》献给宋孝宗。论文前三篇详细分析了北方人民对女真统治者的怨恨，以及女真统治集团内部的尖锐矛盾。后七篇就南宋方面应如何充实国力，积极准备，及时完成统一中国的事业等问题，提出了一些具体的计划。但是当时宋金议和刚确定，朝廷没有采纳他的建议。

　　◆思考与讨论

　　从以上爱国名人故事当中你看到了什么？有哪些启示？怎样继承和发扬他们的优良爱国传统以报效祖国？

　　◆要点提示

　　中国历史上无数爱国志士的英雄事迹，激起大学生对历史人物的崇敬之情和对本民族历史文化的认同，激发了大学生强烈而真挚的爱国情感。通过以上爱国志士的故事，能够让我们进一步感受到爱国志士强烈的忧国忧民思想，为维护国家和民族的尊严以国事为己任、前仆后继、临难不屈、保卫祖国、关怀民生的爱国精神，是我们代代相传的弥足珍贵的精神财富，它不但给人类历史留下了光辉的一页，而且启示后人，激励后人前行。

　　【案例六】

钓鱼岛与理性爱国

　　日本政府"购买"钓鱼岛的非法行径，侵犯了中国主权，激起了中国民众的强烈不满。中国民众利用周末休息时间，抗议日本政府"购岛"行为，表达自己的爱国热情，实在是非常正常的事情。当然，不少媒体均呼吁国民要理性地爱国、理性地表达对于日本右翼分子的不满，不要伤害自己的同胞，不要伤及无辜的普通民众，不要用野蛮对待野蛮。

　　表达爱国，天经地义；但爱国绝不是僭越法律的借口，否则爱国行为，就会异化为违法犯罪。日本政府非法购买钓鱼岛的行为引起中国社会各界的强烈不满，在一些城市的游行、抗议示威活动中，一些群众的激进行为显然已经完全不是理性、合理抗议的表现，而是确凿十足的侵犯他人财产、破坏公共财物等与抗日毫无实际关系的违法犯罪行为，发生了许多不理智的行为，一些城市出现了打砸抢烧的现象。比如：普通百姓的日系私家车被打砸、汽车 4S 店的车子被砸，以及涉日商店、酒店等被攻击。在有些城市，甚至还发生了袭击日本人的过激行为。日本驻上海领事馆消息，12 日晚间一名日本男性外出时，被上海市民殴打，目前正在医院接受治疗。上海市连日来接连发生多起日本人被袭事件，目前共有 4 名日本人受伤。日本大使馆 13 日，已向本国居民发出注意人身安全的通告。

其实，在反日抗议活动中，许多城市的群众还是遵守法律、社会秩序的。据有关新闻媒体报道：9 月 15 日，"平安北京"发布微博称，部分民众自发地来到日本驻华大使馆门前，挥舞国旗，呼喊口号，谴责日本政府"购买"钓鱼岛这一非法行径。在表达爱国热情过程中，大家都保持了理性的态度，配合现场民警引导，现场秩序井然。其他城市也有民众自发表达了自己的爱国热情，谴责日本政府的"购岛"行为。

为此，民众在表达爱国，抗议日本政府"购买"钓鱼岛这一非法行径的同时，也要意识到，要理性爱国、文明爱国、守法爱国。爱国，不需要民粹和暴力，不需要以牺牲国内正常社会秩序为代价；爱国，必须向"打砸抢烧"不理智行为坚决说不，并严惩恶意借此机会发泄对社会的不满、破坏社会秩序、鼓动他人公开进行"打砸抢烧"者。

◆思考与讨论

谈谈你对由"钓鱼岛事件"引发的一系列事件的认识和看法。大学生该怎样理性爱国？理性爱国对大学生有什么现实意义？

◆要点提示

当前"钓鱼岛事件"不断升级，大学生对钓鱼岛事件的关注越来越强烈。"爱国"，是近日出现的高频率词汇。在当代大学生当中引起的爱国举动不得不引起全社会的思考和关注，谈到爱国，很多大学生都心血来潮了，不禁高呼，"我是爱国的，我是爱国的"。但是，冷静看待，某些爱国者，他们是真的爱国吗？经济全球化时代，爱国热情如何表达，怎样体现？中国走向世界之后，爱国主义如何更有力？热情与理性怎样结合，才能对国家更有利？人们关注问题，也寻找答案。"爱国需要理性，而行为的理性取决于思维的理性。"在国家利益受到威胁、民族尊严受到挑衅时，每一个中国人都想表达自己的义愤之情。同时，我们也要考虑，这种道义的表达，如何变为推动国家进步的力量？我们可以表达义愤，但不能乱了方寸，"要防止被别有用心的人利用"，要把对祖国的热爱，转化为努力学习的动力，自觉承担社会责任，肩负起中华民族伟大复兴的历史重任。

# 延 伸 阅 读

## 清华学子《乡村八记》震撼总理

　　清华大学新闻与传播学院二年级学生李强，今年寒假期间利用回山西太原老家的机会，8天之内对山西东南部2个县、4个乡和3个村的农村现状进行了调查，以札记的方式写成了4万字的调查报告《乡村八记》，清华大学新闻与传播学院院长范敬宜读后非常激动，将它寄给了温家宝总理。4月28日，温总理亲笔给范敬宜复信，规规整整的毛笔字，整整写了两页。《人民日报》对此进行了报道。

**李强言论：**

　　"我是城市长大的孩子，我的父母来自农村，从小我对农村的了解也仅仅限于父母口中所讲的事情。在清华有一种关注国情的传统，无论课上还是课下，甚至在BBS上，教室的宣传板上，随处都可以见到有关于中国国情的探讨，清华整体的氛围深深地影响了我。"

　　"我之所以做这次农村调查很大程度上就是受曹锦清教授的《黄河边的中国》的影响。我觉得曹锦清教授这种严谨治学的作风深深地影响了我，我在调查的过程当中很多方法都是借鉴曹教授的。"

　　"坦率地说我自己只是一个大学二年级的学生，我所做的一些调查都是出于一种学习了解的目的，在调查过程当中，我尽量保持一种观察者的身份，把我的所见所闻所感记录下来，当然总体感觉我需要学的还很多。"

**温家宝总理的信**

　　敬宜同志：三月卅日的信及所附李强《乡村八记》早已收到，迟覆为歉。《乡村八记》是一篇有内容有建议的农村调查，记事真切、细致、生动，读后让人了解到农村的一些真实情况，给人以启示。一位二年级的大学生如此关心农村，实属难得。从事新闻事业，我以为最重要的是要有责任心，而责任心之来源在于对国家和人民深切的了解和深深的热爱。只有这样，才能真正做到用心观察、用心思考、用心讲话、用心作文章。你的几封信都给予我很多的关心和鼓励，深为感谢。专此奉复。敬颂教安。

　　——选自贾云勇：《清华学子〈乡村八记〉震撼总理》，《南方都市报》

# 钱学森：爱国知识分子的优秀代表

钱学森走了，留下了一位科学家对祖国赤诚的爱。他的一生，国为重，家为轻，科学最重，名利最轻。

98 岁，将近一个世纪的岁月。他用毕生的情感、智慧和忠诚，写就了一位爱国知识分子的辉煌人生。

钱学森的嘉言懿行，又出现在与会者的回忆中——

"我是中国人，当然忠于中国人民"

这是一份感人至深的审讯记录。

美国检察官讯问钱学森："你忠于什么国家的政府？"

钱学森回答："我是中国人，当然忠于中国人民。所以，我忠于对中国人民有好处的政府，也就敌视对中国人民有害的任何政府。"

检察官又问："你现在要求回中国大陆，那么你会用你的知识去帮助大陆的共产党政权吗？"

钱学森答："知识是我个人的财产，我有权决定给谁就给谁。"

科学没有国界，但科学家有自己的祖国。即使拘役的磨难和生命的威胁也不能改变钱学森报效祖国的决心。

在多年后的一次谈话中，钱学森说："我从 1935 年去美国，1955 年回国，在美国待了整整 20 年。这 20 年中，前三四年是学习，后十几年是工作，所有这一切都是在做准备，为的是日后回到祖国能为人民做点事。我在美国那么长时间，从来没想过这一辈子要在那里待下去。我这么说是有根据的。因为在美国，一个人参加工作，总要把他的一部分收入存入保险公司，以备晚年退休之后用。在美国期间，有人好几次问我存了保险没有，我说一块美元也不存，他们感到奇怪。其实没什么奇怪的，因为我是中国人，根本不打算在美国住一辈子。"

到北京后的第二天清晨，钱学森做的第一件事，就是带着全家来到天安门广场。面对雄伟的天安门城楼，钱学森激动地说："我相信一定能回到祖国，现在终于回来了！"

"我的成就在中国，我的归宿在中国"

1955 年冬，钱学森来到哈尔滨军事工程学院参观。院长陈赓大将问他："中国人能不能搞导弹？"钱学森说："外国人能干的，中国人为什么不能干？难道中国人比外国人矮一截？！"陈赓拍案大呼："好！就要你这句话！"钱学森说："就这一句话，决定了我这一生从事火箭、导弹和航天事业的生涯。"

爱国主义总是与肩负的历史使命结合在一起。钱学森把祖国的强盛、民族的兴旺，作为自己毕生奋斗的目标，鞠躬尽瘁，死而后已。

1956 年 2 月，在周恩来总理的鼓励和支持下，钱学森起草了《建立我国国防工业的意见书》，为我国火箭和导弹技术的建立与发展提供了极为重要的实施方案。同年 3 月，钱学森又参与起草了新中国第一个科学技术发展远景规划纲要，并主持起草了建立喷气和火箭技术项目的报告书，为推动新中国的科学技术、工业、农业、国防发展起到了重要作用。同时，钱学森受命组建我国第一个火箭、导弹研究机构——国防部第五研究院，并任院长。

那是新中国导弹事业举步维艰的年代。钱学森给刚分配来的 156 名大学生讲授"导弹概论"。这些人当时对什么是导弹一无所知，但后来成为了新中国第一批火箭、导弹技术人才。1960 年，在他具体领导下，我国研制成功了第一枚导弹。之后，他又亲自主持我国"两弹结合"的技术攻关和试验工作，于 1966 年成功发射了我国第一枚导弹核武器。1965 年，他向中央提出研制发射人造卫星的时机已经成熟，并于 1968 年兼任空间技术研究院首任院长。1970 年我国第一颗人造地球卫星发射成功，新中国终于迎来了航天时代的黎明。

5 年归国路，10 年两弹成。之后，钱学森又担任了国防科委副主任、国防科工委科技委副主任，全身心投入到国防科学技术领导工作，从更高层次思考其他领域诸多重大科学和技术问题，提出了许多创新的思想，为中国科学技术攀登一座座高峰作出了重要贡献。

钱学森通过自己一生的实践证明：一个知识分子，只有把自己的命运与祖国的命运结合在一起，才能充分实现个人价值，也只有在为国家奉献、在为人民服务的过程中，才能赢得祖国和人民的尊敬与爱戴。正如钱学森自己所说："我的事业在中国，我的成就在中国，我的归宿在中国。"

"活着的目的就是为人民服务"

钱学森曾说："我作为一名科技工作者，活着的目的就是为人民服务。如果人民最后对我的工作满意的话，那才是最高奖赏。"

他一生有三个"不在意"：一是对"官"不在意，二是对"钱"不在意，三是对"名"不在意。聂荣臻元帅曾高度评价钱学森："总是艰苦奋斗地工作，艰苦朴素地生活，从不计较个人得失。"

但钱学森对中国科技的发展却万分关注，直至晚年依然如一。

在领导国防科技工作期间，钱学森经常深入地处沙漠戈壁的试验基地。

那里自然条件的恶劣，人民生活的艰辛，给他留下了深刻的印象。退出领导岗位后，他还牵挂着生活在那块土地上的人们，思索着如何用科学改变那里的环境。20世纪80年代中期，他提出了发展沙产业的思想。他说："我国沙漠和戈壁大约16亿亩，和农田面积一样大。沙漠戈壁并不是什么也不长。""沙产业就是在'不毛之地'搞农业生产，而且是大农业生产。这可以说是又一项'尖端技术'！"他还把自己两次获得的200万港元的奖励，全捐给了促进沙产业发展基金会。

他关心着国家的长远发展，思考着科技创新人才的培养。2005年3月29日，94岁高龄的钱学森在病房里和身边的工作人员作了一次长谈。他说："今天找你们来，想和你们说说我近来思考的一个问题，即人才培养问题。我想说的不是一般人才的培养问题，而是科技创新人才的培养问题。"他从美国的大学教育谈到他的老师冯·卡门的教育方法，从自己从事科学研究的体会谈到中国许多著名科学家的成长经历，从"两弹一星"的研制成功谈到我国今后的长远发展。他意味深长地说，我们一定要"培养会动脑筋，具有非凡创造能力的人才"，"回国以后，我觉得国家对我很重视，但是社会主义建设需要更多的钱学森，国家才会有大发展"，"我今年已90多岁了，想到中国长远发展的事情，忧虑的就是这一点"。

2005年7月，钱学森见到了国务院总理温家宝，再次谈到了自己忧虑的大问题。他对总理说："中国老是'冒'不出杰出人才。这是很大的问题。"此后的四年，他又三次见到温总理，每一次都要说起这个话题。2009年8月6日，在与温总理的最后一次见面中，病榻上的老人讲话已经不太清楚，但依然缓慢而认真地对温总理说："培养杰出人才，不仅是教育遵循的基本原则，也是国家长远发展的根本。"

"平生无意求虚名，唯尽百年赤子情。"钱学森离开了我们，但他留给我们的，不仅是在新中国科技、经济、国防建设方面的突出贡献，更有蕴涵其中的极其丰厚的精神遗产。在这些精神财富中，最首要、最核心、最闪光也最令世人铭记在心的，就是贯穿于钱学森一生的那份浓浓的爱国情怀。

——资料来源：《光明日报》

# 天下兴亡——我的责任(演讲稿)

高震东

【背景介绍】

在台湾有这么一所学校，学生年龄在15～18岁，每年三千多学生中，因违反校规校纪被校方开除的二三百人。学校没有工人，没有保卫，没有大师傅，一切的必要工种都由学生自己去做。学校实行学长制，三年级学生带一年级学生。全校集合只需 3 分钟。学生见到老师 7 米外要敬礼。学生没有寒暑假作业，没有一个考不上大学的。这就是台湾享誉 30 年的以道德教育为本的忠信高级工商学校。在台湾的各大报纸招聘广告上，经常出现"只招忠信毕业生"的字样。是谁把一所中学办得这样有规有矩、有声有色呢？这位老师叫高震东，今年 65 岁，他创立的台湾忠信高级工商管理学校及其《中信教育法》在台湾有数十万人受益。

以下是校长高震东在云南师范大学的讲演：

同学们，你们说"天下兴亡"的下一句是什么？——"匹夫有责"。——不，是"我的责任"。如果今年高考每个人都额外加 10 分，那不等于没加吗？"天下兴亡，匹夫有责"等于大家无责。"匹夫有责"要改成"我的责任"，我是这样教我的学生的。所以说，现在我们大陆教育办得不好，是我高震东的责任，只因为这样，我才回祖国专门举办道德方面的演讲。（掌声）"以天下兴亡为己任"是孟子的思想。禹是人，舜是人，我也是人呀！他们能做到的，我为什么不能呢？"天下兴亡，我的责任"，唯有这个思想，我们的国家才有希望。我们每个学生如果人人都说：学校秩序不好，是我的责任；国家教育办不好，是我的责任；国家不强盛，是我的责任……人人都能主动负责，天下哪有不兴盛的国家？哪有不团结的团体？所以说，每个学生都应该把责任拉到自己身上来，而不是推出去。我在台湾办学校就是这样，如果教室很脏，我问"怎么回事？"假如有个学生站起来说："报告老师，今天是 32 号同学值日，他没有打扫卫生"。那样，这个学生是要挨揍的。在我的学校，学生会这样说："老师，对不起，这是我的责任"，然后马上去打扫。灯泡坏了，哪个学生看见了，自己就会掏钱去买一个安上，窗户玻璃坏了，学生自己马上买一块换上它——这才是教育，不把责任推出去，而是揽过来。也许有些人说这是吃亏，我告诉你，吃亏就是占便宜，这种教育要牢牢记在心里，我们每个中国人都要记住！学校更应该训练学生这种"天下兴亡，我的责任"的思想。校园不干净，就应该是大家的责任。你想，这么大的一个校园，你不破坏，我不破坏，它会脏吗？脏了之后，人人都去弄干净，它会脏吗？你只指望几个工人做这个工作，说："这是他们的事。我是来读书的，不是扫地的。"——这是什么观念？你读书干什么？读书不是为国家服务吗？眼前的务你都不服，你还能为未来服务？当前的责任你都不负，未来的责任你能负吗？水龙头漏水，你不能堵住吗？有人会说："那不是我的事，那是总务处的事。"这是错误的。一般人最坏的毛病是这样：打开水龙头后，发现没水，又去开第二个，第二个也没有，又去开第三个——这样的学生，在我学校是要被开除的！连举一反三都不懂，第一个没水，第二个会有吗？你就没想到水会来吗？人无远虑怎么能行？作为一个干部，作为一个人，都要想到后果，后果看得越远的人，越是一个成功的人。一个只管眼前，不顾将来的人，不是一个好干部，不是一个有用的人。水管不关，来了水后让它哗哗哗满池子去流，仍不去关注："反正是国家的水，不是我自己的！"——浪费国家的，就是汉奸！你为什么浪费国家的水？你为什么浪费国家的资源？我每天洗脸都为国家省一盆水，一年省多少水，你算算，你们学校六千多学生，每个每天节省一盆水，一年省多少水？省水就是省电，就是节省国家资源。爱有两种，一种是积极爱国，一种是消极爱国。积极爱国是为国家创造财富，消极爱国是为国家节省财富。国家用那么多百姓的民脂民膏来供你读书，你还浪费国家的财富，你良心何在？你上大学都如此，怎么能期望于中学生、小学生呢？怎么能期望于一般老百姓呢？你高级知识分子都不爱国，怎么能让老百姓去爱国呢？从自己身边做起，我们国家才有希望——这就是"天下兴亡，我的责任"的积极负责的道德观念，这就是道德教育。

另一点，我们要有"勿以善小而不为，勿以恶小而为之"的敬业观念。天下有大事吗？没有。但任何小事都是大事。集小恶则成大恶，集小善则为大善。培养良好的道德，是从尊敬老师开始的，是从那很小很小的事开始的。这种道德是慢慢建立起来的，而不专门找到大事才干。今天上午下课的时候，我和师大校长一块出来，礼堂里有很多废纸。我说不要捡，要等下午学生自己捡——同学们，谁丢下这些纸屑就是不爱国。天下无大事，请先把自己脚下的纸屑捡起来——这就是我的"教材"。

……

同学们，从现在开始，你们要有敬业的观念。我们中国实行九年制教育的目的就是这样，就是要看你怎样同老师相处，怎样与朋友相处，这就是教育的目的。从古至今，中国的教育才是最伟大的教育，你把西方的教育看作是最先进的教育，那就大错特错了。美国的教育部长三个月前发表讲话说："我们国家的教育是彻底失败的，我们把人教成了人肉机器，我们要向东方学习人文教育！"所以说，我们祖国的教育是世界上最伟大的教育！（掌声）孔子告诉我们：学而不思则罔，思而不学则殆。一个学生要不断地学，不断地想，不断地做，这就是真正的教育，这就是中国教育的精髓所在。

再一个，我们要进行吃中国饭、说中国话、过中国节和穿中国服装的振兴民族文化的道德教育。一个中国人连中国饭都不吃了，能叫中国人吗？吃中国饭的第一代表是使用筷子。筷子原是中国的文化，是文明的行为。我去美国，偶尔吃他们的西餐，他们一上西餐我就说："请给我拿筷子来。"他们问我："吃西餐都用刀叉，你为什么用筷子？"我说筷子是文明的象征，而你们的刀叉是野蛮的标志，所以我不用。筷子可切、可叉、可削、可夹、可戳，无所不能，而你们的刀叉笨重至极，像杀人的武器。（掌声）学生要吃烧鸡，我说可以，如果他说要吃"肯德鸡"，我要揍他，他说吃面包夹豆腐乳，可以，他说吃"汉堡"却不可以。你可以吃碉堡，但不能吃"汉堡"。这就是中国的民族精神教育！外国只是机器、枪炮比我们强，吃的能与中国比吗？吃外国人的东西只是一种怪心态，可悲啊！

我们学校的英文教学是全台湾最好的。我从美国请来两名老师，专门教我的学生学说外语。我有一个留美班，他们一定是要留美的。但是他们所学的教材第一页上都印着我的话："中国人学英文是我们的国耻行为，学英文是中国最可悲的行为，但我们不能不学，因为别人超过了我们，敌人的枪炮、科学压过了我们。今天我们必须学习他们的科学，然后才能打倒他们！超过他们！我们要以夷制夷！非把英文学好不可，所以要咬牙切齿学英文！（掌声）我们学英文的目的并不是为了去美国洗盘子刷马桶，去伺候外国人，去做丢尽祖宗八辈人的事！"（掌声）所以，我的学生英文学得都非常好。如果一个英文老师一上课就说："同学们，今天我们要学英文了。英文是世界语言，是世界上最美的语言！一个不会英文的民族是一个低等的民族，英文太美了！太棒了！"你说这个老师要不要打屁股？所以我总是告诉这些老师：要好好教我的学生，你不要替外国人宣传，变成汉奸！要告诉学生雪耻图强，打败列强，这是中国人的希望（掌声）！你们这里不也有英文老师吗？外语系的学生以后不也去教英文吗？上课以前你们要对学生进行爱国学英文的教育，不要上来就替外国吹一场，你们不要认为：传道者只是传英文之道、授英文之业，而要传爱国之道、授英文之业。

有人说：老师，你让我爱国，我可以爱国，不过，国家在哪里？我找不着！"不识庐山真面目，只缘身在此山中。"你在国家里头，不知国家在哪。当老师的，国家就是你面前的学生。你往讲台上一站，下边的学生就是你的国家，找国家太容易了。今天我往这儿一站，下面 1500 人就是我的国家，我必须对你们尽心尽责，就要产生教化作用，影响作用，你就是我的国家，我爱你，就是我爱国，把我的思想传播给你，就是爱国！（掌声）那你以后往你的学生面前一站，那就是你的国家。你不能浪费他的时间，他的生命，你要好好为国家培养下一代，你给他这种爱国思想，你就是一个爱国者，不给他，你就是不爱国，你就是叛国者！（掌声）同学们，将来你也有留学的机会，你要注意到，不要让自己丢了中国人的脸。你别去了不回来，这丢中国人的脸呢！外国人是不会看得起你的。他们会说：你看，这些留学生一点国家观念都没有，这些小亡国奴！人家怎么会看得起你呢？这很丢脸，是很难为情的一件事。国家对我们来说非常重要，你不到国外不知道"祖国"的重要。一个没有国家的，一个国势很弱的人，实在是太可怜了！太可悲了！所以，我们今天的中国人要自强、自爱，我们要知道爱我们的国家。国家不壮大，你个人再有钱有什么用？再有地位有什么用？你永远不受人尊敬啊！

我今天讲了什么是爱国主义，哪里是爱国主义，处处都是爱国主义！任何一个行为都可以爱国。大家都知道以色列与阿拉伯的战争。阿拉伯和以色列打仗打得正热闹的时候，世界正举行选美比赛，那年以色列小姐正好当选"世界小姐"。许多电影界的人士都围着她："小姐签约吧，将来你可以发大财了"，"签约后你名利双收，你何必回国呢，你的国家正在打仗，那么一个小国，随时会被吃掉的！""你回去多可怕！你现在又有钱，又有名，留在美国吧！"这姑娘却在电视上发表谈话：世界小姐不是我个人想选，我只是让你们知道，以色列是一个优秀的民族，所以我出来竞选。我想让人们知道：地球上有以色列这个国家，所以我要出来竞选。我今天被选上了，就完成了我的任务，我也告诉世界：以色列是个优秀的民族，因为我是世界上最漂亮的女人，同时还告诉世界：以色列这个国家正艰苦奋战，希望全世界的人民同情我们，支持我们！支持我们国家的独立！现在我的国家正在打仗，要钱何用？我们以色列亡国两千年，因为我们文化不亡，所以我们还能建国。今天我要回去，为祖国而战，要钱何用？——她发表完这番谈话，第二天就坐飞机回国了。（掌声）这个消息发表后，全世界的人对以色列刮目相看！哇，以色列人真了不起啊！于是，以色列的军队，军心大振，他们像疯了一样，把阿拉伯的军队打得干干净净！这就是历史上最伟大的七日战争！七天打完！这就是因为一个女孩子的一句话！所以，同学们，爱国常常在一个微小的地方。"一言以丧邦，一言以兴邦。"我们是受过高等教育的，我们肩负着国家的荣辱啊，人家看到我们就看到国家的希望。同学们，国家的前途是向后看的，个人的前途是往前看的。老师这样一回顾，就知道二十年以后的中国是什么样子，看看小学生就知道三十年后的中国是什么现象。如果他品德良好，道德高尚，爱国，二十年后国家就有希望。如果看见这个小朋友很爱国，很有礼貌，很有道德，那么三十年后的中国人是了不起的中国人。否则看着他怠惰、自私、傲慢、无礼、没有水准，就知道三十年后的中国就是那个样子。我们今天要雪耻图强，力争做得更好。不要丢了祖宗的脸，不要丢了我们汉唐先烈的脸。爱国是很具体的。我的学校门口有个标语：离开校门一步，肩负忠信荣辱。推而大之，离开国门一步，肩负全国荣辱。一口痰吐在中国是小事，一口痰吐在外国，你就丢了中国十二亿同胞的脸，因为你代表十二亿中国人，而不是你个人，你千万不要以为，"好汉做事好汉当"，你错了，你做不到，你不够资格当！所以每个同学的一言一举都要注意。高老师回到大陆，看到不顺眼的要讲要骂，要批评要建议，但是我离开了大陆回到台湾，不会讲大陆一句坏话。他们问：大陆好吗？我说好得不得了！太大了，太棒了。到了美国就说中国人伟大得不得了，绝对不会丢中国人的脸，一句对中国的批评也没有。但是，回来一定要实实在在地讲话，诚诚恳恳建议。有的人刚好相反，在国内他屁都不敢放一个，装得那么温顺，那么可爱，一离开中国就大放厥词，把中国骂得一文不值，这就是标准的汉奸王八蛋也！

读书哪是为了自己呢？是为了社会的分工。你学修皮鞋，我学开汽车，学任何本领都不是为了自己。各位同学想想看，一个外科大夫是学拿手术刀的，他会这样说吗？我要好好学，我将来为自己开刀很方便，千万不要割错了。是这样吗？各位同学，你想想看，哪件事是为了自己？我好好读师范，将来自己教育自己，你不是为了教孩子吗？你读什么书都是为了孩子，为了中学生，为了小学生。一个错别字连篇、毫无知识的老师不知要毁掉多少小孩！所以说，读书不是为了自己，是为了未来好多好多的小生命。你在为他们努力啊！你不是为自己考个第一名，而是为你的学生准备功课啊，这是你现在读书的目标！医学院的学生，你在课堂上打瞌睡，不好好读书，连输卵管、输尿管都分不清，你凭什么医科大学毕业呀。你这种人害人不害人？读书是为自己吗？读书是为别人的安全。医道越高，病人越安全，他的生命越有保障啊！

好，同学们，我告诉我们，道德教育的六大纲目：第一，忠党爱国，信守不渝的忠贞教育；第二，孝敬父母，尊敬长上的伦理教育；第三，"天下兴亡，我的责任"的积极负责的教育；第四，"勿以善小而不为，勿以恶小而为之"的敬业观念；第五，吃中国饭，说中国话，过中国年节的振兴中华文化的观念；第六，为国家而求学问，为社会分工而学技能的利他、利群观念。这是道德教育的六大纲目。记住了吗？（掌声）

——摘自：中华硕博网

# 中国时代："中国价值观"引领世界的时代

　　五千年的中国文化，源远流长，博大精深，岂是几百年的美国速生文化能够同化的。当然，中华文化在近代以来，也受到西方文化的挑战，受到所谓"欧风美雨"的侵蚀。直到今天西方世界还在推行对于中国的西化和分化战略。中国人近代以来所谓的"西风"、"西化"，就是指来自西方世界的冲击和影响。所谓"西方"和"西方世界"，既有地理范围，又有政治含义。西方文明或西方历史可以分为三个阶段：一是地中海阶段；二是西欧阶段；三是北大西洋阶段。在地中海阶段和西欧阶段，就是从古代到近代，所谓"西方世界"大致就是指欧洲的西部而言。在 15 世纪之后，欧洲人开始越过大洋向海外发展。从地理观点来看，西方世界也是一个海洋世界。欧洲西部本来是一个大半岛，而大半岛上又伸出若干个小半岛。中国人是开门见山，西方人是开门见海。现在的"西方"是指欧洲及美国而言，在政治含义上，是指资本主义文明。

　　几百年来，一直是西方文明"化"世界，世界在"西化"中。中国也是在"欧风美雨"的冲击和影响中发生变化。因为西方在物质和文化上都处于强势地位。现在中国依然要警惕和抵制西方世界的西化和分化战略，这反映了中国在文化上仍然处于"以弱胜强"的地位。开辟中国时代，中国不仅要创造出能够超越美国的经济力量、物质财富，还必须创造出比美国文化在世界上更有影响力、更有吸引力的文化，以及不能被美国和平演变的却可以和平演变美国的文化。当中国文化具有了和平演变美国的能力，具有了"东化"西方世界的能力，使美国也要抵制中国文化对其造成的和平演变，使西方世界惊呼"西方将被东化"、"全球化就是中国化"时，才真正是精神和文化上的"中国时代"。

　　当然，在中国时代，在中国具有了强大物质文明和精神文明的时候，中国不会对西方世界特别是对美国推行和平演变的"东化"战略，这又是中国比美国文明的地方。但越是自然、文明的东西，就越是能够在世界风行。所以未来世界的"东化"和"中国化"，不用去推行，也会风行，那时的美国就难免不被"和平演变"，演变得比今天文明。

　　没有"文化旗帜"的国家，不能做世界的领袖国家

　　领袖国家，是世界的文化旗手。引领世界，首先是文化引领。有影响世界的大价值观，能够把自己的文化旗帜牢牢地插到世界文化高地的国家，

才能够成为世界的领袖国家。

美国就是一个善于占领国际道义制高点的国家。美国历史上最早的理想主义和自由主义代表人物是杰斐逊，以后是威尔逊、罗斯福、克林顿，他们不仅把意识形态作为战略手段和战略原则、战略内容，而且作为战略目标来追求。杰斐逊将美国的海外扩张与美国民主自由的传播相联系；威尔逊将世界和平与建立美国式的民主相联系；罗斯福将战后四个大国安排与四大自由相联系；克林顿将国际秩序与民主、人权相联系。这些，都成为美国的思想文化旗帜。凡是世界的领袖国家，都曾经有过能够凝聚自己、影响和感召世界的大价值观。有的国家虽然在物质财富上不是世界第一，但是有世界第一等的文化创造，能够举起影响世界的文化旗帜，由此能够对世界发挥文化引领的作用。例如，苏联在全世界第一次举起了社会主义胜利的旗帜。在十月革命胜利后的第二天晚上，全俄工兵苏维埃第二次代表大会就一致通过了列宁亲自起草的具有里程碑意义的《和平法令》，阐明了第一个社会主义国家的对外政策的基本原则，表达了反对帝国主义战争和侵略政策，为实现和平、民族平等、民族自决、废除秘密外交的强烈愿望。列宁在《给美国工人的信》中阐明了苏俄对外政策：苏俄"摆脱了帝国主义战争，在全世界面前举起了和平的旗帜、社会主义的旗帜"。

俄国苏维埃政府的和平外交政策，震撼了全世界，也震撼了美国总统威尔逊。威尔逊在新的历史条件下登上世界舞台，竭力赋予美国外交以新的面貌。"十四点原则"是他在战后推行的"新外交"的"世界宪章"，公开外交、民族自决、国际联盟是威尔逊"新外交"的支柱和基础。它既是针对帝国主义旧外交的，也是用来遏制列宁主义的。

列宁和威尔逊，作为苏俄和美国这两个国家的大政治家，各自代表自己的国家提出了创新性的"世界观"、"价值观"，竞相在世界的文化高地上插上了自己的旗帜。这是引领世界的旗帜，是一个国家的世界旗帜。

当然，"国家的觉悟"和政治家的认识往往是不同步的。当一个民族在领袖世界的问题上尚且缺乏足够的准备和必要的觉悟的时候，当一个国家引领世界的文化旗帜一时间还难以高举起来的时候，崇高的理想往往成为悲剧。"威尔逊悲剧"就是一个典型。威尔逊作为一个高尚的理想主义者，他本来要为这个世界高举起美国的文化旗帜，要把美国引领世界的文化旗帜插到世界的文化高地上，但是他遭遇了挫折。美国著名历史学家孔华润在《剑桥美国对外关系史》中有如下分析：

威尔逊主义在欧洲霸权趋于结束的时刻，为美国界定其对外关系时提出了一个框架，它将美国的军事力量、经济资源和文化创新结合在一起，要超越那种主权国家为了自己的私利而不顾全世界利益的传统方式的世界事务：战争和备战被当成是行为的规范；均势成为外交的主导。威尔逊向这些惯例和设想发出挑战，他希望每一个国家不但服务于自己的利益，也要服务于全世界的整体利益。他说，美国应当释放自己的能量"以服务整个人类"，其他国家也应该这么做。最终结果便是国家主义和国际主义的融合，而主权国家也只有在与整体的关系中才有意义。随后10年的"现实主义者们"指责威尔逊的国际主义是天真幼稚的理想主义。实际上，形成威尔逊思想的国际主义并不全是理想主义，而是深深扎根在各国共同利益及世界各地超越国家边界的人们的共同志向之上的一种国际主义，其中包括一些基本的文化动力。在一定程度上，威尔逊主义是将文化放置到国际关系的中心地位。20世纪初美国崛起在国际舞台的重要性不仅是因为它成为主要的军事和经济强国，更因为它将文化因素引入了世界事务，因为美国全球化已经成为20世纪的一个主要事件。威尔逊围绕和平条约与参议院的对立是悲剧性的。为了取得美国人民的支持，他于1919年9月在全国开始了一场总计8000英里、长达21天的大巡游，但是在还没有能够估量该行程的效果之前，他就瘫倒在科罗拉多，标志此行将成为一场无法实现的梦想。由于参议院和美国人民都还没有为威尔逊的国际秩序做好准备，而其他国家就差距更大。美国于是没有加入国际联盟，表明美国决定停留在其他国家的水平上。威尔逊的失败并不意味着威尔逊主义的消亡，在欧洲和世界许多国家都出现了越来越多的信奉其理想的威尔逊主义者，在战后世界的塑造方面，他们的影响和传统力量的影响一样强大。在以美国文化引领世界的问题上，威尔逊是一个先驱者，先驱者往往是悲剧者，甚至是牺牲者。美国引领世界的文化旗帜，终于在第二次世界大战以后插到了世界文化高地上，而美国也走上了世界领袖国家的地位。

**高举起引领和感召世界的"中国旗帜"**

在第一次世界大战期间，美国的威尔逊总统率先举起了"非殖民化"、"民族自决"、"集体安全"的旗帜，为正在崛起的美国赢得了国际社会的普遍认同。现代美国高举着"自由、民主、人权"的旗帜，用美国的核心价值观影响着世界。

正在崛起的中国在全球化时代高举和平、发展、合作、建设和谐世界的旗帜，使中国价值观正在走向世界。

建设没有霸权的"民主世界"，是中国核心价值观的重要内容，是中国感召和引领世界的巨大魅力。随着世界三化——世界格局多极化、国际关系民主化、发展模式多样化，"建设民主世界"成为一种共同的诉求。如果说在当今时代，建设民主国家是人心所向，那么在当今世界建设"民主世界"就是"国心所向"，是国际社会的一致呼声。民主世界的重要特征，是没有霸权。做到世界的非霸权化，要实现三个平等：社会制度平等、发展模式平等、文化宗教平等。

建设民主世界，是推动世界进步的关键之举，是当务之急。没有监督和制约的权力，必然是腐败的权力。失去制衡和制约的国际权力，就会成为霸权。建设民主世界要解决的根本问题，就是世界霸权的问题。霸权问题是影响世界和平与和谐的根本问题。有了民主世界，才有和平世界；有了民主世界，才有和谐世界；在民主世界的基础上，才有国家间真正平等的合作。

建设民主世界的首要问题，不是把世界上的国家都搞成美国式的民主制度，而是在国际社会中没有霸主，不搞霸权。世界霸主是对世界民主的最大破坏，霸权主义是对世界和平的最大威胁。美国提出"民主国家和平论"，中国则要提出"民主世界和平论"、"非霸权和平论"。霸权主义是战争的根源，民主世界是和平的保证。

真正理想的"民主世界"，是一个什么样的世界？这种"民主世界"包括三个含义：一是让世界上的每个国家成为"民主国家"，当然是有各国特色的民主国家，是多样化的民主国家，不能只是西方式的民主国家，更不能只是美国式的民主国家。民主国家的标准，不能只由美国来定；民主国家的裁判，不能只是由美国来当。二是让世界上的每个国家，都作为平等的主权国家来享有国家主权，能够有效地监督制约和制裁想搞霸权的国家。三是世界上的领袖国家不能只是一个国家垄断，世界领导权也要实行任期制。衰落了，就要隐退。这是世界民主制、国际民主制的重要方面。有人说："维护人权，是美国的政治核武器。而反对霸权，则是中国的政治核武器。"

也有人说："建设民主国家，是美国攻击中国的一个突破口，而建设民主世界，则是中国攻击美国的一个突破口。"

其实，维护人权，建设民主国家，也是中国文化旗帜的重要内容，而在美国的文化旗帜上，没有反对世界霸权、建设非霸权化的民主世界的内容。所以中国的文化旗帜是插在比美国更高的文化高地上，中国旗帜比美国旗帜对世界具有更好的引领作用。

领袖国家的文化旗帜，是由民族国家高举着的世界旗帜，能够引起跨越国界的共鸣。这是领袖国家最大的软实力，是领袖国家的文化标志和精神品牌。中国的文化旗帜，展示的是中国的国际情操和胸怀，表达的是世界的共同利益和期盼，因此，中国旗帜是立足中国、面向世界的旗帜，是能够凝聚本国也能够激动世界的旗帜。

打造适应时代要求的"中国精神"

世界领袖国家，必须是世界的精神领袖。美国之所以能够成为世界领袖国家，离不开"美国精神"。美国精神既引领了美国的崛起，也影响了世界。

中国要成为世界领袖国家，也必须有"中国精神"。中国历来是一个精神大国，有几千年形成的传统精神，有几十年战争年代形成的革命精神，也有最近 30 年形成的改革开放精神。英国历史学家汤因比曾经把中华民族长期形成的"世界精神"，看成是对未来世界产生重要影响的历史遗产。但是也无须讳言，"文化大革命"后的 30 年，在一些地方，在一些人中，是一个物质年代，是一个实惠年代，一些人把以经济建设为中心变成了以物质利益为牵引，一些人用经济头脑拆迁了精神家园，一些中国人在物质财富上成为大款，成为新的"有产"阶级，但是在精神财富和文化生活上反而陷于贫困，他们在精神上离"小康"的目标很远。

西方人说，没有教堂的市场经济是可怕的市场经济，会成为魔鬼经济。在西方世界的市场经济中，是市场加教堂，以便限制利欲的疯狂，即便如此，还是难以避免危机的发生。中国的市场经济，不靠教堂，但是必须有精神。社会主义市场经济是市场与精神的统一。中国在计划经济时期是有精神而没有市场，现在是有市场而缺乏精神。因此，必须打造适应时代要求的"中国精神"。为了培育这种精神，中国需要再有一个火红的"精神年代"、繁荣的"文化年代"。中国在成为一个精神大国、精神强国以前，将不能成为世界领袖国家。

中国精神，是一个体系，而理想信念是中国精神的核心。《张学良回忆录》中说道："当年北伐军所向披靡，打得直系和奉系落花流水，有一天张大帅把张少帅找去研究这件事情。大帅说：小六子，我想不明白，咱要枪有枪，要炮有炮，还有独一份儿的德国山炮团，轰他们不就得了呗……咋就轰不动呢？少帅说：爹呀，咱是有枪有炮，咱有德国山炮团，人家没有，但你想过没？人家有三民主义，咱没有啊！大帅不服：'三民主义'嘛玩意啊，我还'五民主义'呢。过了两天，大帅又把少帅叫去：小六子，你说得对！咱还真缺个'三民主义'啥的。东北的高粱茬子老子还没吃够，咱撤。""三民主义"就是理想和信仰，有了它，就有力量、有民心、有方向，那些军阀不服气也不行。在军事上是如此，在其他方面何尝不是如此；在国内是如此，在世界上何尝不是如此。世界领袖国家，是出产精神的国家，是出口文化的国家。中国现在是物质产品的制造大国，但还不是精神文化的制造大国。中国要成为思想文化的"世界工厂"，使中国文化走向世界，成为世界最大的文化出口大国。统计表明，中国每年引进图书上万种，占国内图书市场交易额的 10%～15%，而中国每年输出的图书则只有可怜的千余种，占世界图书市场交易的份额不到 0.3%。这种巨大的"文化贸易顺差"，是多少物质贸易顺差都不能弥补的。现在世界各地大量享用的是中国的物质产品，当世界各地大量享用的是中国的精神文化产品的时候，当世界文化市场的产品主要是"中国制造"的时候，中国精神时代、中国文化时代就到来了。

### 21 世纪：中国文化，领导世界

2007 年 11 月，在北京人民大会堂举行了"首届中华战略文化论坛"。学界泰斗季羡林给论坛写来贺信，他说：我曾经在《21 世纪：东方文化的时代》一文中讲到："从整个世纪来看，中国文化在世界上占领导地位，这是东方三十年河东。到明朝末年，西方文化从天主教传入起，至今几百年了，西方资本主义的物质文明给人类带来很大的福利，但另一方面也带来灾难，癌症、艾滋病、淡水资源短缺、环境污染、生态平衡的破坏等。怎么办？人类到了今天，三十年河西要过，我们就像接力赛一样，在西方文化的基础上，接过这一棒，用东方文化的综合思维方式解决这些问题，去除掉这些弊端。"我还说："我认为西方形而上学的分析已快走到尽头，而东方的寻求整体的综合必将取而代之。以分析为基础的西方文化也将随之衰微，代之而起的必然是以综合为基础的东方文化。'取代'不是'消灭'，而是在过去几百年来西方文化所达到的水平的基础上，用东方的整体着眼和普遍联系的综合思维方式，以东方文化为主导，吸收西方文化中的精华，把人类文化的发展推向一个更高的阶段。这种取代，在 21 世纪中就可见分晓。21 世纪，东方文化的时代，这是不以人们的主观愿望为转移的客观规律。"我愿以上面的这些话，作为对"首届中华战略文化论坛"的贺词。

季羡林的文化梦想、文化信念和文化预言，就是：21 世纪是东方文化的时代，是中国文化在世界上占领导地位的时代，这个时代的到来，是不以人们的主观愿望为转移的客观规律。就像接力赛一样，中国人要在西方文化的基础上，接过这一棒。

——刘明福：《中国梦——中国的目标道路及自信力》

# 第三章 领悟人生真谛 创造人生价值

## 理 论 导 学

### 一、教学目标

**【知识目标】**

1. 了解马克思主义人生问题的基本立场和观点，树立正确的世界观、人生观和价值观。

2. 明确人生目的、人生态度和人生价值对大学生成才的重要意义。

3. 明确自我评价、自我激励、自我实践在创造有价值人生中的作用。

4. 明确处理好人与人、人与自然、人与社会之间的共生关系的重要性。

**【能力目标】**

1. 帮助大学生克服不良心理，树立积极进取、乐观向上的人生观和价值观。

2. 帮助大学生找到自我，摆正自己位置，努力学习，为将来树立实现人生目标奠定坚实的认识基础。

3. 帮助大学生学会在自我体验、自我调整、自我控制的方式下调节自己的认识活动，提高学习效率。使行为符合群体规范，符合社会道德要求。

**【素质目标】**

1. 自觉端正人生态度，追求高尚的人生目的，自觉抵制各种错误人生观的影响，树立科学、高尚的为人民服务的人生观。

2. 科学对待人生环境，正确对待人生中的顺境和逆境，促进个人与社会的和谐；促进人与自然的和谐。

3. 怀着感恩的心对待生活和学习，以极大的热情奉献社会，在参与社会实践中创造人生价值。

## 二、教学重点

人生观和价值观的科学内涵及辩证关系；确定积极进取的人生态度；创造有价值的人生。

## 三、教学难点

人生价值的标准与评价；处理好自我价值和社会价值二者之间的关系；在服务社会、贡献社会中创造有价值的人生。

# 实 践 拓 展

【实践项目一】
辩论赛："物质条件是人生追求的第一目标"
【实践类型】
体验反思类
【实践目标】
解决人生目的的问题。人生目的是人在实践中关于自身行为的根本指向和人生追求。人生目的在人的整个生命中具有重要的作用。让学生了解人生中物质需求和精神需求的辩证关系。
【实践方案】
①将学生分为两组，正方观点为"物质条件是人生追求的第一目标"，反方观点为"物质条件不是人生追求的第一目标"。请同学们准备充分的资料，确定辩手。
②举行辩论会，双方对所持观点进行充分的表述与辩论。
③请学生进行点评。
④请老师做总结。
【实践项目二】
宿舍风云
【实践类型】
体验反思类
【实践目标】
通过表演，使学生理解处理人际关系的原则，加深同寝室之间的理解和友情，建立和谐的人际关系。

**【实践方案】**

1. 学生自编自导自演情景剧，对照检查一下，是否存在下列行为：

(1)在整理、打扫寝室的时候，只顾自己使用的一块地方。

(2)把脱下的脏衣服、脏袜子随手放在别人的床上或桌上。

(3)随便使用别人的毛巾、面盆等。

(4)经常借用别人的东西不及时归还，用坏了也不道歉或承担一定的后果。

(5)叫别人为自己买饭等，不管别人情愿不情愿。

(6)轮到自己值日时不履行义务，如不去打水等。

(7)不顾及别人，自顾自地在房间里弄出很大的噪声。

(8)一时找不到东西，就乱猜疑别人。

(9)喜欢嘲笑别人，开过分的玩笑。

(10)沉默寡言，与同学缺少沟通。

2. 如果你具有上述行为中的任何一项，就有可能使别人对你产生意见。请设身处地地为别人想一想，并积极纠正不妥行为。

3. 作为寝室的一员，应以良好的习惯去建立一个气氛融洽、心情舒畅的生活环境。以下提供几则供你参考的方案。

(1)在畅所欲言的气氛中制定一份要求人人遵守和履行的寝室公约。每隔两三个两期，召开一次全寝室的卧谈会，每人评价一下寝室公约的执行情况，使大家都养成相互间能够接纳的好习惯。

(2)适当地搞几次寝室的娱乐、竞赛活动，可以活跃气氛，增进感情交流。如削苹果比赛、生日庆祝等，在活动中，常常可以发现其他人身上具有的意想不到的才能。

(3)如果你与别人出现一时的别扭或有一些隔阂，不要任其发展，应主动上前征求意见。坦诚和谦让总是能赢得相互的理解和信任。

(4)要有助人为乐的精神，平时多注意关心别人，哪怕是很小的事，只要你能主动地去做，就会大大增进友谊。

**活动评价**

1. 评价要点：寝室公约的完善程度；对策可行性效果如何，有何不足。

2. 考核满分为 10 分，9 分以上(优秀)；7～9 分(良好)；6～7 分(几个)；6 分以下(不及格)。

**【实践项目三】**

体验死亡　领悟生命的意义

**【实践类型】**

体验反思类

**【实践目标】**

体验死亡，更直接地面对人生，顿悟生命的意义。教育当代大学生活出一个精彩的、充满意义的人生。

**【实践方案】**

1. 针对有的大学生以为时间还很多，生命还很长，以及挥霍人生的现象，大学生自编自演情景剧，体验死亡，领悟生命的意义。

2. 演出结束后，以宿舍为单位讨论究竟什么才是生命的意义。

3. 围绕主题，每个宿舍交一份怎么样才能实现生命的意义的讨论稿。首先，对时间要珍爱，对生命要敬畏。其次，对待理想，要以不断出发的姿态，走在路上，不再退缩。

**【实践项目四】**

大学生的价值观状况调查

**【实践类型】**

社会实践类

**【实践目标】**

准确了解当代大学生的价值观，对当代大学生的价值观进行评判，分析影响大学生人生观、价值观的客观原因，帮助大学生树立正确的价值观。

**【实践方案】**

1. 制作调查问卷。

2. 组织学生对全校各年级学生发放问卷，进行调查。

3. 整理问卷，分析原因。

4. 形成总结报告。

# 知 识 运 用

**【案例一】**

## 第一次也是最后一次"党费"

2014 年 8 月 26 日上午 9 时，内蒙古医院肿瘤病房 602 房间，一场特殊的入党宣誓仪式庄重举行。一位与病魔顽强抗争的女大学生，面对鲜红的中国共产党党旗，诵读入党誓词。

14 天后，李莹——这位 22 岁的内蒙古农业大学学生，永远地闭上了她那双美丽的眼睛。遵照她的遗愿，她的眼角膜捐献给了有需要的人。

"我向党组织递交过入党申请书。当父母把真实病情告诉了我，我知道自己的生命已经很短了。我可能没有能力回报父母，回报社会，回报党的培育之恩。等我离开这个世界的时候，我愿将眼角膜捐献出来，挽救那些失明的人，愿他们能在阳光下幸福地生活。我希望党组织能够审查我短暂的人生，盼望在生命结束前，党组织能接纳我，让我成为一名坚强的共产党员，愿我的眼角膜成为我第一次也是最后一次的党费。"8 月 18 日，李莹忍着病痛，向党组织写了一份 3000 多字的思想汇报。她那真切、朴实而感人的话语，让人为之动容，为之落泪。

李莹 1990 年 11 月 16 日出生于内蒙古通辽市一个普通职工家庭。2010年，她以优异成绩考入内蒙古农业大学经济管理学院工商管理专业。

天之骄子，花季少女。正当李莹满怀激情为实现人生理想而奋斗的时候，无情的病魔向她袭来。2011 年 9 月，在一次体育课柔韧性测试中，李莹感觉小腿拉了一下，开始她以为只是肌肉拉伤，只做了简单的理疗。然而，两个月之后，疼痛日渐加剧，上楼已经非常吃力了。2011 年 12 月底，李莹腿部肌肉严重萎缩，腰部也感到疼痛。经医院检查，在腹腔和腰部发现了肿瘤。

此后，李莹辗转呼和浩特和北京就医。2012 年 1 月，被确诊为罕见的"多型性横纹肌肉瘤"，属于恶性肿瘤。手术、治疗，需要数十万元费用。而李莹的父亲已经下岗多年，家里全靠母亲的微薄收入维持生活。父亲无奈之下和李莹商议能不能跟学校说一下，通过募捐取得帮助。但李莹说什么也不同意。后来，在校领导的关心下，学校安排募捐。李莹得知情况后，还是坚决不同意。"我们学校的学生多是从农村牧区来的，家庭都不富裕，不要给他们增加经济负担。"于是，家里只好四处借钱，把房子都抵押了。为了省钱，手术后不久，她便申请出院，回家自己买药打针。

2013 年 6 月，李莹病重，住进了内蒙古医院。8 月，病情恶化。一天，李莹对父母再次提起入党和捐献眼角膜的事。8 月下旬，根据李莹申请，经内蒙古自治区红十字会与深圳市红十字会协调联系，父母代表李莹与深圳市眼角膜库的代表签署了角膜捐献协议。

李莹在校期间，奋发向上。在入学之初的军训中，刻苦训练，表现出色，被评为"军训标兵"。她积极参加学校社团活动，竞选为经济管理学院学生会干部，负责宣传工作。她行走困难时，仍然坚持从新校区宿舍步行近一公里路，爬四层楼梯到学生会办公室办板报。李莹的同学说，李莹特别有爱心。尽管她在宿舍里年龄不是最大的，但像大姐姐一样关心同学，宿舍里每一位同学的生日她都记得十分清楚，每当宿舍同学过生日，她和其他同学把宿舍布置得特别温馨。由于她工作出色，热心助人，被评为"优秀学生干部"。

李莹在医院治疗期间，每次都把被子叠得整整齐齐，地面扫得干干净净。她说，那些护工姐姐很辛苦，不能给她们添太多麻烦，自己能够做些什么尽量做点。她经常给同室的病友讲笑话，用青春和快乐感染病房的每一个人，鼓励他们好好配合医生治疗。

◆思考与讨论

读了这篇文章，你认为李莹的事迹体现了什么样的人生态度和人生价值观？学习李莹事迹后，你最大的感触是什么？你认为当代大学生应树立怎样的价值观？

◆要点提示

1. 人生是一种人的生存形式，是生物学意义上的自然现象。人生价值观则是一种价值判断，是关于人生追求的一种取向，一种对人生的根本看法和态度。因而它决定着人们在社会中的发展方向和追求目标。

2. 任何活在世上的健全的人，都有特定的对人生价值的看法，有自己的人生价值观。一般来说，由于人们在社会实践中所处的地位不同，对问题的认识不同，由此形成不同的人生观。在当代尤其在新的社会变革时期，人们所追求的人生价值观有两种：一种是从极端个人主义出发，重金钱享受，重权位美色，并且为达到个人目的不惜损人利己，这属于腐朽没落的人生价值观；另一种是从国家和他人利益出发，全心全意为人们服务，这种人生价值观建立在国家兴旺和他人幸福之上，并认为只有这样才能找到自身价值的存在。

3. 劳动创造了人类历史。从这个意义上说，人生就是奋斗，就是付出。

【案例二】

### 张瑞敏的做人做事观

做人：敬业报国　无怨无愧

海尔的前身是集体性质的青岛电冰箱总厂，国家没有投资一分钱，资金来源都是通过商业运作方式、资本运营方式，以及商业贷款等积累起来的。而集团首席执行官张瑞敏，原来也只是一名集体所有制的干部。

但是，这一切都丝毫没有限制捆绑住充满敬业报国精神的张瑞敏的手脚，在企业走投无路时，张瑞敏选择了对外引进之路。他踏上德国土地适逢当地一个节日，在庆典上德国人不经意地说："在德国市场上最畅销的中国货就是烟花爆竹。"听了这句似乎有弦外之音的话，为祖国争光、为中国人争气、为中国企业争强的欲望，从张瑞敏的心底腾起，一发而不可收。

制造出中国名牌冰箱，深深扎到了他的心底。由此海尔果断地引进德国利勃海尔先进设备、技术和生产流水线，并吸纳了近两千条高于国际一般标准的技术标准和管理办法。十年磨一剑，海尔创出了中国驰名商标。为了将引进的冰箱打入德国老家，海尔采取了"先难后易"的经营策略，把进军德国市场作为抢占欧洲市场的突破点。

可是问题恰恰就出在欧洲最难进的德国市场上，德国的经销商告知，许多外国的电冰箱都很难进入德国市场，中国的电冰箱就更不可能打进德国市场了，要进入德国市场就必须获得德国的认证。海尔花费了1年多时间终于获得了认证，但是海尔产品还是迟迟进不了德国。

1990年海尔第一次走出国门，一次样品展览会上，德国的经销商就是否与海尔签订电冰箱的销售合同犹豫不决。机智的海尔人提议将揭掉商标的4台海尔冰箱与4台德国利勃海尔冰箱放在一起比质量，结果被选中的全是海尔的产品，德国经销商当场签订了2万台冰箱的销售合同。

做事：追求卓越　用户至上

张瑞敏说，追求卓越不是一个具体的目标，而是一种永远激励人们创造辉煌的精神境界，别人视为绝对办不成的事，海尔办成了，这就是海尔精神。张瑞敏还认为，现在市场变化太快，就像打飞靶，这个飞靶就是用户的难题，也是用户最急需的，换句话说，用户的难题，就是海尔的课题，用户的要求，就是海尔的追求。满足用户不断增长的要求，使他们不断获得满意的服务，也使海尔从中得到快速发展，这是一条双赢之路。

海尔创出名牌后，迅速走上规模经济发展之路，组建联合舰队，打造中国家电企业的航母。张瑞敏形象地比喻说，品牌是帆，资本是船，市场和消费者是海洋。

2001年2月13日，海尔全球经理人年会闭幕晚宴在青岛海尔国际培训中心举行。一件披着红色绸布的冷柜摆在了宴会厅中。在各国经理人疑问的目光中，主持人揭开了绸布，当场宣布：这就是迈克先生要求的新式冷柜，它已被命名为"迈克冷柜"。全场的经销商们先是惊讶，继而爆发出热烈的掌声。

原来，会间来自美国的代理人迈克提出，希望海尔能生产一种不必探身取物的冷柜。他和所有与会的代理商都没有想到，仅仅过了17小时，他所要求的冷柜就已变成了产品。海尔透明酒柜满足了自由式酒柜的需求而创造了独享的市场蛋糕。迈克冷柜这款两面存取冷柜因独特的设计获得了全球 PCT 发明专利，以推出创意产品而闻名的美国 S 连锁店欣然包销了这一产品。目前，海尔透明酒柜占美国同类产品市场份额的 55%，被美国营销大师科特勒称为"没有对手的产品"。迈克冷柜和"自由式酒柜"带动海尔冷柜 2001 年出口同比增长 97%。

美国的大学生住在狭小的宿舍里，常用小型电冰箱当作桌子使用。海尔听说后，立即生产出了上面带有折叠桌面的书桌式电冰箱，广受欢迎。

——资料来源：新华网

◆思考与讨论

是什么指引着张瑞敏缔造了海尔传奇？张瑞敏无疑是我们学习的榜样，那么当代大学生应确立怎样的人生观和价值观呢？

◆要点提示

1. 世界观、人生观、价值观既非神赐，也不是人的先天禀赋，它们的真正来源在于人们的社会性实践，是人们在认识和改造自然、社会和人自身过程中形成的观念系统。世界观、人生观、价值观产生于人的生活实践，三者之间有着密切的联系。

价值观是指一个人对周围的客观事物（包括人、事、物）的意义、重要性的总评价和总看法。像这种对诸事物的看法和评价在心目中的主次、轻重的排列次序，就是价值观体系。价值观和价值观体系是决定人的行为的心理基础。

价值观取决于人生观和价值观。一个人的价值观是从出生开始，在家庭和社会的影响下逐步形成的。一个人所处社会生产方式及其所处的经济地位，对其价值观的形成有决定性的影响。当然，报刊、电视和广播等宣传的观点以及父母、老师、朋友和公众名人的观点与行为，对一个人的价值观也有不可忽视的影响。

2. 我们当代的大学生肩负着社会主义建设的重任，如果我们不坚持科学发展观，而是任其发展，必然导致人口剧增、环境破坏、生态危机、人文失落、价值失衡、社会腐败蔓延，最终导致社会全面失衡，必须引起我们深刻反思和高度重视。因此，当代大学生必须充分认识科学发展观的重大而深远的意义，自觉地坚持科学发展观，以实际行动创造文明和谐的校园环境，带头保持学校稳定，协调师生、生生关系，使学习进步，以作为树立正确人生观的基础。

**【案例三】**

## 奇怪博士街头乞讨

周末晚上，丹凤街上熙熙攘攘，每个人都在享受属于自己的周末，没有人会在意街边的一个乞讨者。这是一名中年男子，衣着整洁，戴着眼镜，一身书卷气。与其他乞丐一样，他面前放着一只乞讨用的小碗，里面放着几枚硬币。他木然地看着人来人往，可能没有人想到，他曾是南京一所名牌大学的热能博士！

记者丢了一些零钱在他碗里，和他闲聊起来。他很善谈，称自己在地上摆的两排硬币，代表一些数字，是根据《易经》摆放的。随后他向记者侃侃而谈，从《易经》谈到《春秋》。

他说，乞讨对他来说是一件很轻松的事，没有什么好难为情的，"我不在意别人怎么想，怎么看，也不想为生活所累，我只想过一种最简单的生活。

记者来到当年陈某读博士的大学，了解一些他的情况。当年，他的老师是该校第一位热能导师。在他看来，陈某很聪明，理论基础很好，动手能力也很强，这样的学生在当年是不多的。他和学校对陈某都很器重。1987年他的导师进行国家963计划能源领域燃煤磁流体发电国家科研项目，陈某是其中主要技术骨干之一。1990年，陈某顺利拿到博士学位，并留校工作，1994年辞职，准备出国到澳大利亚发展，但签证却迟迟没有办下来。陈某对去澳大利亚发展是抱有很大期望的，他很想到国外一展身手。但是，出国的问题卡在签证上后，对他打击不小。出国不成，他再想回到学校也没成。陈某想自己做点事，搞了一个小产品，开了个小公司。但由于他不谙市场深浅，又不精于处理人际关系，公司很快就没落下来。公司停办后，陈某也曾四处找工作，但不是很顺利，碰了不少钉子。常常是好不容易找到一份工作，只做了几个月他就找了各种原因甩手不干。找工作受挫后，他干脆就一直待在家里，没有事就读《易经》，谈起话来玄乎乎的。除了看书，他空闲时就出去爬紫金山、逛玄武湖，看上去逍遥自在。对于家里有米没米，他一点都不关心，只要有饭吃就行。天热了，他在家里把空调开得足足的，让自己舒舒服服。妻子对他无所事事的做法实在忍受不了，在2004年与他离了婚。导师也曾多次与他促膝长谈，他却坚持说，自己只想过简单的生活，现在的生活太累，人生太复杂，做一些违背自己心愿的事，不值得。老先生觉得，虽然他并不反对那些脱离红尘的思想，但觉得这样的话出自一个年轻的博士之口，却让他感到有些难过。

记者曾与他谈起为什么要来此乞讨，陈某承认是迫于生活无奈。离婚后，他确实自由了，重复着简单的生活：吃点东西，读点《易经》，到处走走。他觉得这样的生活是他所向往的，简单又没有约束。但人没有收入来源是不行的。前妻刚与他分居时，把家里所有的钱物都留给了他，这些年来，陈某以此度日，每日只出不进，钱越花越少，日子渐渐困窘。今年三四月份，有人看到他在天桥那儿摆摊卖书。当时他前妻知道这件事后还感觉很欣慰，这样也好，至少他走出来做点事了。然而，家里的藏书也是有限的，五月份，他只有到街头乞讨了。他强调，其实自己的生活很简单，自己对生活也没有什么要求，但他只要乞讨一些钱能简单维持他的日常生活、填饱肚子就可以了。

在记者十来天的采访过程中，人们唏嘘不已、痛心不已，都不希望他走到今天这个地步。同事说陈某是个很聪明的人，从前很活跃，不仅专业好，打牌、下棋、越剧也样样精通。据了解，陈某从前对行乞者是很不屑的。据说以前遇到有乞丐向他乞讨时，如果是年老病残的，他会对他们客气些。如果是四肢健全的，没有什么毛病的，陈某就对他们说："你们看上去比我身体还好呢，我为什么要给你钱呀？你干什么活不行呀，非要跑出来要饭？"

◆思考与讨论

"乞讨一些钱能简单维持日常生活就够了"，你是怎样看待这句话的？面对竞争越来越激烈的社会环境，面对失意，面对挫折，怎样把握人生理想信念？

◆要点提示

1. 树立远大理想，成就美好人生。理想就是前进的目标。只有自信没有理想，就像只有动力的汽车，在行走中却没有目标，结果有可能会是南辕北辙，离我们的美好人生越走越远。有了理想，你每走一步，就离目标接近一步，越走越近。

2. 人生是需要理想的，它是一种精神食粮，使生活更加完美。人生的理想有小有大，都能从不同角度影响一个人的人生轨迹。人活着，要有所追求，有所梦想，要活得开心、快乐这才是理想的人生。上天给我们机会，让我们来到世间走一遭，我们要珍惜，因为生命是如此的短暂，如果我们不知道珍惜，它将很快逝去，到头来我们将一事无成。

3. 要认清实现理想的长期性、艰巨性和曲折性，正确对待实现理想过程中的顺境和逆境。

**【案例四】**

### 他走了，但留下一片光明
#### ——记南阳理工学院大学生燕龙洋

连日来，一个名叫燕龙洋的南阳理工学院大四学生感动着山东和河南两地的人们。"捐献能救人的一切器官，谢谢你们能帮我完成心愿……"3月1日，躺在家乡山东省寿光市人民医院的病床上，燕龙洋虚弱地写下了他的心愿。3月15日，燕龙洋平静地离开了。次日，根据燕龙洋的遗愿，山东省潍坊市红十字会赶至寿光，对燕龙洋的眼角膜进行了摘除，燕龙洋生前最大的心愿实现了。

燕龙洋是农家子弟，2003年考入南阳理工学院生物工程专业，大二那年发现左耳后侧长了个玉米粒大小的疙瘩，后来被诊断为恶性"颞骨肿瘤"。燕龙洋第二次手术后病情加重，但坚强乐观的他直至去世前都是笑看人生。他表示要把自己的器官捐献出去，帮助别人实现恢复健康的梦想。心碎的父母坚决反对，因为保全遗体是老辈传下的规矩。燕龙洋多次劝解他们，告诉他们相信科学，不要迷信，捐献器官不是坏事，可以让自己的生命在其他患者的身上延续。最后，燕龙洋的家人终于理解了他。

在同学眼中，燕龙洋性格开朗，乐于助人，经常帮别人排忧解难。第一次动完手术返校后，有着强烈集体荣誉感的他，头缠纱布参加了学校的篮球比赛，那一幕镌刻在许多师生的心里。

南阳理工学院工会和团委向全院师生发出向燕龙洋捐款献爱心的倡议。3月7日，南阳理工学院领导委派5名师生赴寿光市看望重病中的燕龙洋，并带去首批捐款。燕龙洋的大姐让师生们看了燕龙洋新的留言：社会捐助的钱除了治病以外，把以前父母治病欠下的债还上，剩余的再拿出5000元救助南阳理工学院的贫困生……

燕龙洋的事迹在南阳理工学院师生中引起强烈反响，师生们自发捐款，并开展大讨论。在该院"燕龙洋"专题网站上，网友们纷纷留言述说自己的感动："他走了，然而他的精神却永远留存在这个世界上。我们会铭记在心。"

——《中国教育报》2007年4月14日第2版

◆**思考与讨论**

从燕龙洋的感人事迹中我们看到了生命的价值和意义。谈谈你的理解和感受。谈谈你对"人生价值是用永恒的执着的顽强的韧劲筑起的一道铜墙铁壁"这句话的理解和认识。

◆要点提示

有一种情感，只有在奉献的时候才能真正体会；有一种感动，只有在失去的时候才能被察觉。李莹和燕龙洋两名大学生的生命虽然短暂，但他们的人生价值却无法估量。他们用自己的行动重新创造了自己，成就了他人，也影响和带动着全社会的人，这就是两位英雄大学生的社会价值。

我们每个人都是生活在社会中的人，我们的需要只有在社会中才能得到满足，个人不能脱离社会而存在和发展；同时，社会又是由个人组成的，个人是社会的细胞，社会的发展和进步离不开个人。正确理解个人与社会的关系，是理解人生的自我价值和社会价值的基础。希望通过大学生的事迹，"早日驱走人们心头的习惯性冷漠，用'爱'去面对一切，让爱成为生活的常态"。一个现代社会的核心价值观——除了经济价值，还有道德价值和社会价值。

【案例五】

## 量一量自己——自我成长可行性分析报告

在欧洲文艺复兴时期，法国有一位很有特色的人文主义思想家，他叫蒙田。正如当时其他的思想家一样，蒙田特别关注人性的解放。他十分强调自我意识在社会中的地位与作用，他不断地告诉人们：保住自己的特点。他极力反对中世纪的那种扼杀人性的经院哲学，而相信，人类研究的重点原本就在于对人的研究，人应当清醒地认识自己。

蒙田提醒人们一定要意识到自己生命的尊严。他在散文集中写道："世界上最好、最合理的事就是很好、公正地对待人，世界上最难学懂、学透的科学就是知道如何享乐此生，知道如何顺应自然；在我们所有的缺点中最严重的就是轻视自己的生命。"他认为，人们在人性、生命这一层意义上，都是平等的。

他身为那个时代的一个法国贵族，难能可贵的是能够用发自内心的感情去赞美普通人，同情平民百姓所遭受的苦难与辛酸。他认为，每个人都应当正确地认识自己。普通老百姓由于缺乏知识，常常被表面现象所迷惑，但他们十分接近大自然，毫不做作。最要紧的是告诉他们：每个人都是生命的主人。

古希腊的一位哲学家曾经提出过"人是万物的尺度"这句宏论，很多人以为这是至理名言。蒙田则指出，人还是应当首先"量量自己"。

◆思考与讨论

蒙田对自我认知的理解和诠释对你有哪些启发？谈谈你对自我认知的

理解和思考。结合自身状况和未来发展方向给自己一个客观公正的评价，写出"20 个我是谁"。

◆要点提示

16 世纪欧洲伟大的思想家蒙田把"认识自我作为世界上最重要的事情"。他作为欧洲文艺复兴时期人文主义思想的代表之一，始终如一地保持着自己的特点，能够认定自己的发展方向，对自我的把握十分到位，具有清晰的自我意识。他的"作为人首先应当量一量自己，然后才可能成为万物的尺度"的观点告诉我们，假如连自己都认识不清、把握不住，怎么能够把握其他事情呢？我们应该进一步地认识到自我认知的重要性。作为当代大学生必须要高度重视自我认知在未来发展中的地位和作用，学会正确地进行自我认知，对于自身科学合理的定位与明确目标，对于创造有价值的人生具有现实而深远的意义。

【案例六】

### "观音姐姐"——邰丽华

春节联欢晚会上，由 21 名聋哑演员表演的《千手观音》成为晚会上最受欢迎的节目。一夜间，几乎全国人民都爱上了领舞的"观音姐姐"——邰丽华。

邰丽华，中国残疾人艺术团的舞蹈演员，中国特殊艺术协会副主席。这位两耳失聪的女孩，用生命演绎的舞蹈感动了国人。邰丽华小时因高烧注射链霉素而失去了听力，从此进入了一个无声的世界。但是她说："我们虽无法听到声音，但可以用自己的身体感觉到音乐，我们把手放在录音机上，把舞蹈乐曲的节奏记下来，通过一遍遍播放和长时间的体会，我们将舞曲的节奏已经完全融入自己的血液之中。"正是通过长时间的练习，"千手观音"的 21 位表演者在舞台上达到心意相通的境界。

邰丽华虽然生活在无声的世界里，但是并没有抱怨命运的不公，而是以一种积极、乐观的态度来笑对人生，不断实现自己的人生价值。

◆思考与讨论

从邰丽华的人生经历和人生态度当中你看到了哪些值得你学习的地方？结合自身状况谈谈你的感受。如何正确认识人生中的顺境和逆境，怀着感恩的心对待人生，以极大的热情奉献社会，在参与社会实践中创造人生的价值？

◆要点提示

在实现人生价值的道路上，谁都希望前途是光明的。但是，困难和挫折是不可避免的。面对困难和挫折，痛苦和艰辛，邰丽华以顽强的毅力战胜了一个又一个困难，以自强不息的奋斗精神实现了她的梦想，为社会、为他人带来了不同寻常的精神财富，成为当代大学生学习的榜样。站在历史的长廊中，我们看到那么多贤人达士的丰功伟绩和人生价值，而他们的背后却有着自己的真实写照——他们是通过自己的磨砺和敢于创造的意志实现的。而作为我们当代大学生来说，我们更有空间去创造自己，去发掘自身潜力，去大胆创新，去勇敢地面对新事物的挑战。心的历练是一种毅力，是一种执着的信念，心智在历练中成熟，生命在历练中飞扬，不要贪图安逸。只有实练，勇敢地接受"心练"的挑战，才会创造无穷的价值。只有我们在艰苦中锻炼，才能变逆境为顺境，变困惑为通达，才能真正找到自己的价值之所在。

创造的昨天叫立足，创造的今天叫进取，创造的明天叫成功。让我们在创造中"发现自我，找到自我，创造自我"。

## 延 伸 阅 读

## 善良　丰富　高贵

如果我是一个从前的哲人，来到今天的世界，我会最怀念什么？一定是这六个字：善良，丰富，高贵。

看到医院拒收付不起昂贵医疗费的穷人，听凭危急病人死去；看到商人出售假药和伪劣食品，制造急性和慢性的死亡；看到矿难频繁，矿主用工人的生命换取高额利润；看到每天发生的许多凶杀案，往往为了很少的一点钱或一个很小的缘由夺走一条命；我为人心的冷漠感到震惊，于是我怀念善良。

善良，生命对生命的同情，多么普通的品质，今天仿佛成了稀有之物。中外哲人都认为，同情是人与兽的区别的开端，是人类全部道德的基础。没有同情，人就不是人，社会就不是人待的地方。人是怎么沦为兽的？就是从同情心的麻木和死灭开始的，由此下去可以干一切坏事，成为法西斯，成为恐怖主义者。善良是区分好人与坏人的最初界限，也是最后界限。

看到今天许多人以满足物质欲望为人生的唯一目标，全部生活由赚钱和花钱两件事组成，我为人们的心灵的贫乏感到震惊，于是我怀念丰富。

丰富，人的精神能力的生长、开花和结果，上天赐给万物之灵的最高享受，为什么人们弃之如敝履呢？中外哲人都认为，丰富的心灵是幸福的真正源泉，精神的快乐远远高于肉体的快乐。上天的赐予本来是公平的，每个人天性中都蕴涵着精神需求，在生存需要基本得到满足之后，这种需求理应觉醒，它的满足理应越来越成为主要的目标。那些永远折腾在功利世界的人，那些从来不谙思考、阅读、独处、艺术欣赏、精神创造等心灵快乐的人，他们是怎样辜负了上天的赐予啊，不管他们多么有钱，他们是度过了怎样贫穷的一生啊！

看到有些人为了获取金钱和权力毫无廉耻，可以干任何出卖自己尊严的事，然后又依仗所获取的金钱和权力毫无顾忌，肆意凌辱他人的尊严，我为这些人的灵魂的卑鄙感到震惊，于是我怀念高贵。

高贵，曾经是许多时代最看重的价值，被看得比生命还重要，现在似乎很少有人提起了。中外哲人都认为，人要有做人的尊严，要有做人的基本原则，在任何情况下都不可违背，如果违背，就意味着不把自己当人了。今天的一些人就是这样，不知尊严为何物，不把别人当人，任意欺凌和侮辱，而根源正在于他没有把自己当人，事实上你在他身上也已经看不出丝毫人的品性。高贵者的特点是极其尊重他人，他的自尊正因此得到了最充分的体现。人的灵魂应该是高贵的，人应该做精神贵族，世上最可恨也最可悲的岂不是那些有钱有势的精神贱民？

我听见一切世代的哲人在向今天的人们呼唤：人啊，你要有善良的心，丰富的心灵，高贵的灵魂，这样你才无愧于人的称号，你才是作为真正的人在世间生活。

善良，丰富，高贵——令人怀念的品质，人之为人的品质，我期待今天更多的人拥有它们。

——选自《周国平论教育》

# 十句箴言

李开复，信息产业的执行官，计算机科学的研究者。李开复 1961 年生于中国台湾，祖籍四川。11 岁时赴美，1983 年毕业于美国哥伦比亚大学，后就读于卡耐基梅隆大学，获计算机学博士学位。1998 年，李开复加盟微软公司，随后创立了微软亚洲研究院；2005 年 7 月加盟 Google，担任中国区总裁一职；2009 年 9 月 4 日，宣布离职并创办"创新工场"，任董事长兼首席执行官。

李开复曾梦想在中国创建一所有世界影响力的私立大学，但是最终因为种种原因没有成功。他开始用另外的方式实践梦想：给中国的大学生写信，写书，创办"我学网"，每年面对十万学生做演讲。他曾说，他曾经想过自己的墓志铭应该有科学家或者企业家的注脚，但他现在已经没有这种想法，如果他的墓志铭上有热心教育者的字样，他会感觉到内心的温暖。

和许多人的成长经历相似，李开复的成长历程中，也有儿时的淘气顽皮，求学时期的疑问与困惑，有成功时的喜悦和骄傲，也有遭遇挫折时的彷徨与苦闷，也曾在人生的低谷饱受痛苦的煎熬。但尤为可贵的是，李开复在成功中收获了经验，在失败中得到了成长。他把富有传奇的人生经历，在如同与你交谈般的娓娓道来中浓缩成为十句具有启发性的箴言。

启发一：自信中不要失去谦虚，谦虚中不要失去自信

台湾规定 6 岁上小学。李开复 5 岁的时候，就跟父母说想读小学。母亲看他很自信，让他去考，结果李开复果然考上了。邻居阿姨听说了，就开玩笑："你读得来吗？""我还没看到过 99 分呢。"李开复言下之意，自己每次都考 100 分。

一周后，李开复拿着 90 分的考卷回家，被妈妈打了一顿，"打你不是因为成绩不好，而是你忘记了中国人谦虚的传统美德"。

启发二：天赋就是兴趣，兴趣就是天赋

1979 年，李开复进入哥伦比亚大学政治系学习，与现任美国总统奥巴马是同班同学。但进校后，发现政治系的课非常枯燥。大二开始，李开复转到了计算机专业。"天赋就是兴趣，兴趣就是天赋。"李开复认识到了这一点。

启发三：思考比传道更重要，观点比解惑更重要

计算机系主任尼克跟李开复传递了一个观念——思考比传道更重要，观点比解惑更重要。"当你忘记你所学的一切的时候，剩下的就是教育。大学四年最重要的是学习的能力和思考的能力。"李开复建议。

启发四：我不同意你，但我支持你

博士毕业论文中，李开复按照导师的要求，研究了一年，发现有新的方法。要坚持和权威相悖的观点吗？李开复向导师提出了自己的设想。导师说：我不同意你，但我支持你。

启发五：挫折不是惩罚，而是学习的机会

毕业后李开复留校任教。但在系主任那拿薪水时，李开复却受到了莫大打击：学生评价他上课犹如唱独角戏，从不用目光与学生交流。"但挫折不是惩罚，而是学习的机会。"李开复学会了与学生目光交流，学会了演讲。

启发六：创新不重要，有用的创新才重要

教书工作两年后，李开复加入了苹果，之后到了 SGI（美国视算科技公司）。在 SGI 做了一个很酷的三维浏览器，却失败了。

这么酷的产品为什么失败？因为科学家做产品，衡量的标准是"新"，但产业首先要求的是"有用"。

启发七：用勇气改变可以改变的事情，用胸怀接受不能改变的事情，用智慧分辨两者的不同

2005 年，李开复跳槽到谷歌，结果"微软很生气，后果很严重"，把李开复和谷歌告上了法庭。李开复用上了自己所有的法律和计算机知识，最终官司取得了胜利。

启发八：求知若饥，虚心若愚

2005 年 9 月，李开复开始了在谷歌的工作，在那里，他学到的不仅是最精确的搜索技术、最大规模的数据中心，还有最好的创新模式和如何打造一个工程师最向往的公司。

美国做过一个调查，人的一生平均换 4 到 5 个工作。求知若饥，虚心若愚，是要永远保持的。

启发九：追随我的心

每个人总有些想坚持的东西。追随你的心，用它引领你的一生，任何其他事情都是次要的。不要让任何人的意见淹没了你的心声。

启发十：你的价值不是你拥有多少，而是你留下多少

2009 年 9 月，李开复开创了"创新工场"。这个选择正确吗？人生的目的是什么？你的价值在哪里？"一个人的价值不是你拥有多少，而是你留下了多少。"李开复说。

——徐啸寒：《腾讯·大楚网》

# 励志语录

人，生而平等是自然状态，因为每个人出生都是赤条条的婴儿；人，生而不平等是社会状态，因为有人生在权贵之家，有人生在贫困之家，生来社会地位不平等；人没法选择自己的出生，但可以选择自己的努力，通过努力改变自己的命运。人生的起点我们没法选择，但人生的终点是我们可以决定的，尽力远行吧。

法国著名启蒙思想家卢梭说过，"人生而平等，却无往而不在枷锁之

中"，我觉得这句话不能够反映我们生命的真实状态，真实的状态是："人生而不平等，却无往而不在打破自己生命枷锁的努力之中。"

很多人谈创新，认为就是做别人没有做过的事情，但大部分创新，都是在前人成就的基础上更进一步。如果有人登上珠穆朗玛峰的时候能够带上一个梯子，站在梯子上他就达到了别人从来没有达到的高度；如果说珠峰是前人的成就，那梯子就是个人的创新，通过创新达到新的高度。

很多人希望自己成功，想选择一条别人没有走过的路，其实只要是路，就已经被人走过了，我们要做的，是应该在别人走过的路上，比别人走得更久，比别人走得更远，走得更久就能够走出别人没有走出的距离，走得更远就能够看到别人所没有看到的风景。

一个人为人处世，要有平凡的心态，但要有伟大的心，平凡的心态让人宠辱不惊、进退自如，伟大的心让人胸怀博大、志存高远。

曾有学生问我关于专业方向的问题，我的回答是：你所遇到的迷茫别人都遇到过，首先要搞清楚最想做的事情是什么？我个人觉得你的专业没什么不好，行行出状元，关键在你是否喜欢。如果你真不喜欢，就认真思考一下要学什么，一定想清楚，想清楚了就不能随便变，否则变来变去人就废了；确定方向后，一心走下去就容易成功一点。

做事情要三思而行，要有前瞻的眼光和判断，要考虑到是否能够承担后果。一个错误的决定也许一分钟就能做出并赋予实施，但常常要用无穷长的时间去纠正；不管是个人生活还是做事业，一开始就做正确的事情，在过程中正确地做事情，都是幸福和成功的保证。

我们做事情常常希望尽快有一个好的结果，但很多事情都只能慢慢等待结果，并在等待时尽可能积极地努力，急于求成常常会欲速则不达。只要努力的方向是对的，结果就会是好的。正确的方向＋足够的耐心，是通向良好结果的最佳途径。

——摘自新东方官方博客

# 2015 年度"感动中国"人物事迹及颁奖词

屠呦呦，女，药学家，中国中医研究院终身研究员兼首席研究员。

疟疾是危害严重的世界性流行病，全球百余国家年约三亿多人感染疟疾。自 20 世纪 60 年代起，原有抗疟药逐渐失效，国际上迫切寻找新型抗疟药。在国外大量工作未获成功的情况下，中国成立了"全国疟疾防治研究领导小组办公室"。1969 年，38 岁的屠呦呦被委任为项目组长，负责重点进行中草药抗疟疾的研究。

屠呦呦领导科研组以现代科学继承发扬祖国医药学遗产为指导思想，从系统整理历代医籍、本草入手，特别结合古代用药经验，从东晋葛洪《肘后备急方》青蒿"绞汁"服用截疟记载中，考虑到温度、酶解等因素，不断改进提取方法，终于在 1971 年获得青蒿素。

青蒿素挽救了全球特别是发展中国家数百万人的生命。2015 年 10 月，屠呦呦因此获得诺贝尔医学奖，这是中国医学界迄今为止获得的最高奖项，屠呦呦也成为第一位获得诺贝尔科学奖项的中国本土科学家。

【颁奖辞】

青蒿一握，水二升，浸渍了千多年，直到你出现。为了一个使命，执着于千百次实验。萃取出古老文化的精华，深深植入当代世界，帮人类度过一劫。呦呦鹿鸣，食野之蒿。今有嘉宾，德音孔昭。

### 郎平——雄心志四海重夺世界杯冠军的女排主教练

郎平，原中国排球队著名运动员，现任中国女子排球国家队主教练。

郎平 1978 年入选女排国家队，多次获得全国"十佳运动员"称号。20 世纪 80 年代，她是世界女子排球界"三大主攻手"之一，凭借强劲而精确的扣杀赢得"铁榔头"绰号。

20 世纪末，她和队友创下五连冠的佳绩，女排精神被运动员们视为刻苦奋斗的标杆和座右铭，更被强烈地升华为民族面貌的代名词。

2002 年郎平以 100% 的得票，正式入选排球名人堂，成为亚洲排球运动员中获此殊荣第一人。2010 年 7 月，郎平入选 2010 年《中国国家形象宣传片》人物。

郎平退役后，赴国外进修、打球，2013 年 4 月 25 日，郎平重掌中国女排帅印，2014 年带队获得了女排世锦赛亚军。2015 年 8 月 22 日～9 月 6 日，郎平带领困境中的中国队以 10 胜 1 负积 30 分的战绩时隔 12 年第四次夺得世界杯冠军，这也是郎平执教生涯的首个世界三大赛冠军，中国女排的第八个世界冠军。

【颁奖辞】

临危不乱，一锤定音，那是荡气回肠的一战！拦击困难、挫折和病痛，把拼搏精神如钉子般砸进人生。一回回倒地，一次次跃起，一记记扣杀，点染几代青春，唤醒大国梦想。因排球而生，为荣誉而战。一把铁榔头，一个大传奇！

### 吴锦泉——高节卓不群　热心公益的磨刀老人

吴锦泉，男，江苏省南通市港闸区五星村村民，南通市年龄最长的红十字志愿者。

吴锦泉老人今年 86 岁，靠磨刀为生，生活清苦，却乐善好施，20 多年来，他把磨刀挣得的微薄收入大都用于慈善公益，多次向灾区、残疾儿童及需要帮助的人捐款。

在四川汶川地震和青海玉树地震时，老人先后向南通市红十字会捐出千枚硬币；2010 年，当吴锦泉夫妇得知甘肃省舟曲县发生强降雨引发泥石流灾害，吴锦泉带着几个月磨刀挣得的几百元硬币，倒了三趟公交车，辗转两个多小时来到市红十字会捐钱。

2013 年，他将两年来磨刀积攒的零钱捐献给雅安地震灾区，其中 1 元硬币 1715 枚，5 角硬币 501 枚，1 角硬币 7 枚。经工作人员清点，共计 1966.2 元。自 2008 年以来，他已累计捐款 23392.2 元。

老两口的生活并不富裕，至今还住着三间破旧的瓦房。除了磨刀，吴锦泉老人没有其他经济来源。一把刀一块钱，一千元几乎是老人三个月的磨刀收入！

**【颁奖辞】**

窄条凳，自行车，弓腰扛背，沐雨栉风。身边的人们追逐很多，可你的目标只有一个。刀剪越磨越亮，照见皱纹，照见你的梦。吆喝渐行渐远，一摞一摞硬币，带着汗水，沉甸甸称量出高尚。

### 阎肃——弦歌感人肠　琴弦上的放歌者

阎肃，85 岁，空军政治部文工团创作员。

阎肃从艺 65 年来，始终坚定爱党报国的理想信念，牢记以人民为中心的工作导向，把弘扬时代主旋律作为崇高使命，把真诚为民为兵服务作为价值追求，创作了《江姐》、《党的女儿》、《长征颂》、《红旗颂》、《我爱祖国的蓝天》等一大批脍炙人口的红色经典，深受广大人民群众喜爱，感染和激励了几代中国人。

此外，阎肃创作了许多被人们传唱的歌词，如《说唱脸谱》、《故乡是北京》、《前门情思大碗茶》、《雾里看花》。

1986 年阎肃加入中国作家协会。1998 年，他 68 岁，前往抗洪一线，参与组织《我们万众一心》、《携手筑长城》、《同舟共济重建家园》等大型抗洪赈灾义演募捐晚会。2008 年，阎肃 78 岁，再次请缨抗震救灾。当他看到空降兵 15 名勇士冒着生命危险从 5000 米高空跳伞营救灾区人民的事迹报道后，连夜创作歌曲《云霄天兵》。

党的十八大以来，阎肃以 80 多岁高龄追梦筑梦，辛勤创作，参与策划多场重大文艺活动，为讴歌主旋律、汇聚正能量、繁荣发展社会主义文艺事业作出了突出贡献。

**【颁奖辞】**

铁马秋风，战地黄花，楼船夜雪，边关冷月，这是一个战士的风花雪月。唱红岩，唱蓝天，你一生都在唱，你的心一直和人民相连。是一滴水，你要把自己溶入大海；是一树梅，你要让自己开在悬崖。一个兵，一条路，一颗心，一面旗。

### 徐立平——大国多良材　雕刻火药的大国工匠

徐立平，男，47 岁，中国航天科技集团公司第四研究院 7416 厂员工。

自 1987 年入厂，徐立平一直为导弹固体燃料发动机的火药进行微整形。在上千道制造工序中，发动机固体燃料微整形极为关键。在火药上动刀，稍有不慎蹭出火花，就会引起燃烧甚至爆炸。

目前，火药整形在全世界都是一个难题，无法完全用机器代替。下刀的力道，完全要靠工人自己判断，药面精度是否合格，直接决定导弹能否在预定轨道达到精准射程。0.5 毫米是固体发动机药面精度允许的最大误差，而经徐立平之手雕刻出的火药药面误差不超过 0.2 毫米，堪称完美，这让他的师傅都望尘莫及。

为了杜绝安全隐患，徐立平还自己发明设计了 20 多种药面整形刀具，有两种获得国家专利，一种还被单位命名为"立平刀"。

长年一个姿势雕刻火药及火药中毒后遗症，徐立平的身体变得向一边倾斜，头发也掉了大半。28 年来，他甘于寂寞，冒着巨大的危险雕刻火药，被人们誉为"大国工匠"。

**【颁奖辞】**

每一次落刀，都能听到自己的心跳。你在火药上微雕，不能有毫发之差。这是千钧所系的一发，战略导弹，载人航天，每一件大国利器，都离不开你。就像手中的刀，二十六年锻造。你是一介工匠，你是大国工匠。

### 莫振高——化作光明烛　鞠躬尽瘁的"化缘校长"

莫振高，男，广西都安瑶族自治县高级中学校长，全国先进工作者。2015 年 3 月 9 日，59 岁的莫振高因病离世。15 日，整个县城花圈被抢购一空，数千人自发前来祭奠。人们抹着眼泪送别莫振高，他们心中的"化缘校长"。

20 世纪 80 年代，都安高中校舍破旧，莫振高一点一点地向社会筹资建校。学校新建的教学楼就是莫振高四处到工地、企业"化缘"而得。

都安县是国家级贫困县，每年都有 200 多名学生因为贫穷放弃了上大学的机会。为了帮助瑶山里的孩子，莫振高走遍了每个村屯，走进每一个贫困生家里。学校每年拿出一部分经费来帮助贫困学生。莫振高还常组织全校师生给贫困生捐款捐物，发动学校领导、团委干部和班主任向各届校友寻求资助。

莫振高生前用自己的微薄工资及陆续筹集而来的 3000 多万元人民币善款，资助近两万名贫困生圆了上学梦，被当地人尊称为"化缘校长"。

【颁奖辞】

千万里，他们从天南地北回来为你送行。你走了，你没有离开。教书、家访、化缘，埋头苦干，拼命硬干。你是不灭的蜡烛，是不倒的脊梁。那一夜，孩子们熄灭了校园所有的灯，而你在天上熠熠闪亮。

**买买提江·吾买尔——盛德表一乡　促进民族团结的基层村干部**

买买提江·吾买尔，男，维吾尔族，64 岁，新疆维吾尔自治区伊宁县布里开村党支部书记。布里开村共有 6000 多人，由 5 个民族构成。自 1981 年起，买买提江便担任布里开村党支部书记，2001 年他因病离任。2006 年 6 月，在村民的请求下，买买提江重新担任村支书。

如何让村民日子过得红火，买买提江一直在想办法：1985 年他动员村里党员养鸡并传授经验给大家；2001 年他成立了小额贷款担保中心，帮助大家养牛，带着大家种果树。村民人均年收入节节攀升，从 2006 年的 4900 多元增加到去年的 12830 元，村集体经济由负债 52 万元变为年收入 130 多万元。

买买提江·吾买尔旗帜鲜明地同"三股势力"作斗争，依法加强宗教事务管理，不畏恐吓，规范管理宗教事务，做好年轻人的思想工作，配合政法部门打击分裂势力，使布里开村成功创建平安村。他注重民族团结，带头照顾和资助汉族群众，带头学习汉语，开办"双语"幼儿园和中青年农民"双语"技能培训班。

买买提江·吾买尔同志 2010 年被评为全国劳动模范、新疆维吾尔自治区优秀共产党员、模范村党支部书记。

**【颁奖辞】**

一碗茶水端的平，两个肩膀闲不住。三十多年的老支书，村民离不开的顶梁柱。你是伊犁河上筑起的拦河坝，是戈壁滩上引来的天山水，给村民温暖，带大家致富。木卡姆唱了再唱，冬不拉弹了再弹，买买提江·吾买尔的故事说不完。

### 王宽——君子抱仁义　为养育孤儿卖唱的老艺术家

王宽，74岁，男，河南退休艺术家，曾任郑州市豫剧团团长，国家一级演员。

1998年，刚刚退休的王宽收养了第一个孩子，此后，他就开始与家乡的孤儿们结缘，先后收养6个孤儿。

夫妻俩的退休金并不多，为了让孩子们吃饱穿暖，王宽决定到茶楼唱戏挣钱。茶楼不比舞台，他的"点唱率"却并不高，常常坐冷板凳。于是，66岁高龄的王宽再次拜师学艺，学习川剧的"变脸"绝技，并加以发扬光大，赢得了无数的掌声和喝彩声。他并不期待掌声，只是为了在唱不动之前，抓住每一个机会挣钱，养活6个孩子，供他们上学。在近10年的漫长岁月里，为了多挣点钱，给孩子们更好的生活，这位年过花甲的老人风雨无阻，随叫随到。

17年栉风沐雨，5个孤儿都已长大成人，有了稳定的工作，最小的老六今年也已经大学毕业。在王宽夫妇的带领下，学习了乐器的孩子经常上街义演，据统计，10余年来，靠"卖唱"养育孤儿的王宽夫妇通过各种形式向各类慈善事业捐款超过百万元。

**【颁奖辞】**

重返舞台，放不下人间悲欢，再当爷娘，学的是前代圣贤。为救孤你古稀高龄去卖唱，为救孤你含辛茹苦十六年。十六年，哪一年不是三百六十天。台上你苍凉开腔，台下，你给人间作了榜样。

### 官东——天下英雄气　拯救"东方之星"落水乘客的当代大学生

官东，男，25岁，海军大连舰艇学院学员，中共党员。

在2015年6月2日"东方之星"沉船救援现场的潜水救援行动中，官东凭借过硬的潜水技术和机敏的临场反应，成功救出两名幸存者。

参与救援时，官东是海军工程大学的潜水员，虽然是一名"90后"，却已经多次参与救援任务。6月2日，接到救援命令后，他主动请缨参加救援。抵达救援现场后，他又申请第一个下水。

当天中午 12 时许，官东身穿负重设备，潜水摸到了沉船的一个房间施救。在成功救出一位老人后，生命探测仪又探测到一位幸存者，官东再次下水，搜索到了蜷缩在舱室里的小伙子。但由于体力消耗巨大，幸存者已无力穿戴设备。官东果断摘下自己的装备，套在幸存者身上，将其送出舱室，交给其他两名潜水员护送上岸，自己则从江底潜游出水。

出水的官东满头满脸都是油污，双眼通红、鼻孔流血，双耳胀痛难忍。"在最危急的那一刻，我只想着赶紧救人。"事后，再次回忆生死攸关的那一刻，官东表现得非常平静。

**【颁奖辞】**

来不及思量，就一跃而入。冰冷，漆黑，缺氧，那是长江之下，最牵动人心的地方。"别紧张，有我在"，轻声的安抚，稳住倾覆的船舱。摘下生命软管，那肩膀上剩下的只有担当。人们夸你帅，不仅仅指的是面庞。

### 张宝艳　秦艳友——阳春布德泽　帮助"宝贝回家"的志愿者夫妇

张宝艳、秦艳友夫妇，吉林省通化市人，宝贝回家志愿者协会创办者。

1992 年，儿子的一次意外走失，让张宝艳体会到了走失儿童家长的心情，此后她开始关注寻亲信息，并尝试提供帮助。2007 年，丈夫秦艳友提议，建立一个寻亲网站来帮助家长们寻找孩子。为了运营好网站，张宝艳辞去了工作成了一名全职志愿者，全身心投入寻子网管理。

在张宝艳与丈夫的悉心维护下，网站逐渐发展起来。志愿者们在张宝艳的带领下，积极核实搜集信息，对家长进行防骗指导；及时向公安部门反馈情况，提供线索千余条。多起积压多年的拐卖案件告破，不少儿童结束流浪乞讨生活，回到亲人身边。

2009 年，张宝艳提出的"关于建立打击拐卖儿童 DNA 数据库的建议"得到公安部采纳，DNA 数据库为侦破案件、帮助被拐儿童准确找到亲人，提供了有力的技术支持。

截止到 2015 年 11 月，宝贝回家志愿者协会帮助超过 1200 个被拐及走失的孩子寻找到亲人。

**【颁奖辞】**

寻寻觅觅，凄凄惨惨戚戚。宝贝回家，路有多长？茫茫暗夜，你们用父母之爱，把灯火点亮。三千个日夜奔忙，一千个家庭团聚。你们连缀起星星点点的爱，织起一张网。网住希望，网住善良。

### 抗战老兵　爱国侨胞——精忠报国

回望 2015 年，有这样一群老人让国人瞩目，他们就是抗战老兵和爱国侨胞。对这些高龄老人来说，沧桑往事有很多已经淡忘，然而抗战是他们永远也不会忘记的生命记忆、民族记忆、国家记忆。

在抗战胜利纪念日，这些老人重新集结，而今天他们又回到了茫茫人海。《感动中国》向他们表示敬意和祝福，愿他们享受宁静，享受幸福。《感动中国》2015 年度特别致敬——抗战老兵、爱国侨胞。

——资料来源《解放军报》

# 一位辛酸父亲的来信

亲爱的儿子：

尽管你伤透了我的心，但你终究是我的儿子。虽然，自从你考上大学，成为我们家几代里出的唯一一个大学生之后，心里已分不清咱俩谁是谁的儿子了。从扛着行李陪你去大学报到，到挂蚊帐缝被子买饭菜票甚至教你挤牙膏，这一切，在你看来是天经地义的，你甚至感觉你这个不争气的老爸给你这位争气的大学生儿子服务，是一件特沾光、特荣耀的事。

的确，你考上大学，你爸妈确实为你骄傲。虽然现今的大学生也不一定能找到工作，但这毕竟是你爸妈几十年的梦想。我们那阵，上大学不是凭本事考的，要看手上的茧子和出身成分，有些人还要用贞操和人格去换。这也就是我们以你为荣的原因。然而，你的骄傲却是不可理喻的。在你读大学的第一学期，我们收到过你的三封信，加起来比一份电报长不了多少，言简意赅，主题鲜明，通篇字迹潦草，只一个"钱"字特别工整而且清晰。你说你学习很忙，没时间写信，但同院里你高中时代的女同学，却能收到你洋洋洒洒几十页的信，而且每周一封。每次从收发室门口过，我和你妈看着你熟悉的字，却不能认领。那种痛苦是咋样的，你知道吗？

后来，随着你读二年级，这种痛苦煎熬逐渐少了，据你那位高中同学说，是因为你谈恋爱了。其实，她不说我们也知道，从你一封接一封的催款信上我们能感受到，言辞之急迫、语调之恳切，让人感觉你今后毕业大可以去当个优秀的讨债人。

当时，正值你妈下岗，而你爸微薄的工资，显然不够你出入卡拉 OK 酒吧餐厅。在这样的状况下，你不仅没有半句安慰，居然破天荒来了一封长信，大谈别人的老爸老妈如何大方。你给我和你妈心上戳了重重一刀，还撒了一把盐。最令我伤心的是，今年暑假，你居然偷改入学收费通知，虚报学费。这之前，我在报纸上已看到这种事情。没想你也同时看到这则新闻，一时间相见恨晚，及时娴熟地运用这一招，来对付生你养你爱你疼你的父亲母亲。虽然，得知真相后我并没发作，但从开学到今天，两个月里，我一想到这事就痛苦，就失眠。这已经成为一种心病，病根就是你——我亲手抚养大却又倍感陌生的大学生儿子。不知在大学里，你除了增加文化知识和社交阅历之外，还能否长一丁点善良的心？

——一位辛酸的父亲

# 周国平论人生经典语录

1. 我们不妨去追求最好——最好的生活，最好的职业，最好的婚姻，最好的友谊，等等。但是，能否得到最好，而是次好，次次好，我们也应该坦然地接受。人生原本就是有缺憾的，在人生中需要妥协。不肯妥协，和自己过不去，其实是一种痴愚，是对人生的无知。

2. 世上事了犹未了，又何必了。这种心境，完全不是看破红尘式的超脱，而更像是一种对人生悲欢的和解和包容。

3. 人生任何美好的享受都有赖于一颗澄明的心，当一颗心在低劣的热闹中变得浑浊之后，它就既没有能力享受安静，也没有能力享受真正的狂欢了。

4. 对于人际关系，我逐渐总结出了一个最合乎我的性情的原则，就是互相尊重，亲疏随缘。我相信，一切好的友谊都是自然而然形成的，不是刻意求得的。我还认为，再好的朋友也应该有距离，太热闹的友谊往往是空洞无物的。

5. 阅读是与历史上的伟大灵魂交谈，借此把人类创造的精神财富"占为己有"。写作是与自己的灵魂交谈，借此把外在的生命经历转变成内在的心灵财富。信仰是与心中的上帝交谈，借此积聚"天上的财富"。这是人生不可缺少的三种交谈，而这三种交谈都是在独处中进行的。

6. 人生最好的境界是丰富的安静。

7. 世上许多事，只要肯动手做，就并不难。万事开头难，难就难在人皆有懒惰之心，因为怕麻烦而不去开这个头，久而久之，便真觉得事情太难而自己太无能了。于是，以懒惰开始，以怯懦告终，懒汉终于变成了弱者。

8. 人生是一个从一而终的女人，你不妨尽自己的力量打扮她，引导她，但是，不管她终于成个什么样子，你好歹得爱她。

9. 沉默的原因有所不同：因为不让说而不说，那是顺从或者愤懑；因为不敢说而不说，那是畏怯或者怨恨；因为不便说而不说，那是礼貌或者虚伪；因为不该说而不说，那是审慎或者世故；因为不必说而不说，那是默契或者隔膜；因为不屑说而不说，那是骄傲或者超脱。

10. 老天给了每个人一条命，一颗心，把命照看好，把心安顿好，人生即是圆满。把命照看好，就是要保护生命的单纯，珍惜平凡生活。把心安顿好，就是要积累灵魂的财富，注重内在生活。换句话说，人的使命就是尽好老天赋予的两个主要职责，好好做自然之子，好好做万物之灵。

11. 真正的精神强者必是宽容的，因为他足够富裕。嫉妒是弱者的品质。

12. 未经失恋的人不懂爱情，未曾失意的人不懂人生。

13. 对于人生最重大的问题，我们每个人都只能在沉默中独自面对。我们可以一般地谈论爱情、孤独、幸福、苦难、死亡等，但是，倘若这些字眼确有意义，那属于每个人自己的真正意义始终在话语之外。我无法告诉别人我的爱情有多温柔，我的孤独有多绝望，我的幸福有多美丽，我的苦难有多沉重，我的死亡有多么荒谬。我只能把这一切藏于心中。我所说出写出的东西只是思考的产物，而一切思考在某种意义上都是一种逃避，从最个别的逃向最一般的，从命运逃向生活，从沉默的深渊逃向语言的彼岸。如果说它们尚未沦为纯粹的空洞观念，那也只是因为它们是从沉默中挣扎出来的，身上还散发着深渊里不可名状的事物的气息。

14. 月亏了能再盈，花谢了能再开。可是，人别了，能否再见却未可知，开谢盈亏，花月依旧，几度离合，人却老了。人生之所以最苦别离，就因为别离最使人感受到人生无常。

15. 人生最低的境界是平凡，其次是超凡脱俗，最高是返璞归真的平凡。

16. 每个人都只有一个人生，她是一个对我们从一而终的女子。我们不妨尽自己的力量引导她，充实她，但是，不管她终于成个什么样子，我们好歹得爱她。

17. 一个人只要知道自己真正想要什么，找到最适合于自己的生活，一切外界的诱惑与热闹对于他就的确成了无关之物。你的身体尽可能在世界上奔波，你的心情尽可以在红尘中起伏，关键在于你的精神一定要有一个宁静的核心。有了这个核心你就能成为你奔波的身体和起伏的心情的主人。

18．光阴蹉跎，世界喧嚣，我自己要警惕，在人生旅途上保持一份童趣和闲心是不容易的。如果哪一天我只是埋头于人生中的种种事务，不再有兴致趴在车窗旁看沿途的风光，倾听内心的音乐，那时候我就真正老了俗了，那样便辜负了人生这一趟美好的旅行。

19．在我看来，凡有志于探究人生真理的人，首要的功夫便是沉默，在沉默中面对他灵魂中真正属于他自己的重大问题。到他有了足够的孕育并因此感到不堪其重负时，一切语言之门便向他打开了，这时他不但理解了有限的言辞，而且理解了言词背后沉默着的无限的存在。

20．如果说爱的经历丰富了人生，那么，爱的体验则丰富了心灵，不管爱的经历是否顺利，所得到的体验对于心灵都是宝贵的收入。因为爱，我们才有了观察人性和事物的浓厚兴趣。因为挫折，我们的观察便被引向了深邃的思考。一个人历尽挫折而仍葆爱心，正证明了他在精神上足够富有，所以输得起。在这方面，耶稣是一个象征，拿撒勒的这个穷木匠一生宣传和实践爱的教义，直到被钉上了十字架仍不改悔，因此而被世世代代的基督徒信奉为精神上最富有的人，即救世主。

21．我们平时斤斤计较于事情的对错，道理的多寡，感情的厚薄，在一位天神的眼里，这种认真必定是很可笑的。

22．然而，由于智者有着比常人开阔得多的视野，进入他视界的苦难固然因此增多了，每一个单独的苦难所占据的相对位置却也因此缩小了。常人容易被当下的苦难一叶障目，智者却能够恰当估计它与整个人生的关系。即使他是一个悲观主义者，由苦难的表象洞察人生悲剧的底蕴，但这种洞察也使他相对看轻了表象的重要性。

23．佛的智慧把爱当作痛苦的根源加以弃绝，扼杀生命的意志；人的智慧应把痛苦当作爱的必然结果加以接受，化为生命的财富。

24．古人曾云：忍为众妙之门。事实上，对于人生种种不可躲避的灾祸和不可改变的苦难，除了忍，别无他法。

25．在孤身逆旅中最易感怀人生，因为说到底，人生在世也无非是孤身逆旅罢了。聚散乃人生寻常事，却也足堪叹息。最可叹的是散时视为寻常，不料而聚无日，一别竟成永诀。或者青春相别，再见时皆已白头，彼此如同一面镜子，瞬间照出了岁月的无情流逝。

26．可以没有爱情，但如果没有对爱情的憧憬，哪里还有青春？可以没有理解，但如果没有对理解的期待，哪里还有创造？可以没有所等的一切，但如果没有等待，哪里还有人生？

27. 两种人最自信：无所不知者和一无所知者。

28. 人生中的有些错误也许是不应该去纠正的，一纠正便犯了新的、也许更严重的错误。

29. 可以不爱，不可无情！

30. "天有不测风云"——不测风云乃天之本性；"人有旦夕祸福"——旦夕祸福是无所不包的人生的题中应有之义，任何人不可心存侥幸，把自己独独看作例外。

31. 爱情是人生最美丽的梦，要用理性的刀刃去解。

32. 一群鸭子边叫唤边从我面前走过，我的头脑中冒出一个愚蠢的问题：去哪里？

33. 一切高贵的情感都羞于表白，一切深刻的体验都拙于言辞。大悲者会以笑虐弄命运，以欢容掩饰哀伤。丑角也许比英雄更知人生的心酸。

34. 在舞曲和欢笑声中，我思索人生。在沉思和独处中，我享受人生。

35. 人最宝贵的东西是生命和心灵，把命照看好，把心安顿好，人生即是圆满。

36. 习惯于失去，是人生应有的觉悟。一个只求得到不肯失去的人，表面上似乎富于进取心，实际上是很脆弱的，很容易在遭到重大失去之后一蹶不振。

37. 人生的意义，在世俗层次上即幸福，在社会层次上即道德，在超越层次上即信仰，皆取决于对生命的态度。

38. 人生中有两种习以为常的情形，一旦仔细地去想它们，我就觉得不可思议。第一种情形是，两个原本完全陌生的人，后来怎么竟会天天生活在一起，并且觉得谁也离不开谁了？第二种情形是，两个曾经天天生活在一起的人，后来怎么竟会成为完全的陌生人，永远不通消息了？

39. 未经失恋，不懂爱情；未经失意，不懂人生。

40. 忘掉你曾经拥有的一切，忘掉你所遭受的损失，就当你是赤裸裸的刚来到这个世界，你对自己说："让我从头开始吧！"你不是坐在废墟上哭泣，而是拍拍屁股，朝前走去，来到一块空地，动手重建。你甚至不是重建那失去的东西，因为那样你还惦记着你的损失，你仍然把你的心留在了废墟上。你要带着你的心一起朝前走，你虽破产却仍是一个创业者，你虽失恋却仍是一个初恋者，真正把你此刻孑然一身所站立的地方当作了你人生的起点。

# 第四章　加强道德修养　锤炼道德品质

## 理 论 导 学

## 一、教学目标

### 【知识目标】

1. 了解道德的起源、本质、功能和作用。

2. 了解中华民族优良道德传统的主要内容。

3. 了解掌握在社会主义市场经济条件下的社会主义道德建设和公民道德建设理论的内容及其重大意义。

### 【能力目标】

1. 能够正确地进行道德判断，正确对待道德冲突并做出合理的选择。

2. 能够正确对待中华民族的优良道德传统，辨析道德建设中的错误思潮。

3. 能够把握公民基本道德规范和公民道德建设的重点，努力锤炼个人品德。

### 【素质目标】

1. 能够以客观、积极、正面的态度评价和对待社会道德问题，增强集体主义和为人民服务的精神，提升对社会的信心。

2. 能够独立进行道德判断，妥善处理自身与他人利益的冲突，提升自己的道德修养。

## 二、教学重点

道德的本质、功能与作用。中华民族优良道德传统的主要内容。正确对待中华民族优良道德传统。社会主义道德建设与社会主义市场经济。社会主义道德建设的核心和原则。我国公民基本道德规范。践行社会主义荣辱观。

## 三、教学难点

道德建设中的错误思潮评析。践行社会主义核心价值观对于个人修养和社会进步的意义。现代社会中如何加强个体修养、完善制度建设从而实现社会优良道德。

# 实 践 拓 展

【实践项目一】

公益活动

【实践类型】

社会活动类

【实践目标】

参与公益活动是大学生道德修养的重要体现，通过鼓励大学生积极参与各种公益活动，让大学生在行动中进行德性内化，在实践中成长。

通过一些社会福利活动的举行，为社会上需要帮助的人做好事，以培养"忧乐为怀，兼善天下"的道德情怀。

【实践方案】

1. 班级小组确定公益活动形式，如班级中部分同学可与学校附近的街道联系，看是否有病残、孤寡老人或生活不便者需要帮助，制定活动方案。

2. 小组利用课余时间自行组织实施。

3. 活动结束后每人写一篇《公益活动心得》，内容包括公益活动的主题、人物、时间、地点、事件、启发或感受，重点是启发或感受。

4. 这些活动开展以后，及时总结经验，交流体会，并持之以恒进行下去。

【实践项目二】

一封家书

【实践类型】

体验反思类

【实践目标】

通过一封给父母/父亲/母亲的信，让学生反思父母为我做了什么，我为父母做了什么，体会父母的付出，感念父母养育之恩，做一个感恩的人，孝顺父母，守护亲情。

**【实践方案】**

1. 要求每个学生在课下给自己的父母/父亲/母亲写一封信。
2. 选取优秀学生代表交流活动心得。
3. 条件允许情况下邀请部分回信的学生家长参加实践教学汇演。

# 知 识 运 用

**【案例一】**

### 新时代的雷锋传人——郭明义

一个叫郭明义的人，从鞍钢走出，走向全国。他是鞍钢集团矿业公司的一名普通员工、一名共产党员。人送绰号"郭大傻"、"郭大侠"、"郭大使"，我又给他加了一个："郭大善"——一位地地道道的"平民慈善家"。他最大的特点是：不仅自己带头"慈善"，20年献出10升血，可挽救75名危重患者的生命，16年累计捐款12万多元，资助了180多名特困儿童，还带动组织别人一起"慈善"，遍播无私奉献的种子。在鞍山市，郭明义有几个第一：第一支红十字会志愿者急救队是他发起成立的，第一批捐献造血干细胞志愿者是他带动的，第一批遗体（器官）捐献志愿者也是他促成的。在鞍山市5000多名捐献造血干细胞志愿者中，将近1/3是他动员或受他影响而加入的。他还发动组织了120名慈善义工，成立了鞍山市慈善血库，34名义工当场献血1.1万毫升。工友有难处，第一个伸出手来的是他；"5·12"汶川地震、青海玉树地震，在鞍钢集团矿业公司，第一个捐钱捐物的是他，数额最多的也是他……

跟着郭明义献爱心的有工友、教徒，甚至小偷。郭明义的"发小"李树伟，一辈子什么先进、奖品都没得过，在郭明义影响带动下，快50岁时，拿到了红彤彤的献血证书，成了鞍山市第501名慈善义工。

郭明义三口之家，仅住40平方米的房子，全家最值钱的东西是一台电视机。但郭明义觉得富足、充实、快乐，55本献血证，几百封感谢信，他视作珍宝。许多学生和家长了解了郭明义的家庭情况后感动得哭了："本以为您不是老板就是高级白领，原来您也不比我们富裕多少……"受资助的学生，从郭明义身上收获的是更多的感动和力量。

"没有人富得不需要别人帮助，也没有人穷得不能在某方面帮助别人。"

许多人开始懂得了慈善、爱心事业并不是富人的"专利"。如今，郭明义的"爱心团队"已经有了七支志愿者大队，共计5000多人。郭明义说："我不能拿别人的钱去做慈善，我只能提供一个平台，让别人去表达自己的爱心。"

——《天津网》

### 郭明义在微博倡议无偿献血　各地志愿者响应

东方网6月14日消息：据中国之声《央广新闻》报道，今天（14日）是一个特殊的日子：世界献血者日。提到献血，我们都会联想到一个名字：当代"雷锋传人"、全国劳模、鞍钢工人——郭明义。30多年来，他一个人献血6万多毫升，拥有55本无偿献血证，相当于献了自身血量的10倍。在今天这样一个特殊的日子里，郭明义又在做些什么呢？

今天上午，郭明义爱心团队举行了大型无偿献血活动。今晨钢城鞍山刚下过一场小雨，但这些都没有阻挡志愿者参加活动的热情。跟以往组织无偿献血活动不同的是，本次活动是由郭明义通过自己的新浪官方微博发起的，得到消息的全国各地100余支爱心团队的分队纷纷在各地同步开展无偿献血活动，许多关注郭明义微博的网友也走进了血站，献出自己的一份爱心。据不完全统计，到目前为止来自全国各地各行各业的3000多名志愿者们共计献血60多万毫升。

——东方网

◆思考与讨论

郭明义身上体现了一种怎样的道德品质？你怎么看待他这种行为？结合实际，谈谈怎样弘扬社会主义道德？

◆要点提示

1. 郭明义身上体现出甘于奉献、乐于助人、爱家爱国爱人民、艰苦奋斗、勤俭节约等道德品质。

2. 郭明义是新时代雷锋精神的传人，是国人的道德楷模。他与时俱进，升华了雷锋，超越了雷锋。时代需要郭明义，时代呼唤郭明义！

3. 郭明义的价值在于他所能引发的群体效应。因此我们发出倡议：

第一，要像郭明义同志那样，甘于奉献、乐于助人、爱家爱国爱人民，用雷锋那种春天般的温暖去构建和谐的人际关系，做一个充满爱心的人。

第二，要像郭明义同志那样，艰苦奋斗、勤俭节约，不以吃喝消磨意志，不以玩乐蹉跎岁月，用雷锋那种夏天般的火热，去激发青春的力量，做一个健康上进的人。

第三，要像郭明义同志那样，爱岗敬业、精益求精，用雷锋那种永不生锈的"螺丝钉"精神，去创造平凡岗位上的不平凡业绩，做一个勤奋务实的人。

**【案例二】**

### 13 岁少年辍学擦鞋筹款救病母　各方捐款已超 30 万

"广东孝子，南粤骄傲！""你的孝心让我感动得泪流满面，你是少年的好榜样。""顶天立地的男子汉，加油！"……

三九脑科医院 11 日为骆妈妈成功进行了脑肿瘤切除手术。河源 13 岁少年骆伟科为救病母徒步 300 公里到广州擦鞋筹款一事，则继续感动着各地的读者和网友。本报热线几乎被捐款读者打爆，在羊城晚报微博里，网友纷纷留言为少年鼓劲。少年家乡河源，在市委书记陈建华的带头下，纷纷以捐款及其他方式慰问骆家。

*孝心感动各方　捐款已超 30 万*

11 日，来自八方的关爱继续汇向小骆和他的家人。

"小小年纪大孝子。你是广东的骄傲，也是全国少年的骄傲。雄起。挺住！"一位四川网友发来了对骆家的祝福。来自上海的网友"天天向上"则留言："广州的医院和市民已经开始帮助他们了……这孩子无论今后是否还有机会读书、能读成怎样，都一定可以有出息。"

来自全国各地的捐款 11 日继续汇到骆伟科的专用账户里。截至当晚 8 时，各方捐款已超过 30 万元。

除了骆妈妈的病情，骆伟科和他姐姐的读书问题，也有很多读者关心。广州一位著名粤剧演员提出：愿意做骆伟科姐弟的"爱心妈妈"，资助他们生活和学习直到独立。

一位来自北京的不愿公开姓名的作家给记者打来电话，表达支持与感动之余，也表达了对骆伟科的"感激"之情："这样有责任心有孝心的孩子，可以影响和教育一大批人。他是个好榜样。"

*市委书记关注　家乡伸出援手*

少年骆伟科擦鞋救母的事迹经广州众多媒体报道后，引起骆伟科家乡的极大关注。河源市委书记陈建华在实名微博中也在关注："骆伟科和他母亲相依为命，少年志坚，孝心令人感动。感谢广州媒体和各界的帮助，市、县民政部门和妇联要尽最大努力给予帮助，同时发动社会各界捐款。请到场的网友代我捐上一千元，请网友将联系电话告知市委办，以便奉还。谢谢！建华。"11 日下午，河源市妇联主席谢红英一行，从河源来到广州三九脑科医院看望骆伟科一家。通过医院的手术直播，他们观看了骆妈妈的手术过程。谢红英说:"目前我们在全市妇联系统发起捐款。我们希望她能尽快好起来。"临走,谢红英代表河源市妇联,先将一万元慰问金交到了小骆的阿姨手里。

骆伟科老家位于河源市龙川县,那里的人们也在以不同的方式关注着骆家的命运。很多人给羊城晚报记者打来电话。记者还了解到,龙川县委书记段邦贤、代县长韦钦强带头捐款,并于11日就如何救助骆伟科一家专门指示县相关分管领导。县委常委黄伟平当日上午召集县民政、教育部门和车田镇委镇政府主要领导进行研究,对救助骆伟科一家作出如下安排:一是由县民政、教育部门和车田镇委镇政府派相关领导专程到广州看望骆伟科母亲,送上慰问救助金和社会各界的初步捐款;二是由骆伟科所在的车田镇委镇政府认真做好救助工作,积极发动社会各界人士捐款,帮助解决好其实际困难;三是由当地教育部门做好少年骆伟科姐弟俩的思想工作,劝说其返校完成学业,学校免收一切费用并由镇政府负责其生活费,由其亲属当监护人。

12日上午,龙川县民政、教育部门和车田镇委镇政府相关人员来到广州三九脑科医院慰问骆妈妈,送上慰问救助金和社会各界人士的捐款近4万元。

◆**思考与讨论**

骆伟科的事迹给你什么启示?从媒体和各界对骆伟科的帮助,谈谈道德有何社会作用。

◆**要点提示**

1. 自强不息、坚韧不拔、乐观向上的进取精神;珍视亲情、奉孝敬老、知恩图报的传统美德;不畏艰辛、立志成才、报效祖国的人生追求。

2. 联系自身实际谈体会。

3. 道德的社会作用——指道德功能的发挥和实现所产生的社会影响及实际效果。通过调整人们之间的关系维护社会稳定;是提高人的精神境界、促进人的自我完善、推动人的全面发展的内在动力。

【**案例三**】

### 在德国逃票之后

在德国,一些城市的公共交通系统售票是自助的,也就是你想到哪个地方,根据目的地自行买票。没有检票员,甚至连随机性的抽查都非常少。一位中国留学生发现了这个管理上的漏洞,于是,很庆幸自己可以不用买票而坐车到处溜达,在几年的留学生活中,他一共只因逃票被抓过3次。

博士毕业后，他试图在当地寻找工作。

他向许多跨国公司投了自己的资料，虽然这些公司都在积极地开发亚太市场，可他都被拒绝了。一次次的失败，使他愤怒。他认定这些公司有种族歧视的倾向，排斥中国人。最后一次，他冲进了人力资源部经理的办公室，要求经理对于不予录用他给出一个让人信服的理由。

下面的一段对话很令人玩味。

"先生，我们并不是歧视你，相反，我们很重视你。因为公司一直在开发中国市场，我们需要一些优秀的本土人才来协助我们完成这个工作。所以你一来求职的时候，我们对你的教育背景和学术水平很感兴趣，老实说，在工作能力上，你就是我们所要找的人。"

"那为什么要拒绝我？"

"因为我们查了你的信用记录，发现你有 3 次乘公车逃票被处罚的记录。"

"我不否认这个。但谁会相信，你们就为这点小事而放弃一个自己急需的人才？"

"小事？我们并不认为这是小事。我们注意到，第一次逃票是在你来到这里后的第一个星期，检查人员相信了你的解释，因为你说自己还不熟悉自助售票系统，因此只是给你补了票。但在这之后，你又两次逃票。""那时刚好我口袋中没有零钱。""不，先生，我不同意你这种解释，你在怀疑我的智商。我相信在被查获前，你可能有数百次逃票的经历。""那也罪不至死吧？干嘛那么较真？我以后改还不行？""不，先生。此事证明了两点：一、你不尊重规则，不仅如此，你还擅于发现规则中的漏洞并恶意使用；二、你不值得信任，而我们公司的许多工作的进行是必须依靠信任进行的，如果你负责了某个地区的市场开发，公司将赋予你许多职权。为了节约成本，我们没有办法设置复杂的监督机构，正如我们的公共交通系统一样。所以我们没有办法雇佣你，可以确切地说，在这个国家甚至整个欧盟，你可能找不到雇佣你的公司，因为没人会冒这个险的。"这位仁兄的心中在暗骂多次"打倒帝国主义"之后，最后只能选择回国发展。

◆思考与讨论

这位中国留学生在德国因为有 3 次逃票被抓的经历，却付出了求职无门的巨大代价，这对正在求学的我们有何启示？这位学生回国能找到理想的工作吗？如果你是国内某大公司的老板，会不会聘用这位高才博士生？

◆要点提示

1. 因为这位博士的 3 次逃票被抓的经历，却付出了求职无门的巨大代价的事实，为正在求学的大学生敲响了诚信道德的警钟，在校大学生不仅要技能过硬、本领高，更要有高尚的道德，讲究诚信。

2. 大学生的诚信意识、诚信行为、诚信品质，不仅关系着自己的求职就业和前途命运，也关系着良好社会风尚的形成，关系着社会主义和谐社会的构建，在一定意义上还关系着中华民族的未来。

3. 诚信是大学生树立理想信念的基础，诚信是大学生全面发展的前提，诚信是大学生进入社会的"通行证"。当前，从总体来看，当代大学生的诚信状况是好的，但在少数大学生身上也出现了诚信缺失的现象。社会主义市场经济的正常运行需要每个人诚实守信、遵守契约。

4. 民主法制建设需要社会成员遵纪守法、相互信任。大学生只有树立诚信为本、操守为重的信用意识和道德观念，"以诚实守信为荣，以见利忘义为耻"，努力培养诚实守信的优良品质，奠定立足现代社会的道德基石，才能成为高素质的人才，承担起社会责任和历史使命。

5. 诚信事关一个人的生存，如果一个人没有良好的信用，你的能耐再大，也会遭人唾弃、处处碰壁。因此在校大学生要在以后的学业生涯中自觉加强道德修养，恪守诚信，努力锤炼个人品德，成为德才兼备的引领良好社会主义道德风尚的一代新人。

【案例四】

## 贫穷夫妇捡来 4 万元巨款饱受 10 年良心拷问

日前，一对来自吉林省延吉市郊农村的夫妇，将捡来的 4 万元钱交给了延吉市公安局，请求公安局为他们找到失主。

这本是一个"拾金不昧"的简单故事，然而对于故事的主人公来说，却一点也不简单。因为这笔钱"像一座大山，压得我们 10 年喘不过气来"。男主人说，"我们做了一件错事，不能一错再错了！现在我们只想做回一个诚实的人"。

4 万元从天而降

这对夫妇非常勉强地接受了记者的采访，却坚决不让记者报道他们的名字——他们认为"太丢人了"。记者只好为他们取了化名：苏大友和毕天淑。

49 岁的苏大友是一位出租车司机，妻子毕天淑没有工作，还是一个重症肝硬化病人。他们有一个今年刚满 16 周岁的儿子。

1996 年夏天的一个夜晚，苏大友的出租车上来了一男一女两位乘客。到地点后，计价器显示应付费 6.3 元，而两人却坚持只给 5 元钱，还骂了很多难听的话，最后竟一分钱没给就扬长而去。两人离开不久，苏大友发现车后座上有个布包，打开一看，里面竟然是一大堆钱，有 50 元的，有 10 元的，整整 4 万元！

苏大友这辈子都没见过这么多钱，想想自己把所有家当卖了也不到 1 万元，这笔钱足够他买辆二手车或盖间新房子了。他突然感到很害怕。他把钱放到了朋友那里，没再拉活，回家连妻子也没敢告诉。

4 天后，几个身材魁梧的男子找到了苏大友，其中一个人就是几天前乘车的男子。还没等苏大友反应过来，几个人就把他拉上了一辆卡车，气势汹汹地一遍遍问他捡没捡到 5 万元钱，又把他带到当地派出所，对警察说苏大友捡了他们丢的 5 万元钱不还。苏大友既害怕又生气，就一口咬定没有捡钱。"我要是承认了，哪里去找那多出的 1 万元啊。"苏大友对记者说，"当时自己也是私心作怪。"毕竟，对他贫穷的家来说，4 万元的诱惑力太大了。

半年后，警察再次询问苏大友是否捡到了钱，他再次否认了。

10 年饱受良心拷问

知道丈夫捡了巨款，毕天淑也害怕了，整天提心吊胆，"钱放在那儿，可我俩就是不敢动，摸一下都觉得难受"。

为了维持生活和给妻子治病，苏大友曾经卖过豆腐、烤过地瓜、卖过血肠、种过菜，后来才开上了出租车。他说："我什么都干过，就是没有撒过谎。平生第一次昧了良心，那种难受劲儿就别提了。"

夫妻俩从此再没有过过一天安生日子。穷困的生活太需要钱了，而"良心"二字在他俩的交谈中出现的频率也越来越高。

毕天淑治病需要一大笔钱，曾经几次住院，向亲戚朋友借钱都借遍了，她也没敢动用一分那笔捡来的钱。苏大友后来也患上了肠炎、腰疼等多种疾病。有几次，为了给妻子看病买药，他曾悄悄动用过几张捡来的钱，但一挣到点钱马上又补齐了。

10 年里，苏大友夫妇一直饱受着道德良心的折磨。意外之财没带来任何欢乐，相反使他俩陷入了无尽的痛苦之中。苏大友原来开朗活泼，此后却变得沉默了，毕天淑的病情也日益加重。

毕天淑说："我们做了错事，没法教育自己的孩子，没法跟朋友说，没法跟亲戚讲，压力太大了。"

"啥也比不上做诚实人重要"

毕天淑说，这些年来，他们的孩子渐渐大了，对一些问题开始有了自己的看法，夫妻二人的心病也越来越重了。"我们不是诚实的人，却天天教育孩子做人要诚实守信，有的时候，对孩子讲着讲着心里就突然没了底气。"说着，她哭了。

"我儿子特别懂事，6 岁的时候就知道给我做饭吃。家里穷，他就跟我说：妈妈，你别急，等我学了本领，长大后有了工作，专门给你买好吃的。每天他上学前，都会叮嘱我：不要总和别人说人家的家长里短，那样很不好，还容易引起邻里纠纷，你要是在家待腻了就到外面散散步，这样对你的身体也有好处。越看着这孩子懂事，我就越揪心。

"我这病已经很重了，说不定哪天就没了。一想到我们做了这样一件不好的事情，并且对孩子隐瞒了那么多年，就感觉很羞愧。我最怕将来孩子知道了这件事，会为我们的行为感到耻辱，抬不起头做人。"

"这些天我一直看电视上关于那个小女孩欣月的故事（欣月，一位失明儿童，在生命垂危之际，她最想去天安门看升国旗。因行动不便，2000 名长春市民为她模拟了一次'天安门'广场升旗仪式。都市快报曾作报道。——编者）。我想，是谁救了她？其实是她自己救了自己。她在病那么重的情况下，想的却是到天安门看升国旗，她的行为感动了千千万万的人，反过来，大家帮她，她的病能治了。这个世界上，善有善报。我们的事做得不光彩，所以自己的身体也一天不如一天。"

苏大友说："现在我们终于想明白了，啥也比不上做回原来那个诚实的人重要。"

苏大友夫妇终于在亲人和朋友的鼓励下，走进延吉市公安局。"尽快帮这笔钱找到主人，哪怕失主让我们卖房子还利息也都认了，如果找不到失主就捐到当地的慈善机构。"这是这对患难夫妻对警方的唯一请求。

良知战胜了贪欲

延吉市公安局刑警二中队一位姓韩的工作人员说，工作了这么多年，这样的事情他还是头一次遇到。"这是一对非常善良的夫妻，他们的行为会让很多人反思自己，他们的事情应该让全社会知道。"

长春市民杨大宇认为，在当前很多人诚信缺失的情况下，苏大友夫妇能够战胜自己，要做诚实守信的人，他们的勇气非常了不起。

吉林省社会科学院副研究员郑沪生说，我们每个人在金钱面前都难免会发生一些动摇。苏大友夫妇经过长时间的思想斗争，最终良知战胜了贪欲，是非常不容易的。在社会观念多元化的今天，最危险的就是守不住自己的道德底线。苏大友夫妇的行为值得尊敬。

苏大友一家三口住在岳父转让给他们的一间不到 50 平方米的小平房里，还欠着老人 4000 元钱。眼下，他们又面临着房屋拆迁的难题。但苏大友说，自从把钱交到了公安局，"虽然日子挺紧巴，但感觉踏实多了！"

◆**思考与讨论**

苏大友夫妇为什么要还钱？你如何评价他们的行为？谈谈你对"啥也比不上做诚实的人重要"这句话的理解。

◆**要点提示**

1. 道德的功能集中表现为，它是处理个人与他人、个人与社会之间关系的行为规范及实现自我完善的一种重要精神力量。在道德的功能系统中，主要的功能是认识功能和调节功能。道德的认识功能是指道德反映社会现实特别是反映社会经济关系的功效与能力。

2. 道德往往借助于道德观念、道德准则、道德理想等形式，帮助人们正确认识社会道德生活的规律和原则，认识人生的价值和意义，认识自己对家庭、他人、社会的义务和责任，使人们的道德实践建立在明辨善恶的认识基础上，从而正确选择自己的道德行为，指导自己的道德实践，积极塑造自身的道德人格。

3. 道德的调节功能是指道德通过评价等方式，指导和纠正人们的行为和实际活动，协调人们之间关系的功效与能力。这是道德最突出也是最重要的社会功能。道德评价是道德调节的主要形式，社会舆论、传统习惯和内心信念是道德调节所赖以发挥作用的力量。如果道德反映社会发展的客观必然性，就能引导和激发人们的主动性和积极性，不断调节社会整体和个人的关系，使个人与他人、个人与社会的关系逐步完善、和谐，使人们的行为逐步从"实有"向"应有"转化。

4. 诚实守信是中华民族的传统美德和公民道德建设的重点。诚实就是真实无欺，既不自欺，也不欺人；守信就是重诺言，讲信誉，守信用。诚实和守信是统一的。公民道德建设以诚实守信为重点，既是对中华民族传统美德的弘扬，又是对当代中国道德建设的正确反映。在我国传统道德中，诚实守信被看作是"立身之本"、"举政之本"、"进德修业之本"，孔子甚至认为可以"去兵"、"去食"，而不可以无信。尽管世事更替、时代变迁，中华民族讲究诚信的精神始终延续不断。

5. 在发展社会主义市场经济、构建社会主义和谐社会的过程中，更加需要大力倡导诚实守信的美德。大学时期在个人成长经历中占有十分重要的位置，大学生应该懂得为人之道、处世之道、学习之道。大学生要自觉加强以诚信为重点的道德修养，提高个人精神境界，成为践行社会主义荣辱观和弘扬中华民族优良道德传统的典范。

# 延 伸 阅 读

## 修养是人生的第一课

有位哲人说过："一个值得崇敬的人，首先是一个有修养的人，他会很体面地照顾到大家的自尊心。"耶鲁大学有一批应届毕业生共 22 个人，实习时被导师带到华盛顿的白宫某实验室里参观。全体学生坐在会议室里等待该实验室主任胡里奥的到来。这时有秘书给大家倒水，同学们表情木然地看着她忙活，其中一个还问了句："有黑咖啡吗？天太热了。"秘书回答说："抱歉，刚刚用完了。"有一个名叫比尔的学生看着有点别扭，心里嘀咕："人家给你倒水还挑三拣四的。"轮到他时，他轻声说："谢谢，大热天的，辛苦了。"秘书抬头看了他一眼，满含着惊奇，虽然这是很普通的客气话，却是她今天听到的唯一的一句。

门开了，胡里奥主任走进来和大家打招呼，不知怎么回事，静悄悄的，没有一个人回应。比尔左右看了看，犹犹豫豫地鼓了几下掌，同学们这才稀稀落落地跟着拍手，由于不齐，越发显得零乱起来。胡里奥主任挥了挥手："欢迎同学们到这里来参观。平时这些事一般都是由办公室负责接待，因为我和你们的导师是老同学，非常要好，所以这次我亲自来给大家讲一些有关情况。我看同学们好像都没有带笔记本，这样吧，秘书，请你去拿一些我们实验室印的纪念手册，送给同学们作纪念。"接下来，更尴尬的事情发生了，大家都坐在那里，很随意地用一只手接过胡里奥主任双手递过来的手册。胡里奥主任脸色越来越难看，走到比尔面前时，已经快要没有耐心了。就在这时，比尔礼貌地站起来，身体微倾，双手握住手册恭敬地说了一声："谢谢您！"胡里奥闻听此言，不觉眼前一亮，伸手拍了拍比尔的肩膀："你叫什么名字？"比尔照实作答，胡里奥微笑点头回到自己的座位上。早已汗颜的导师看到此情景，微微松了一口气。两个月后，毕业生去向表上，比尔的去向栏里赫然写着该军事实验室。有几位颇感不满的同学找到导师："比尔的学习成绩最多算是中等，凭什么选他而没选我们？"导师看了看这几张尚属稚嫩的脸，笑道："是人家点名来要的。其实你们的机会是完全一样的，你们的成绩甚至比比尔还要好，但是除了学习之外，你们需要学的东西太多了，修养是第一课。"

的确，修养对于年轻人来说是非常重要的。做事先做人，这句话是很古老的一句话，却永不过时！一个人的道德修养是其事业的基础所在，没有修养的人是处处不受欢迎的。我们在事业开始之前一定要先学会做人，因为人际关系将左右我们的前途与命运，特别是在我们这个更重人情关系的国家。

——资料来源：文章阅读网

## "最美妈妈"吴菊萍徒手接住坠楼儿童

两岁女孩突然从 10 楼高空坠落，眼看即将成为悲剧。刹那间，一个勇敢的妈妈毫不犹豫冲过去，徒手抱接了一下女孩儿，手臂瞬间被巨大的冲击力撞成粉碎性骨折。但是，由于她奋不顾身的这一接，女孩稚嫩的生命得救了。

从 2 日起，发生在杭州一小区这惊险而感人的一幕一直在网络上热传，无数网民为之动容，称徒手接住坠楼女孩的英雄妈妈吴菊萍为"最美妈妈"。

**面对高空坠落的孩子，她毅然伸手去接**

7 月 2 日下午开始，微博上迅速传递着这样一条消息：

2 日中午，当时正逢午休，杭州某小区如往日般宁静。突然，一声惊呼从 22 幢的 10 楼传出："不得了了，小孩子要掉下来了！"呼救的是 22 幢 10 楼的一位阿姨，在她家隔壁，一个 2 岁左右的小女孩双手抓着窗框，双脚踏空，整个人悬在窗外摇摇欲坠，只坚持了不到两分钟就突然掉落。

正当人们以为惨剧就要发生的时候，楼下一位路过的女士突然踢掉高跟鞋，往楼下快速靠近几步，向空中张开了双臂！

"砰"的一声，小女孩重重地砸在这位女士的左臂上，滚落在一旁的草坪里，由于巨大的冲击力，这位女士也重重地倒了下去……

这一幕，很快被目击者发到了网上。网友"围脖"说："这一接是本能，多想一秒都来不及接，勇敢忘我救人，温暖感动致敬。"

当日，相关微博被转发 7000 多次。"pamphlet"网友感慨："从物理学上讲几乎是不可能的，但爱的世界没有力学。那一瞬间，一个平凡的女人学会了乾坤大挪移，完成了一个奇迹。"

发生此起事件的杭州某小区的业主们也在业主论坛上开了祈福专帖，纷纷为不慎堕楼的妞妞和那位勇敢的女士祈福。

**身负重伤"最美妈妈"：我不过是出自一个妈妈的本能**

3 日下午，新华社"中国网事"记者在杭州富阳市中医骨伤医院三楼病房见到了因无畏救人而被网民称为"最美妈妈"的吴菊萍。

2日中午的那令人惊叹的一接，保住了两岁女童宝贵的生命，却让救人的吴菊萍受到了严重的身体创伤。

躺在病床上的吴菊萍比记者想象中显得更娇小，瘦弱的身体裹在一件薄薄的棉布小洋裙里，左臂被缠上了厚厚的绷带。她床头的病历卡写着"吴菊萍，1980年出生，左尺桡骨多段粉碎性骨折。"

"尺桡骨是人手臂中最精巧的一根骨头，不仅起支撑的作用，还负责手臂旋转功能。"吴菊萍的主治医生金登峰是著名的骨伤科专家，他告诉记者，像吴菊萍这样的伤势，在尺桡骨骨折中算非常严重的。

金院长说，她是冒着生命危险做这件好事的。"如果孩子偏差一点点，落在她脖子上，她可能高位截瘫；落在头上，就可能当场死亡。"说着说着，金院长不免感慨，"我也是一位15岁孩子的爸爸。我非常敬佩吴女士，这就是母亲的伟大！"

在病床上，吴菊萍向记者讲述起当时惊险的一幕时，只微笑着淡淡说了一句——"这是本能，是一个母亲应该做的事情。"

记者采访了解到，今年31岁的吴菊萍自己有一名刚刚7个月大的儿子，在救人前她健康活泼的儿子还没有断奶。

但是，由于吴菊萍治疗时要服大量药物，医生建议她给孩子断奶。吴菊萍说："我儿子7个月，还没有断奶，本想再喂一段时间，现在为了治伤不得不为孩子断奶了。"

"不过我没有后悔，毕竟我接住的是一条生命，现在最大的心愿是妞妞能够平平安安。"她一脸恬静地说。

在爱人小陈眼里，吴菊萍是个非常有责任感的人，"特别是做了母亲之后，变得勇敢，凡事敢担当"。

他告诉记者，吴菊萍是阿里巴巴的一名员工。事发后，她第一时间打电话到公司。"电话中她只是说胳膊断了，可能要请三个月的假，语气轻描淡写"。

正在输液的吴菊萍则在旁边示意爱人不要再讲下去，她说："我是个农村来的孩子。我一直蛮普通的。没啥特别的。"

微言蜜语：

世界上最伟大的职业——妈妈

"最美妈妈"徒手接女童的事件在微博上一经发布，引起众多网友关注。舒淇、赵薇等明星也纷纷转发并表达对"最美妈妈"的敬佩之情。有网友称，"最美妈妈"本身也是一个七个月大孩子的母亲，她的行为证明了一个真理——世上最伟大的职业就是妈妈。

赵小允：我们应该为她记录这个瞬间，她给自己的孩子提前上了最好的一课。向英勇的妈妈鼓掌！

无所不Z疯狂兔不死鸟：找个好的骨科大夫给她治疗，一定要痊愈，不惜一切代价！

麦田：这是真正的"英雄母亲"啊。

纯真一派：向勇敢的母亲致敬！

诗莹：像保护自己的孩子一样去保护别人的孩子，社会才会有希望！

某人一一：向吴妈妈致敬！作为一名小孩六个月的妈妈，我真的非常感动！

梁旭朗Raymond：致敬！听说徒手接住10楼掉下的2岁女孩，不顾自己的危险，那一刻，估计她什么都没想，义无反顾就冲上去。

JeeP赛人：你的一托不仅仅救人一命，你托起了中华民族的豪勇。

hate：扪心自问了一下，自己在那种情形下可能做不到。感动……

借来的火：老吾老以及人之老，幼吾幼以及人之幼，您是践行者，向吴菊萍女士致敬！

——节选自《都市快报》

# 道德的大厦

2001年9月11日美国世贸大厦被撞时，一位坐在轮椅上的妇女正在第86层。在当时的情况下，像她这样一个靠轮椅行走的人，要从这么高的楼层中逃脱出来，成功率几乎为零。可她竟奇迹般地毫发无损地逃出来了。她说，一位并不相识的逃生者，硬是将她和轮椅从86层一直扛到5层才被人群冲散。

在危难时刻，虽然楼梯里挤满了人，但是却紧张而有序。当楼上开始有担架抬下来时，大家又主动让出一条通道，让伤员先走。接着，在大楼里工作的盲人带着导盲犬下楼来，大家也纷纷让路。消防队员背着沉重的消防器材向上冲，尽管大家都很干渴，但人们还是把自己仅有的一点水拿给他们喝……

危难中，真情传递，让人们感受到了道德的力量。虽然世贸大厦倒塌了，但是，危难中，人们用至爱真情建起了一座道德与友爱的大厦，这座大厦，是无上崇高的，是任何恐怖主义者也摧毁不了的。

这些天，报刊上连篇累牍地报道"9·11"事件的前因后果和反恐怖主义的报复行动，却忽略了这次恐怖事件中临危而起的道德大厦。

当人们的注意力都集中在如何摧毁恐怖主义头子本·拉登，又如何在废墟上重建一座雄伟的世贸大厦时，不妨留心回顾和反思一下，因为，人们心中的道德大厦，已经建起来了，而道义的力量，早已使人们在心中将本·拉登彻底地摧毁了。

——资料来源：《生活时报》

# 5 个品德修养人生励志故事

### 1. 责任改变了一个人的命运

沃尔顿是一个普通的年轻人，但他凭借自己的努力终于考上了著名的耶鲁大学。然而他的家里实在是太贫穷了，大学的学费对于这个小家庭来说根本承受不起。但是，沃尔顿并没有放弃学业的想法，他决定趁假期去打工，用赚来的钱充当学费。沃尔顿的父亲是一名油漆工，因此他从小也会做这项工作。经过自我推荐，沃尔顿接到了为一大栋房子做油漆的业务，尽管房子的主人迈克尔很挑剔，但给的报酬很高。沃尔顿很高兴地接受了这桩生意。在工作中，沃尔顿自然是一丝不苟，他认真和负责的态度让几次来查验的迈克尔感到满意。终于，这栋房子只差最后一面墙就完工了。沃尔顿为拆下来的一扇门板刷完最后一遍漆，刚刚把它支起来晾晒。做完这一切，沃尔顿长出一口气，想出去歇息一下，不想却被脚下的砖头绊了个趔趄。这下坏了，沃尔顿碰倒了支起来的门板，门板倒在刚粉刷好的雪白的墙壁上，墙上出现了一道清晰的痕迹，还带着红色的漆印。沃尔顿立即用切刀把漆印切掉，又调了些涂料补上。可是做好这些后，他怎么看怎么觉得补上去的涂料色调和原来的不一样，那新的一块和周围的也显得不协调。于是，沃尔顿决定把那面墙重新刷一遍。这样，沃尔顿又花了一天的时间才把墙刷好。第二天，沃尔顿一大早就来到了房子里，等着房主来验收。可是这时他发现新刷的那面墙又显得色调不一致，而且越看越明显。沃尔顿叹了口气，决定再去买些材料，将所有的墙重刷，尽管他知道这样做，他要花比原来多一倍的本钱，他就赚不了多少钱了，但沃尔顿还是决定要重新刷一遍。这时，迈克尔就来验工了。沃尔顿向他说了抱歉，工期要延长一天了。他如实地将事情和自己内心的想法说了出来。迈克尔听后，不仅没有生气，反而对沃尔顿竖起了大拇指。作为对沃尔顿工作的负责态度的奖励，迈克尔愿意赞助他读完大学。此后，沃尔顿的一生改变了，他顺利读完大学，毕业后还娶了迈克尔的女儿为妻，进入了迈克尔的公司。十年后，他成了这家公司的董事长。而后，他建立了举世闻名的全球最大的连锁超市集团——沃尔玛。

人生感悟：其实，改变沃尔顿命运的并不仅仅是那一面墙，更是他对工作认真负责的态度。林肯曾经这样解释过责任："每一个人都应该有这样的信心：人所能负的责任，我必能负；人所不能负的责任，我亦能负。如此，你才能磨炼自己，求得更高的知识而进入更高的境界。"

### 2. 勿以恶小而为之

在一个池塘边上，住着一只鼹鼠和一只青蛙。它们俩是邻居，也是很好的朋友。鼹鼠对青蛙很好，抓来的吃的总是想着分给青蛙一点儿。可是青蛙并不喜欢鼹鼠，他觉得鼹鼠样子傻傻的，动作也很笨，于是想捉弄一下它。这天，青蛙一大早就找到了鼹鼠，向鼹鼠讲起游泳的乐趣，鼹鼠听后非常羡慕，可是自己却不会游泳。于是青蛙担保说："放心吧，朋友，我会保证你安全的。我可以用一根绳子把我们连在一起，这样你就安全了。"鼹鼠听后放心了，跟着青蛙一起跳进了水池。然而一进到水里，青蛙就开始大展神威，它时而游得飞快，时而潜入水底。笨鼹鼠哪里能想到，一根绳子怎么能让它平安呢！鼹鼠在水里挣扎着，灌了一肚子水，泡胀了漂浮在水面上。这时，天空中一只正在觅食的鹞鹰看到了漂浮在河面的鼹鼠，于是它俯冲下来一把抓起了鼹鼠并吃掉了它。可是，那根相连的绳子把青蛙也带了起来。吃掉鼹鼠后，意犹未尽的鹞鹰因此也吃掉了青蛙。

人生感悟："勿以恶小而为之，勿以善小而不为。"青蛙存了害人之心，最后遭到了报应。因此，正直不仅仅是一种品质，更关系到我们每个人的命运。

### 3. 善良的土著

有时候，我们总是感叹自己的能力太有限，而世界上需要我们去奉献的事情又太多了，于是有时面对别人需要帮助时，我们却无法伸出援手。杰克去美丽的澳大利亚旅游。一天黄昏，美丽的夕阳照在平静的海滩上。杰克一个人在海滩边上漫步徜徉，忽然看见远处有一个当地的土著人在不停地蹲下、起立、然后再甩手，好像举行一个祷告仪式。走近些时，他发现原来是一位土著人在沙滩上拾起一些东西，然后用力地抛到海里去，并且重复不停地把拾起的东西扔到海里。他在做什么呀？杰克心里很纳闷——等到走近些，杰克看见原来这土著人在不停地拾起由潮水冲到沙滩上的海星，用力地把它们抛回大海去。杰克慢慢走过去，向土著人说："你好，先生，你在做什么呀?"土著人边做边说："我把这些海星抛回海里。你看，现在正是退潮时，海滩上这些海星全是被潮水冲到岸上来的，如果不把它们送回大海去，这些海星很快便会因缺氧而死去——这项工作的确挺麻烦的，是吧?"杰克回答："可是，先生——这海滩有数不尽的海星，多如繁星，你是不是有能力把它们全部送回大海呢? 如果你真能做到，试想，这海岸还有很多海滩，你又哪有这么多工夫去处理呢? 先生，我要说，你太自不量力了。"土著人始终在微笑，好像没有听懂杰克的话，仍然在做着"无谓的工作"，过了一会儿，土著人说："但起码我改变了这只海星的命运呀——我举手之劳就能挽救一个生命——太值得了!"

人生感悟：一个人的力量的确有限，生活中有太多的不平事。作为善良的人。请不要感叹生活平淡，无所事事；也不要成天想做大事而忽略了眼前那些力所能及的事。虽然我们有很多美好的愿望不能实现，但从现在做起，从琐碎做起，兴许你在无意中就已经改变了周围乃至整个世界。记住，有时候你的举手之劳或许能够改变一个人的命运。从现在开始，去关注你身边的点滴"小事"吧。

4、诚信与生命的抉择

巴伦支是 16 世纪荷兰的一个商人，16 世纪末，为了避开激烈的海上贸易竞争，巴伦支率领 17 名船员出航，他的目的是从荷兰往北开辟一条新的到达亚洲的航行路线。不久，船行驶到了北极圈内的一个小岛上。船行驶在北极区域是非常危险的，巴伦支很想快速行驶过去，但是担心的事情还是发生了。一天清晨，船员们突然发现海面出现了大量的浮冰，船随时有被冰封的危险。如果这个时候返航，后面的路程可能浮冰更多，他们只能把船停泊在岛屿旁边，等待天气转暖。北极是地球上最寒冷的区域之一，气温只有零下 40℃～50℃，暖和的天气屈指可数，这里几乎每天都有暴风雪，冰冷刺骨、凶猛异常。恶劣的天气和岛上数米厚的积雪使北极圈内鲜有人居住。而巴伦支和他的船员们却在这种恶劣的条件下整整度过了 8 个月的时期。为了抵御寒冷，巴伦支拆掉了船上的甲板做燃料，用来保持体温；平时打一些北极熊等猎物来获取食物和衣服，当然这里的动物也是非常少的。这期间，有 8 名船员因身体虚弱相继死去了，巴伦支船长悲痛万分。尽管如此，他们却丝毫未动别人委托给他们捎走的货物——足以挽救他们生命的衣物、罐装食物和药品。终于，巴伦支船长和其他 9 名船员等到了海上的冰雪融化。他们加速行进，最终把货物完好无损地带回了荷兰，交送到了委托人手中。当委托人看到这些货品时，他们震惊了，无不佩服巴伦支的信誉和诚意。此事轰动了整个欧洲，同时给整个荷兰带来了利润——赢得了海运贸易的世界市场。在当时，荷兰只是一个很小的国家，陆地总面积 4.15 万平方公里，荷兰人口也只有 150 万，他们的各种能源和资源也十分贫乏，人们过着极为艰苦的生活。可是由于赢得了海运贸易的世界市场，这个曾被西班牙国王宣布为西班牙神圣不可分割的一部分，又不得不将自己的国家托付给英国女王伊丽莎白一世保护的荷兰，最终于 16 世纪末拥有了属于自己的国家，并开始崛起在世界民族之林，成为海上贸易最大的赢家之一。从那以后，荷兰几乎垄断了全欧洲的海运贸易，甚至发展到了地球的每一个角落，成为整个世界的经济中心和最富庶的地区。现在的荷兰经济也在世界上名列前茅，国内生产总值排名在世界前 15 位之内，人均收入达 2 万美元，被权威经济研究机构认定为全球国际竞争力排行第一位。而这一切，正源于巴伦支船队的壮举，源于他们忠于诚信的精神和商业法则。

人生感悟：诚实是一种力量的象征，它显示着一个人的高度自重和内心的安全感与尊严感。人宁可一无所有，但千万不能没有诚信，因为"人无信不立"。我们每个人都希望获得真诚，那么首先自己就要真诚。巴伦支船长和船员们用生命换回的诚信不仅仅是金钱，更是一种精神。不是每一次诚信都要以生命为代价，诚信也许会让你吃眼前"亏"，但你会成为最终的赢家。

5. 人格的伟大力量

1809 年 2 月 12 日，亚伯拉罕·林肯出生在一个农民的家庭。小时候，家里很穷，但是亚伯拉罕·林肯的父母很正直，教育林肯要守信正义。1834 年，25 岁的林肯当选为伊利诺斯州议员，开始了他的政治生涯。1836 年，他又通过考试当上了律师。林肯当律师后给自己订立了一个规矩——只为蒙冤正义者辩护。亚伯拉罕·林肯一直信守着自己的承诺。由于亚伯拉罕·林肯精通法律，口才很好，在当地很有声望。很多人都来找他帮着打官司。许多穷人没有钱付给他劳务费，但是只要告诉林肯："我是正义的，请你帮我讨回公道。"林肯就会免费为他辩护。亚伯拉罕·林肯在当地的法律界威望很高。一次，一个富翁请林肯为他辩护。林肯听了那个客户的陈述，发现那个人是在诬陷好人，于是就说："很抱歉，我不能替您辩护，因为您的行为是非正义的，我有自己的做事原则和承诺。"富翁无耻地说："难道你不想挣钱吗？我就是想请您帮我打这场不正义的官司，只要我胜诉，您要多少酬劳都可以。"林肯义正词严地说："只要使用一点点法庭辩护的技巧，您的案子很容易胜诉，但是案子本身是不公平的。假如我接了您的案子，当我站在法官面前讲话的时候，我会对自己说：'林肯，你在撒谎。'谎话只有在丢掉良心的时候，才能大声地说出口。我不能丢掉良心，也不可能讲出谎话。所以，请您另请高明，我没有能力为您效劳——我必须信守自己的诺言和原则！"富翁听完，羞愧地离开了亚伯拉罕·林肯家里。

人生感悟："信用是一种现代社会无法或缺的个人无形资产。诚信的约束不仅来自外界，更来自我们的自律心态和自身的道德力量。"在正直的人看来，诺言是无价的。这是正直的人为人处世的基本准则。在亚伯拉罕·林肯身上我们看到了人格的伟大力量。

——资料来源：星辰美文网

# 人生十二最

1. 人生最大的财富是健康

健康应该是最大的财富。但是，每一个身体健康的人都不会把这个压底的宝亮出来示人的。有的时候，有的人甚至活一生都没有晒晒自己的宝，等有机会了，却没能力拿出来晒了。其实健康指身心，非单指身体。在当今物欲横流之世，国人有几个是心态健康的？

2. 人生最可怜的性情是自卑

自卑是一种天性。每一个人的心底都有一点。有的人有些时候放大了这种体验就养成习惯了，变成了整个人都显示着自卑。其实，以社会形态和进化论看，当前人类的口号和现实的差距仍然是物竞天择、弱肉强食。否则，自卑的人不会有。可是，如今的现实是自卑的人和自卑的情绪每每存在。我期待有所转变。

3. 人生最大的债务是人情债

人情债大但不是最大。一个人给自己树立了理想之后，本来能通过努力去实现。但是，由于惰性、责任感不强、褊狭、不学习知识、不坚持等原因而导致蹉跎了岁月，为自己留下无尽的遗憾。我以为这是最大的债务。因为每一个人都应该首先为自己活，而且还要活出能值得反刍的滋味来。太阳照万物生，大树底下水分多。这样的道理许多人懂，但是许多人不愿意做。

4. 人生最大的破产是绝望

此为箴言，亦为真理。好在许多人的绝望体现在嘴上，而无法真正触及灵魂。现在自杀的人少了就充分说明了这一点。当然，绝望的人死了并不可惜。一个人如果有爱心、有悟性、有责任心、有忍耐力咋能绝望呢？不是有：路漫漫其修远兮，吾将上下而求索吗？这种精神应该成为民族精神。可惜，现在的教育只是一种"矫育"。

5. 人生最大的失败是自大

自大源于无知。中国人讲究反思、反省。其实能反思、反省的人都是学问深而且主要是自律严、肯尊重别人的人。当今时代这种人少之又少。于是，自大的人到处存在。好在还有人能发现这一点。这就是我活着的精神中的希望和光明。

6. 人生最大的无知是自欺欺人

自欺欺人者无知，这是对的。自欺欺人者最大的特点就是虚荣和虚伪。但是，这些人肯定是成功的次数比失败的次数多。这些人欺人如果一次次碰壁，就会罢手。上当者之所以上当是源于人类的贪欲。在藐视这些人的同时，我们每一个人都应该管好自己的贪欲。此乃自己之福、家庭之福、社会之福、未来者之福。

7. 人生最大的错误是自弃

自弃与自珍相对立。每一个人在不到万不得已时都不愿意放弃，不管放弃的是什么。何况是自弃。许多人都容易偏执，这是智识不足、忍耐力不足和学习不到位的最明显的特征。就本质而言自弃的人也就是狭隘到极点的人，也是经不起现实中的困顿、围攻、打击的人。人们形容狭隘的人是好钻牛角尖的人，而自珍的人其实也钻牛角尖。区别在于自珍的人往往想把牛角尖钻穿看世界。其实，自珍的人与自弃的人都有一个共同点，那就是自弃。而自珍的人的自弃是一种自我扬弃。去糟粕留精华应该是人生的追求，更应该是一种境界。

8. 人生最大的悲哀是嫉妒

反对此观点。嫉妒是与生俱来的。嫉妒和上进心其实应该是一对双胞胎。人没有嫉妒是不可想象的。人类的许多历史进步都与嫉妒有关。当然，人类的许多灾难也与嫉妒有关。我觉得人生最大的悲哀是没有把嫉妒转化和消化的能力。其实，人类是尾巴最多的动物，尽管这些尾巴都是隐形的。但是，每一个有开悟能力的人、有觉醒意识的人、有敢于直面自己阴暗面的人都应该承认自己的尾巴多。知耻近乎勇，说的就是这个道理吧。

9. 人生最大的敌人是自己

在社会安定时期，这句话对的成分多。但是，在社会不安定时期这句话还需要自己认真想，下决心闪避。不能排除有一部分人就以整人为乐，以整人而实现或者达到自己的目的和野心。所以，在社会安定时期一个人想有所发展先要练好内功，努力把自己的天然的尾巴蜕化掉。这样一来，真金不怕火炼才能成为事实存在，而且是金子总会发光终成必然。当然记住还要有忍耐力。而在非安定时期，除了自己努力外，就不得不考虑现实中的不利因素了。历史上人类的多次迁徙，除了政府的决定外，有许多人主动迁徙不一定都与战乱有关，也肯定与"敌人"的威胁有关。那么，我们为了生存好一点或者说纯粹为了生存，必须要头脑清醒。该迁徙时不能犹豫，避祸趋吉应该是人类的本能。任何时候都不要忘记这一本能。

10. 人生最大的欣慰是奉献

这句话听起来有点高调。同时，我以为人生最大的欣慰是通过努力找到自己的发展方向。如果在此基础上能为周围的人送去温暖、亲和和力量，人活着才有价值。奉献按人类的天性看本质上是一种附加值。当然，我不怀疑有的人能把这种附加值演化成一种人生境界。这也其实是人类追求的理想吧。因为有这些人的存在，人类的精神家园有了更多的亮丽和温暖。如果什么时候人们把奉献当成了一种享受，我们的世界里就少了恐惧，多了开心。那时候谁也不用说什么不是幸福，那时候谁也知道了什么就是幸福。

11. 人生最珍贵的礼物是宽恕

人活着必然要和别人交往，交往就免不了发展礼物产业。人往往因为要送礼物而累，也因而感觉生存的牵累和无奈。而此提法就比较新颖，有釜底抽薪的通透感。就我的感觉这一提法即宽恕这个礼物，应该是每一个人送给自己的警策和对自己做人底线的最有效、最值得光大的品质。有了这一品质的人才有可能光大自己的理想、事业以及人格，才能赢得人们的尊重、认可，才有可能更好地融入人群，找到自己生存和发展的正确坐标和空间。历史和现实一直在警示人们千万不能得理不让人，也告诉人们不要对一些当前的欺辱和诟骂耿耿于怀。由于没有宽恕的品质许多人没有来得及成功就被别人按了下来，甚至直至按死。因此，我要说宽恕需要感悟，需要容纳。藏污纳垢是每个人必经的过程，但是变废为宝不是每一个人都能做到的。诚为诚！

12. 人生最可佩服的是精进

我同意这一观点。人生不追求精进，就难以有发展。不追求精进恐怕是守住已有的东西都难。这是自然演变规律，也是社会发展规律。社会变革如同天气或者季节的变化，既有温情的一面，也有残酷的一面。自然灾害往往会是突发的，人也有可能会突遭灾难。这就考验人的意志和毅力。但是，人具有顽强的意志和毅力是需要一定的基础的。我理解的精进就具有这样的奠基作用。在精益求精中前进不是每一个人都能做到的。现实中妄自菲薄和妄自尊大的人比比皆是。一个人要想做到精进其实需要多次蜕化。一般人能做到蜕化一次就不错了，就能拥有成功以及成功的感觉。其实，人类的发展需要我们每一个人能多次完成自己的蜕化。这种蜕化是人类真正强大的基础，也应该是动力，更应该是努力的方向。这样一来，人类的隐形尾巴才会显得不再多，才会越来越少。那样，这个世界才是积极的、阳光的。

——资料来源：文章阅读网

# 第五章　遵守道德规范　锤炼高尚品格

## 一、教学目标

**【知识目标】**

1. 了解公共生活、职业生活、家庭生活中的道德规范要求。

2. 认识公共生活和公共秩序的基本特点和要求。

3. 正确认识和对待爱情，了解和掌握道德和法律对婚姻家庭的基本要求。

**【能力目标】**

1. 能够明确公共生活的有序化对社会发展的意义所在，自觉维护有序的公共秩序。

2. 能够正确认识和对待爱情，树立正确的恋爱观与婚姻观。

**【素质目标】**

1. 能够自觉地强化公德意识，遵守公共生活的法律规范，养成良好的文明礼貌的行为习惯。

2. 能够正确认识当前我国的就业形势，提高自身的职业道德和职业法律素质，培育高尚的职业精神，树立正确的择业观和创业观。

3. 能够树立正确的恋爱观与婚姻观，加强个人道德修养，追求崇高的道德境界。

## 二、教学重点

明确公共生活需要公共秩序，理解社会公德五个方面的内容。明确个人品德养成的四个方法，自觉加强道德修养和法律修养。

## 三、教学难点

遵循网络生活中的道德要求。树立正确的恋爱观、婚姻观。

# 实 践 拓 展

**【实践项目一】**

社会调查：校园不文明行为调查

**【实践类型】**

社会实践类

**【实践目标】**

要求每一位同学都拿起自己手中的手机和相机，去发现校园内的不文明行为。注意在拍摄过程中，不要发生矛盾和冲突，不要侵犯他人的肖像权，要尊重他人，不要在拍摄过程中发生不文明行为。通过这一活动，让同学们去发现校园内的不文明行为，通过反面教材教育大学生，增强大学生的道德意识，规范大学生的文明行为。

**【实践方案】**

1. 任课教师把这次实践活动的目的、要求告诉同学们，强调整个过程要文明。

2. 学生利用手机或相机拍摄校园内的不文明行为。

3. 以班级为单位把照片发到每位任课老师的作业平台里。

4. 教研室组织教师对照片进行评比。

**【实践项目二】**

社会调查：大学生谈恋爱现象

**【实践类型】**

社会实践类

**【实践目标】**

调查当前大学生谈恋爱的比例，谈恋爱的原因，恋爱成功的比例。分析大学时代谈恋爱的利与弊，帮助树立正确的恋爱观与婚姻观，加强个人道德修养，追求崇高的道德境界。

**【实践方案】**

1. 通过网上调查、发放调查问卷、实际考察等方式了解大学生谈恋爱的情况。

2. 分析各项反馈信息。

3. 总结大学时代谈恋爱的利与弊。

# 知 识 运 用

【案例一】

## 英国人威廉·林赛自发在长城捡垃圾十年

本该被人们爱如珍宝的长城，却时刻经受着垃圾的玷污。今年，英国人威廉·林赛和怀柔村民，自发在长城上捡垃圾，已有 11 载。10 年前，英国人威廉·林赛，在雁栖镇的西栅子村建起长城环保组织，吸纳 6 名当地村民作为环保员，定期到长城上捡拾垃圾。

威廉·林赛前不久曾做过这样一个调查：他在通往长城的小路旁守了一小时，发现前来游览的游客中只有 25％ 的人，能自觉地把垃圾带回家；随处丢弃垃圾的，竟然多达 75％！

这样的调查虽带有偶然性，但村民的讲述也证实了，现在仍有不少游客很不自觉。环保员孙宝利这样向记者介绍说，雁栖镇内的明代古长城，沿线途经神堂峪、官地、莲花池、西栅子 4 个行政村，全长 20 公里。这段长城上的北京结、九眼楼、鹰飞倒仰等都是人类建筑史上的奇迹，也是村民们的重点打扫段落。

威廉坦言，单靠他们，长城上的垃圾是捡不完的。于是，这几年，他四处宣传、演讲，目前已吸纳了来自中国、德国、澳大利亚等国的 50 多名固定环保会员，赴长城捡拾垃圾的志愿者已达上千人次。"我真希望，所有的游客都能爱护这个伟大的奇迹，不要再随手扔垃圾了。"威廉动情地说。

——《北京日报》

◆思考与讨论

结合材料，联系实际，谈谈大学生应当如何加强社会公德意识，践行社会公德规范？

◆要点提示

1. 社会公德是指在社会交往中公民应该遵守的道德准则。社会公德的主要内容有文明礼貌、助人为乐、遵纪守法、保护环境、爱护公物。

2. 根据材料，我们可以得出，社会公德可以反映出一个国家的文明程度。当代大学生是我国传播社会公德意识和践行社会公德规范的重要力量。大学生应在学习生活中注重良好习惯的养成。

3. 积极参加课外活动，在实践中培养社会公德意识。参加志愿者服务等公益活动，参加社会公德宣传，传播文明新风，也可以结合自己的专业特点回报社会。

4. 从小事做起，如不随手扔垃圾，不随地吐痰，随手关灯、关水龙头等，带头践行社会公德规范，并带动他人，影响社会。

【案例二】

## 网络生活中的社会公德

网络以不可思议的速度发展着，在短短十几年内全方位冲击着我们的生活。网络世界就像潘多拉的魔盒，在我们惊叹互联网创造的一个又一个奇迹时，阴暗丑恶的网络犯罪也浮出了水面。

网上侵犯隐私：2011 年 11 月中下旬的一天，家住连云港的王某通过网络共享进入章某的个人电脑，将章某存放在电脑中的个人隐私照片复制到自己电脑上并刻录一张光盘。章某是一年轻时尚的女孩子，欲将自己最青春的身体永驻，不好意思去影楼拍摄，遂在家让男朋友拍摄了一系列全裸的照片存放在个人电脑里。无奈，章某的电脑被不怀好意的人侵入，并被王某通过侵入电脑获悉名字及邮箱地址。11 月 26 日下午，王某化名周黎明发电子邮件给章某，威胁章某准备 3 万元给他，不然将在网上公开、泄露其隐私照片。11 月 28 日，王某又发电子邮件给章某，要求其在 12 月 10 日前准备好钱。12 月初，王某与章某通过网络谈定 2 万元平息此事。12 月 9 日，王某被抓获。

网上实施盗窃：2011 年 10 月 29 日晚，杨某、高某、顾某至无锡市芦庄自由人网吧上网。次日凌晨，杨某发现在其邮箱内有安装的木马程序及该程序从网上截取到的葛某在工商银行牡丹灵通卡账号、密码，即先后 22 次用此账号、密码为自己和高某、顾某的游戏卡进行充值计人民币 870 元。后见卡上尚有余额人民币 15564.88 元时，三人合谋并商定由顾某去工商银行办理一张牡丹灵通卡将余额窃走。当日上午 9 时许，顾某办好牡丹灵通卡回到网吧，由杨某通过网络将 15560 元转至顾某新办的卡上。随后三人至工商银行芦庄自动取款机上，由杨某取出人民币 5000 元，而后又至工商银行中桥分理处，由顾某取出人民币 10000 元，所得赃款三人平分。

由此可见，互联网在成为信息传播和交流的便捷手段的同时，也成为不法分子实施违法犯罪活动的新型工具。为了保障互联网的正常运行，我们不仅需要法律的约束，而且还需要道德的规范。

◆思考与讨论

思考一下，网络生活中大学生如何做到遵守社会公德？

◆要点提示

虚拟的网上活动与现实社会的活动在本质上是一致的。大学生的自由在本质上是理性的，必须具有道德意识，不能认为匿名、数字化的交往就可以随意制造信息垃圾、进行信息欺诈。

大学生应当遵守以下网络道德规范：

1. 正确使用网络工具，利用网络为社会和人类作出贡献，不应用计算机去伤害别人；

2. 做到网上行为诚实守信，不应在网上发布虚假信息；

3. 尊重包括版权和专利在内的知识产权，不应未经许可而使用别人的计算机资源；

4. 尊重他人的隐私，养成网络自律精神，不应窥探别人的文件或泄漏相关秘密；

5. 慎重使用计算机，不应干扰别人的计算机工作；

6. 科学选择网络资源，进行健康的网络交往，不应浏览黄色或反动的网络信息。

【案例三】

## 文化盛宴中的"不文明"

2006 年春节前夕，著名钢琴演奏家理查德·克莱德曼的钢琴音乐会如期在海南省海口市举行，让海口市市民享受到了高雅艺术的魅力。然而，在欣赏音乐会的时候，观众席中却传来了一些不和谐的"音符"。

*表演者台上致意，迟到观众无动于衷*

演奏会将要开始，场内还有约 1/8 的座位空着，人们仍然陆续地进场，找座位的也显得着急起来。其中，有两队结伴前来看演出的观众，因为座位号没连在一起，便不管三七二十一，开始和已经找到座位坐下来的人大声商量调换座位的事情，经过一番商议，又是一阵忙乱交换座位，搅得周围不得安宁。

音乐会准时开始。入口处的门帘频繁被掀开，观众仍然鱼贯而入，两旁的侧门也不断有人进进出出。当身穿蓝色西装，一身绅士打扮的理查德·克莱德曼走上舞台，向观众挥手致意，热情和大家招呼的时候，许多观众无动于衷。尽管演出开始前，广播里播出观看演出的纪律："在观看演出时，不要四处走动，不要吸烟，将手机关闭。"但此时在中间和后面的走道上，依然有观众来回走动，有的人低着头找座位，有的人走来走去大声地打着手机，有的人和熟人大声打着招呼……一点都没有欣赏音乐会的氛围。

**小孩子哭闹声伴奏音乐会**

在检票入场期间，有很多小孩在场内和两侧的楼梯上跑来跑去。尽管音乐会门票上已经清清楚楚地注明不能带婴幼儿入场，但是一些人却坚持要带孩子入场并与保安发生争执。强行进场后，小孩的哭闹声两次打断了观众的音乐欣赏。

当理查德·克莱德曼深情演奏其演绎改编的中国音乐《爱如潮水》时，全场观众多沉浸在这位世界钢琴王子带来的美妙音乐之中。此时，坐在后排的一个小男孩突然开始不断地在过道上跳来跳去，年轻的母亲大声训斥着，周围的人都能清楚听到母亲的训斥声和孩子嘴里发出的"哇噢"叫声，严重影响了他人欣赏音乐的心情。

**一名小伙儿跑进演奏家的队伍**

音乐会中场休息后，大约是在演奏第二场第三首曲子时，一个小伙子突然拿着相机跑到了演出者的队伍里，结果被乐团指挥用指挥棒敲了一下，同时用脚踢了他以作警示之后，才灰溜溜地跑下台，现场秩序乱糟糟的。音乐会快要结束的时候，这个人又跑上了舞台，样子得意地逗弄乐团指挥，结果被舞台工作人员赶了下来。此人的举动引起了全场观众的公愤，认为这个青年的举动简直是"瞎胡闹"。对于一些站在过道的观众，场内维持秩序的警察将他们"请"了出去。

◆**思考与讨论**

在欣赏高雅艺术时，却见到了人们的"不文明"行为。你是如何看待这些不文明行为的？你有过类似的行为吗？结合自己或身边的实例，试论不文明行为形成的原因和社会危害性。

◆**要点提示**

1. 休闲生活是人的生存质量和社会文明的重要标志之一，也是经济社会发展的重要组成部分。而公共生活的开放性与多元性使得每一个人在公共生活领域中的行为与他人发生各种各样的联系，对他人产生着这样或那样的影响。所以增强公共生活中的公德意识，提升公共生活质量，维护公共生活中的基本道德要求，显得十分必要。

2. 作为新时期的大学生，应自觉修正不文明行为，从自身做起，从小事做起，"不以善小而不为，不以恶小而为之"，自觉遵守社会公共生活准则，为构建和谐社会贡献自己的力量。

【案例四】

## 大学生创业故事：从贫困生到女老板

魏思源，女，26 岁，山东菏泽人，2007 年从天津商业大学毕业。从高中就开始勤工俭学的她目前已拥有众多头衔——中国企业管理协会首席运营官、中国学盟主席、中育诚成人力资源研究院首席代表、上海学盟文化传播有限公司执行董事、天津学盟文化信息交流咨询有限公司董事长、《津门大学生杂志》运营总监。

2005 年，魏思源成为天津大学生创业协会主席，有了开一家实体店，做服装和鞋子生意的想法。在简单做了创业计划，保证不会亏损后，魏思源得到了一家大企业的资金支持，首笔投资 5 万元。魏思源为了实现梦想，找企业挨个洽谈，最终说服了几家福建鞋厂的老板，答应免费提供鞋架、宣传资料，并答应货物可以赊销。没有实体店的店面，魏思源又找到曙光市场的老总，在市场内所有摊位都已出租的情况下，老总最终被她的真诚所打动，将办公室腾了出来给她做店面。"由于我们是大学生创业，开店那天好多人都来捧场，前三个月的营业额达到了 1 万多元。"

为了达到多元化经营，魏思源首先找来美院的一些学生，让他们在店内现场接订单，为顾客"手绘鞋"、"手绘 T 恤"。仅此一项，原来 20 元钱进的白鞋就能卖到 400 元钱；发现一些退休大娘经常做手工花，魏思源就主动上门收购，再摆到店内销售；注意到来鞋店购物的大都是情侣，魏思源就批发了很多男性杂志，供等待女士选鞋的男士免费看；最令人叫绝的是，魏思源利用营业员都是大学生兼职的特点，吸引了一批学生家长的光临。他们经常在购物时询问"孩子不好好学习怎么办？"、"高中毕业考大学如何选专业？"等问题。

大学毕业后，魏思源重新整合了创业协会，她个人投资 15 万元，于2008 年 3 月 15 日创办了天津学盟文化信息交流咨询有限公司，主要从事教育培训、人才派遣等业务，以公司化运作联盟化管理的方式经营公司，其中 70% 的员工都是兼职大学生。截至目前，该公司共为近 700 名大学生找到了工作，却没有收取任何费用。今年春节过后，打电话向该公司咨询创业的大学生达到 130 多人，其中大三、大四学生占到了 60%。

◆思考与讨论

魏思源为什么能够成功？面对严峻的就业形势，你认为当代大学生应当树立怎样的就业观？

◆**要点提示**

1. 从"精英"向"大众"的转变

社会中的各行各业都需要大学生，既有大学生毕业去当工人，也有大学生毕业去做个体经营，只要是大学生通过诚实劳动来为社会创造价值，来实现自己的价值，就是现在社会所倡导的。劳动者的素质普遍提高了，社会才能更好地发展。

2. 从"城市"向"基层"的转变

从2004年开始，高校相继开展了服务西部、农村支教、选拔选调生等工作，出台了诸多优惠政策，既拓宽了就业渠道，为学生提供了更多的就业岗位，而且对毕业生就业观也是一种引导和教育。在服务西部计划和农村支教行动中，涌现了许多优秀的毕业生，得到了社会、单位的一致好评，也涌现了一批优秀的到基层服务的毕业生，他们在基层中展现了自身的价值和能力，为自己、为学校争得了荣誉！

3. 从"公有"单位向"非公有"单位转变

在传统的职业观念影响下，人们都希望能够到政府机关、事业单位或国有大企业谋职、发展，而不愿意到集体企业或民营企业求职发展。

4. 从"专业对口"向"通用人才"的转变

目前我国正处于经济转型、体制转轨时期，随着结构的调整，必然也会使某些行业迅速发展，如第三产业的邮电通信、金融保险、社会服务等，就业人数将会明显增加。

【案例五】

### "绝症警察"孙炎明的阳光人生

"我的生命延续一天，就要把工作干好一天！我的工作对象是一个特殊群体，能在有生之年多挽救几个误入歧途的人，是我最大的心愿。"

——摘自孙炎明语录

6年前，他被确诊患上脑癌，先后动过三次大手术，可每当身体稍好一些，他就主动要求上岗工作，被同事们尊敬地称为警界的"保尔·柯察金"。他的事迹传开后，在各界群众中引起强烈反响。他，就是浙江省金华市公安局东阳看守所民警孙炎明。

面对记者的采访，孙炎明微笑着说："其实，我没什么好写的，我所做的就是一名普通监管民警的工作。在别人眼里，我是脑癌患者，可以在家养病不用来上班，可在我看来，得了癌症没什么，我觉得这样正常地工作着，我才快乐、充实。"他后脑勺上因手术留下的一块大伤疤，无声地诉说着主人的坚强、乐观和淡定。

考虑到老孙的病情，东阳看守所所长何一平曾对他说："老孙，工作能干多少就干多少。吃不消的话，你随时提出来，不要硬撑着。"不料，听了这话，孙炎明有些急了，说："我自己很清楚，老天留给我的日子不会很多了。如果你让我休息，我就会整天想着病情，那样愁都会把我愁死。2004年我开刀时，与我同病房的几个人都已相继去世了。我正因为有这份工作，感到快乐，生命才延续到现在。我不要组织照顾，所里有什么难事尽管分配，千万不要把我当病人看待。"听了他的话后，何一平很意外，也很感动。

在在押人员的眼中，孙炎明是他们的"贴心人"。自调入看守所工作以来，每年的春节，老孙都跟在押人员一同度过。平时，在押人员在生活中遇到问题都愿意向他反映，而他也像一位慈父，认真仔细地了解情况，不厌其烦地做好疏导教育工作。孙炎明分管的两个监室，在全所始终保持着两个"最好"——在押人员秩序最好、教育转化效果最好。

一个东阳小伙子偷了辆摩托车，被刑事拘留后，他想不开，孙炎明把他叫出监室，扭过头让他看看后脑的疤痕，问他："你可知道我这后脑的疤痕是咋回事吗？是打架打出来的吗？当然不是！是不小心跌出来的吗？也不是。这是开刀动手术留下的。脑袋上开刀动手术，够吓人了吧！我再告诉你更可怕的，我得的是脑癌，我现在跟你谈话，说不定明天就死了，可我今天仍要好好过。你还这么年轻，知错就改，仍有美好的未来呢！"孙炎明的一番直白，这个小伙子愣住了，羞愧地说不出话来。打那以后，他自觉遵守监规，再也不寻死觅活了。

孙炎明每年都会接到已在外地劳改的服刑人员来信，信中的内容都是感谢他的挽救。孙炎明说："我不要他们记住我，我只要他们记住我的话，好好做人就行。"

老孙手术后经常性地头痛，浑身无力。看着孙炎明每天面带倦容地回到家中，妻子心疼不已，有时免不了要劝说上几句。可妻子的劝说换来的是孙炎明一次又一次的坚持。老孙说："既然去上班，就该尽心尽职，不能稀里糊涂混日子。"

正在复旦大学读博士的女儿谈到爸爸时，说："人最大的幸福是有人爱、有事做、有理想，我爸爸做到了！他总说他很幸福，因为警察这份神圣而崇高的职业，就是要把奉献作为自己的一种责任、承诺、精神和义务，让生命在奉献中得到升华。爸爸现在做的就是快乐工作、快乐生活、奉献自我、不留遗憾。"

——资料来源：《浙中新报》作者：周静莉 徐仁义

◆思考与讨论

在孙炎明身上有着什么样的职业精神？对我们大学生培育职业精神、树立崇高的职业道德有何启示？

◆要点提示

1. 马克思在谈到选择职业的理想和价值时曾经写道："如果我们选择了最能为人类福利而劳动的职业，那么重任就不能把我们压倒，因为这是为大家而献身；那时我们所感到的就不是可怜的、有限的、自私的乐趣，我们的幸福将属于千百万人，我们的事业将默默地，但是永恒发挥作用地存在下去，而面对我们的骨灰，高尚的人们将洒下眼泪。"

2. 要具有明确的生涯概念，也就是说，人生职业目的要明确，要做好充分的就业准备，生涯规划可以按以下流程进行：自我评估—生涯评估—职业选择—职业生涯—路线选择—确定目标—行动计划与目标—执行—评估与反馈。

3. 要具有合理的知识结构，能够适应多种工作的需要。大学生要明白上大学学什么？大学生在校期间要注意多种知识的学习，不只是要学习知识，还要学会鉴别知识，同时还要筛选知识。用智慧统帅知识，才能在现实社会中靠自己的实力生活，用自己的能力取胜。把知识和才能转化为实际的行为，并能够适应不同工作的需要。

【案例六】

## 校园爱情：像雾像雨又像风

有人说："没有爱情的大学生活是不完美的！"进入大学，青春一族相聚在一起，正是青春期感情萌动的年龄，于是乎，恋爱成了大学校园里一道瑰丽的风景，但纵观校园爱情，能最后携手走到婚姻彼岸的却是寥寥无几。

雾：多端变化的情感

对于年轻人来说，特别是大学爱情，恋爱初期，情绪冲动占主导因素，恋爱双方爱得很深，它使人激动，使人产生热情，这时感情是最美好的。随着时间的推移，本能的感情用事从高峰慢慢跌入深谷，双方没有以前爱得那么热烈，爱情像雾一样慢慢消散。

读大三的小菊已经谈过6个男朋友，她的信条是："不想天长地久，只愿曾经拥有。"她的情感是多变的，合则长久，让感觉上升到幸福的巅峰；不合则离，让情感当作废弃的垃圾。

当大一的新生还为成双成对的师兄师姐们感到"不可理喻"的时候，自己却不知不觉地走进了爱情的围城。"走过、路过、千万不要错过"这已经成为大一新生公开的秘密。对大一新生而言，面对这么多的新面孔，相互间充满了好奇，加之这一特定的时期远离父母，思乡心切，对大学的生活又不适应，若遇到有人关心，特别是异性的关心，是很难拒绝和自持的，也就拿不出，也不愿意拿出充足的理由去思考"爱情"，便已经开始了大学爱情生涯的跋涉。

能够持久的爱情，源于本能冲动的需要的合理，成熟于现状认识之后的情感，这是爱的升华；没能持久的爱情，源于本能冲动需要的不足，夭折于理性认识之后的情感不佳，这是爱的萎缩；真正的爱情是作为基础的激情冲动和情感升华的统一。

满是激情的大学生追求爱情无可厚非，然而，由于一些太过于简单的感情，往往难于把握，最后光阴虚度，身心疲惫。校园爱情只是看上去很美，但个中滋味只有当事人自己知道。

这样我们就不难理解，曾经美好的大学爱情为什么会令人无可奈何地像雾一样消散而去。

雨：走不出七月的怪圈

据说，每年的七月，大四宿舍楼里都隐隐约约地传来神秘的哭泣声。

大学爱情成功率较低，这是有很多原因的。面临越来越大的就业选择和社会竞争压力，大学生在婚姻和爱情问题上越来越务实起来。许多大学生大学期间谈恋爱，大多是出于青春期的萌动，出于精神的安慰和情感的需要，把婚姻当作目标将爱情进行到底的人很少。到了毕业，就业、深造、居所、户口、天各一方，种种问题接踵而来。经不起时间和困难考验的大学爱情，在现实面前也不得不犹豫起来。

小余和小文，一个来自南国，一个来自北疆，是从大一就厮守在一起的大学情侣。自从两人相互在心海里荡起一股从来没有过的爱的涟漪后，双方就粘在了一起，几乎连生活能力都不能"自理"，吃饭两人都要相互喂着吃，并在外租房同居。对此，家长着急，学校反对，社会贬低，但两人毫不介意。可是毕业的无奈，择业的去向，父母的干涉，两人不得不面对现实，最后只好洒泪而别，劳燕分飞，各奔东西，征程一路伤心雨。

一位今年刚毕业的师兄深有感触地说："四年来，教室餐厅，花前月下，我们形影不离，无意间四年时光灰飞烟灭。由于自己没有理性而现实地定位自己的爱情，对她过于迷恋。在大学四年中，几乎我的整个人际关系网都局限在她一个人身上，我放弃了考研，重修了两科，回想起来四年好像没有为自己真正做过什么。然而毕业后，彼此工作地相隔千里，在无声中我们各奔前程。"

七月是大学生收获的季节，完成了学业，拿到了学位，就要走向社会，然而能在收获知识的同时收获爱情吗？大部分走不出七月的怪圈，许多年以后会忆起曾经多情浪漫的大学爱情和忧伤感怀的七月雨季。

风：丘比特之箭的感慨

想来处于"水深火热"之中的恋人们，对丘比特这个名字并不陌生，他长着一对小小的翅膀，来去如风。

他让众生为了爱情死去活来，让爱情显得如此壮烈，大学爱情最最像极了爱情，大学里的情侣最最像极了情侣。平时卿卿我我，一旦有了矛盾，女的必定失声痛哭，一双眼睛肿得像核桃一样大，"帘卷西风，人比黄花瘦"。男的必定酒吧消愁，不醉不罢休，"如今识尽愁滋味，却道天凉好个秋！"

但不几天，你又会看到他们亲热到一块，一切都晴空万里，就像小爱神丘比特稚嫩的脸一样耐人寻味，他整天飞来飞去，行迹不定，飘忽如风。不正意味着爱情的不可捉摸吗？

爱情是浪漫的，而浪漫恰恰是一种病，它给你隐形的翅膀忘掉躯壳飞离现实，智商逐渐变低。

爱神之箭会不会射中你，不知道！出现在你面前的异性是谁？不知道！你的爱情之树究竟会结满欢乐还是痛苦，不知道！这不由得让我想起梁艳翎的一首歌："你对我像雾像雨又像风，来来去去就像一场梦……"

◆ **思考与讨论**

本案例的标题是"校园爱情：像雾像雨又像风"，你认同这一评价吗，为什么？你认为当代大学生应树立怎样的恋爱婚姻观？

◆ **要点提示**

1. 没有爱情的人生是不完美的人生，人生包括事业、亲情、友情和爱情，缺失任何内容都是不完美的。

2. 大学生的爱情是幼稚而脆弱的，像雾像雨又像风，但时间与相互了解相互磨合出的真爱最终面临的不会是飘飘然的感觉，它沉淀了信任和责任，升华为更切实际的关怀与人生同路的期盼。

3. 现实的残酷也许会毫不留情地拆散校园情侣们，因为它不会掩盖住世界本来的不尽如人意之处，但它不会带走爱情中两个人共同经历的美好回忆，不会阻止他们在相互的爱中成长与成熟。希望每一份爱情真诚而厚重，希望有情人最终能成眷属，希望经历了校园失败爱情的学生们能够获得更真切的爱与更合适的人生伴侣。

# 延 伸 阅 读

## 天安门广场是张社会公德考卷

新华社今天播发《在这里岂能乱丢废弃物——天安门广场清洁工的心声》，通过天安门广场这一视角，展现了我国社会公德方面令人汗颜的真实状况。

每个中国人都应当自省：天安门广场丢垃圾的人会不会有我？

社会公德是每个社会成员在公共生活中应该遵守的基本行为准则，违背公德的行为也是指那些常在大庭广众之下发生的事情，在天安门广场随手扔垃圾可算典型的不守公德。天安门广场周围，游客很少的冬季每天也能清理各类垃圾 500 多公斤，每天由 40 名 30 岁左右的小伙子进行清洁维护。这说明，来自全国各地的游客中，相当一部分在天安门广场这张社会公德考卷面前不及格。而这多多少少可以代表中国相当一部分人的道德素质。

社会公德是社会道德体系的最低线，包括遵守公共秩序、维护社会公益、爱护公物、保护自然环境等。如果一个人连起码的公共生活准则都不遵守，很难想象他在社会生活中能有高尚的职业素养。从这个意义上讲，在构建社会主义和谐社会的今天，树立良好的社会公德，意义十分重大。

大力提高公德水平非一时之功，可能要经过几代人甚至更长时间。梁启超说过，我国民所最缺者，公德其一端也。说明问题并非出在当代。北京市社会科学院院长朱明德说，陋习是一些人在生活中一点一滴、日积月累形成的坏习惯，不是一朝一夕就能改掉的。值得注意的是，在天安门广场扔垃圾的大多数是成年人，小孩子反而不多。从中可以看出，社会公德教育在未成年人身上起了明显作用。但愿这一代人成人之后，天安门广场和各地公共场所扔垃圾的会明显减少。

——资料来源《解放军报》

## 中国：让人尊敬并不难

这一天，中国让世界肃然起敬。

我说的"这一天"，就是 4 月 21 日。是日，天南地北的中国人，包括海外华人华侨，都在同一时间肃立默哀，向玉树地震的遇难者表示深切的哀悼。据《环球时报》称，全国哀悼日的消息和画面通过各种渠道在全世界传播。几乎所有国际主流媒体的报道，都是正面的。就连那些"习惯于用挑剔眼光审视中国的外国媒体"，也不例外。也就是说，这一天，中国赢得了全世界最广泛的尊敬。

奇怪。难道某些西方媒体，竟改变了他们"一贯的反华立场"？

当然不可能！对此，《环球时报》的解释是：在这个时候，过多地说中国的风凉话，在西方也会被认为是不道德的。

这就很能说明问题了。说明什么呢？说明在意识形态、政治立场和商业利益之上，还有一个更高的原则。在这个更高原则面前，利害得失也好，观念是非也好，个人好恶也好，民族恩怨也好，都必须让步。否则，就不得人心，也无地自容。

这个更高的原则，就叫"道德"。

但是我们知道，道德，是因时而异、因地而异、因人而异的。比如"私订终身"，在过去就"不道德"。现在，包办婚姻、买卖婚姻，才不道德。可见道德标准，也未必总能一致。所以，西方媒体可以"用挑剔眼光审视中国"，因为这符合他们的"新闻伦理"。何况他们对自己的政府，也是横挑鼻子竖挑眼的。

那么，这一次，道德咋又没有时代、民族和阶级的差异呢？

也只有一个解释，那就是：在具体的道德规范之上，还有一个"共同道德"。既然是"共同道德"，那就是所有族群、所有国家、所有社会都认同，任何人也都要遵守，没有讨价还价余地的。因此，它只能是最起码的要求，是"基本底线"。一旦突破，就"不是人"。唯其如此，它又必然超越意识形态、政治立场和国家利益，是"最高原则"。既然是"最高原则"，所有的成见和偏见，包括"挑毛病"的"惯例"，也都得让步。

人类有这样一个"共同道德"并不奇怪。因为无论中国人、西方人、古代人、现代人，都是人。都是人，就有普遍人性。有普遍人性，就会有共同追求的理想，也会有普遍适用的价值，比如珍惜生命，尊重人权。这一次，中国赢得世界的广泛尊敬，就因为"举国哀悼表达了国家对普通公民生命价值的尊重"，表现出"人道主义至上的精神"。这样一来，过去对中国怀有疑虑的人，固然会另眼相看；那些怀有敌意的，也不敢说三道四。

显然，让人尊敬并不难，只要如《环球时报》所说，表现为"人道主义的、对个体生命给予了最高尊重的现代国家"就行。同样，想臭大街也容易。比如，说什么"拆迁哪有不死人的"，以至于出人命都不能阻止暴力拆迁，就是践踏人类共同道德的言论和行为。这就不能不引起舆论的一片谴责，也不可能不遗臭万年。

还有，在别的国家遭受灾难或恐怖主义袭击时幸灾乐祸，也算一个。我们必须记住，任何人的生命都是生命，任何人的生命都有同等的价值。因此，任何人的无辜死亡，都应该引起我们的悲悯和哀悼。对玉树遇难同胞是这样，对其他国家和民族的遇难者，也应该这样。这不是什么"西方价值观"。要知道，恻隐之心，可是"人皆有之"啊！

现在，中国正在崛起，正在成为一个具有广泛影响力的大国。在这个时候，我们是让人敬，还是让人畏？是让人尊重，还是让人侧目？是让人感动，还是让人厌恶？这是一个不能不想的问题。何去何从，诚望国人思之，诸公思之！

——资料来源：《南方都市报》

# 先参加创业，再主导创业：给想创业的毕业生的一封信

二十年后，中国最伟大的企业，和成功走向世界舞台的企业很可能就是在下五年所创立的。因此，很多大学生现在跃跃欲试地想毕业后创业。另外，创业板的推出，许多创业公司的成功，还有很多成功创业家都鼓舞着中国的大学生，让他们也希望跟随马云、马化腾、李彦宏的步伐，走向创业之路。一方面，我赞赏大学生拥有创业理想，但是另一方面，我建议大学生：先参与创业，再主导创业。

许多大学生都错误地认为：只要有个好的点子，能拿到投资，再加上执着、激情、运气，就能成为下一个马化腾。于是，他们都想着：毕业后就要开始他们的创业之路。但是，他们过度乐观了。创业成功的真正关键更在于：团队、经验、执行力。大部分的创业的失败不是因为点子不好，而是因为欠缺经验，没有团队，缺乏执行力——归根到底，积淀比点子更重要。

经过创新工场一年，我和数百名"80后"创业者接触并深谈，并已投资于其中的一些。在这过程中，我深深地感到中国的未来是属于他们的，但是同时我也感觉到最好的创业者是需要深厚积淀才能成功的。在学校的技术培训只是单方面的，而创业者不能只是专才，必须要有多方面的经验，不但需要懂技术、产品，也要懂管理、运营、市场。有位非常有才华而且充满创意的年轻创业者，在初期扩张太快，最后公司无法负荷，倒闭了。

另外，创业团队非常重要。乔布斯说过创业的成功在于团队，尤其是创业者是否能找到 5～10 位聪明勤奋、三头六臂、彼此互补的团队。而一个没有经验的创业者往往无法吸引这样的一个团队。有一位年轻创业者，有着很好的点子，但是无法吸引一个团队，陷入招聘的泥沼中。后来一个比他有经验的人很快地找到团队，做出产品，抢到先机，最后他只有面临倒闭的命运。最后，在创业期间，执行力比点子更重要，而执行力只能经过参与来学习，因此再聪明的毕业生也不可能一毕业就一步登天。

当然，会有人问：为什么微软的盖茨、Facebook 的扎克伯格都是大学毕业甚至肄业就创业成功呢？其实，他们在创业的时候就已经有团队，有经验，有执行力了。盖茨不但是编程天才，发明了世界最快的排序算法，而且也是商业天才，在高中时就创立了盈利的 Traf-O-Data 公司。而且，他不是一个人创业，而是和保罗艾伦一块儿创业。而扎克伯格从 11 岁开始研究如何用 C++ 编程，在中学时已经开发出让微软和美国在线愿意以几百万美元收购的音乐播放器，在大学期间更是创建过多款社交相关的网络产品，这些积淀对其日后打造 Facebook 至关重要。他的创业团队是四位优秀的哈佛学生。所以，盖茨和扎克伯格的成功是破例的，是不可复制的。除非你有和盖茨或扎克伯格这样的团队、执行力、经验，否则最好不要一毕业就去创业。

当然，绝大多数的人都不能和盖茨相比，那么大学毕业想创业的学生应该怎么办呢？有人说：先就业，再创业。这个说法是值得参考的。如果你加入一个"未来你想要创立"的公司，从中学习它是如何运营的，如何成功的，它的企业制度和文化是如何建立的，几年确实可以进步很多。如果这个公司能提供很好的培训计划，那就可以学到更多。不过，我也看到很多大公司里做了 3～5 年的优秀员工，进入的时候是抱着充电后创业的计划，但是慢慢地，拿到了优厚的待遇和提升，但也习惯了朝九晚五的安稳生活；学到了细分岗位的知识才能，但也成为了一个庞大机器里的螺丝钉；优化了在大公司生存和升迁的能力，但是失去了创业的激情和动力。所以，如果你真的很确定你要创业，但是也很理解你需要最合适、最及时、最适当的培训，也许你应该找一个更好的培训场所。

这样的一个培训场所就是一个创业公司，我的建议就是：先参与创业，再主导创业。你可以去咨询哪些公司有生气勃勃的创业环境和企业文化，有经验又值得做你的楷模的领导者、业内被认可的产品和方向、优质的投资者。在创业公司，步伐特别快，学习又有针对性，而且每个人都需要参与公司的各个环节，所以学习也特别快。短短的一年，你可能学到在大公司要好几年才能学到的东西。为了确保你能学到初期创业的氛围，尽量参加较小的公司（小于100人），这样也不会成为一个螺丝钉。在创新工场，为了提供这样的"参与创业"机会，我们也开启了目标150人的校园招聘计划，我们要找的就是想先参与创业，先做工程师，学习创业，以后再主导创业的人。

"以后"是多久呢？在一个好的创业公司里，你的成长可能会让你自己都惊讶。在一个大公司，爬到CEO可能是几十年的路程。但是，在一个小公司学习，两三年后，你就有可能在经验、团队、执行力方面都培养足够，可以自己出来创业了。比如说，宓金华是今年三月从浙江大学毕业的研究生。她进入创新工场投资的"魔图精灵"团队时，是一个青涩但是充满激情的助理产品经理。但是6个月之后，她学到了学校里学不到的知识，发挥了潜力，成功地把这个产品推向全球四个国家的十多万用户。她不但在产品设计上学到了很多，而且学会了海外推广、用户体验，也成功地做了好几个商业谈判。今天，她已经成为这个项目的负责人了。叶哲鞞是去年底加入更大的点心团队的，成为团队的创始工程师之一。短短8个月，在来自百度的移动负责人张磊和来自腾讯的产品总监游敏丽的培养之下，他已经成为负责点心操作系统里面的应用软件的负责人，现在领导着一个小组，肩负着公司核心的应用软件。相信在几年后，金华和哲鞞，都可能成为主导创业的创业者。我们的另一名创业者曾经感叹："好的工程师不愁找不到机会去大公司，他们真的该发愁的是怎么去有巨大潜力的创业公司。"

在《做最好的自己》里面，我建议所有的毕业生："未来比今天更重要；积极比安稳更重要；学习比金钱更重要。"这点，对想创业的学生更有针对性，因为短视和安稳都是创业最大的敌人。毕业时，多考虑在什么人身边工作，你是否能够学习成长？毕业后，参与一个优秀的创业公司，这是走上创业之路的最好的第一步。

——摘自李开复新浪博客

# 病人千钧重　自己半两轻

"他称患者为衣食父母"，"他视患者比天大"，"他一辈子没做过一件对不起患者的事"……7月初，来到北京军区总医院采访，一提起73岁的手术外科老专家华益慰，人们都竖起大拇指，说他是当代的"白求恩"……

**大爱，洒落在病房里**

华益慰出生于天津的一个医学世家。从小受父母的影响，医家的熏陶，他把敬业爱人、和谐谦恭、淡泊宁静作为人生格言，并操守一生。这也成就了他的人品医德。

今年元月 6 日，身患晚期胃癌的华益慰因腹部感染而不得不做第二次手术。

这次手术，华益慰的气管被切开。

行医 56 年的华益慰，十分清楚自己目前的境况和病情的发展情势。病痛中，他长久地沉默。

3 天后，情况稍有好转，华益慰对身边的医生说，能否让妻儿进重症监护室来一下，他有事要交代。爱人张燕容用消毒棉堵住气管切口，儿子儿媳静静地站在病床前，聆听着华老那气若游丝的话：

"我这个病如果不好，死后处理按照你们爷爷奶奶的办法，不发讣告，不作遗体告别，不保留骨灰，自愿作遗体解剖……"

他还托老伴转告医院领导，不要再用贵重的药品、做昂贵的检查了。

春节快到了，重症监护病房的医护人员没有平日那么忙，大家的心情却不轻松，他们默默祈祷，期盼着令人敬佩的华主任会出现奇迹！

华益慰曾任总医院外一科主任，1998 年退休后进了医院的专家组。在大家的心里，这位热爱运动，脸上时时带着微笑的老头，总是那么谦和可亲。

这是一个充满爱心、传递真情的病房。

医护人员争抢着进特护组，想为老主任再尽一份孝心，而不愿回家与家人团圆过春节。病榻上的华益慰却时时为大家着想。第一次手术时，他的整个胃都被切除了，常常向上呕，看到护士为他难过，他还不时地开个玩笑：看，我这变成了螃蟹，老吐沫沫！气管切开后，他说话变得更加艰难了，可每到护士倒班，他仍坚持说上一句：谢谢你，又为我受累了！

春节的前一天，他特地让爱人从家里拿来 3000 元钱慰问医护人员，让大家过节时买点东西。

这是一位生命垂危老人的胸襟。钱没人要，爱心却感天动地。

**患者期盼时，他马上到**

华益慰是我国培养出的第一批八年制大学生，又传承了医家心脉，早在 20 世纪 70 年代就在普通外科界享有盛誉。就是这样一位专家，他时刻等待着出征。

在祖国召唤时，他马上到；在人民需要时，他马上到；在患者期盼时，他马上到。

1960 年，华益慰被留在第四军医大学任教。是年，学校组织赴西藏医疗队，华益慰本不在其中，他再三向组织提出要求，坚决参加了援藏医疗队。而这一年，他原本要与相爱多年的恋人张燕容结婚。

在西藏阿里地区，藏北无人区，深札西……强烈的高原反应使他头痛难忍，艰苦的战斗生活练就了他"吃大苦，耐大劳"的品格。

海城、唐山大地震，他在余震频频的抗震一线，一去就是半年之久。

很多人都知道，华益慰是心细的专家。行家称他的手术像是绣花，像在做艺术，手术精巧细腻。患者称他手术高超，美观，疤痕小，愈合快。

华益慰从医半个世纪以来，一直就是这样做。他扎根在临床一线，用手中的刀，为千百名患者解除病痛。

在他眼里，患者就是亲人，没有高低贵贱之分。

河北一位农民，在院外做肠梗阻手术，术后严重感染，去过几家医院被拒收，走投无路的他想到了人民解放军的军医们！当这位年近半百的庄稼汉子，揣着皱皱巴巴仅有的几百元钱来到北京军区总医院找到华益慰时，华老正端着饭碗。一看这位农民朋友的情形，他立即安排检查，并很快做了手术。

数天后，患者稍感好转，便要求出院，怕花不起这个钱啊。看到患者将手中钱反复点了又点，一张一张数了又数，华益慰知道，农民挣点钱不容易，不到万不得已，他们是不肯上医院的。

华益慰微笑着告诉这位患者："我问过住院部，没花多少钱。"结果到出院时，患者手中还剩余百十元。他怀着一颗感恩之心说："是华主任救了我。"

此后，华益慰特别留心那些家境不太宽裕的患者，尽可能为他们用一些价廉物美的药，减轻他们的负担。

多年来，华益慰几乎很少吃过一顿完整的晚饭，他常常被前来求诊的患者打断。

**治一名患者，交一生朋友**

治好一名患者，交上一生朋友。华益慰行医做人浑然一体。

1993年10月，刚刚42岁的克拉玛依油田人刘树河被当地医院确诊为胃癌，油田领导决定安排他去北京进一步检查、治疗。就这样，刘树河怀着一颗忐忑的心，千里迢迢赶到了北京。

靠朋友辗转介绍，找到了华益慰。刘树河既高兴又不安，一个有名的大专家能给普通工人做手术，人家能拿我当回事吗？当诚惶诚恐的他与华益慰见面时，华主任微笑着轻轻地拍了拍他的肩膀，慢悠悠地说："小伙子，别着急，马上给你做手术。"听了这话，刘树河那颗悬着的心落了下来。

望着华主任那慈父般的面容，他想："自己这条命就交给华主任了。"

手术非常成功，刘树河的胃被切除了五分之四。逐渐恢复的他，想想术前、术后华主任每一次查房，每一次交代，体验着华主任对病人的爱心与关怀，这位曾经在西藏阿里当过兵的硬汉，萌生了与华主任终生交友的心愿，他想让更多的克拉玛依油田人像他这样幸运。

完全恢复健康的刘树河，1995 年被组织调到了克拉玛依油田驻京办事处。这位深深被华主任爱心感染的油田人，实现了他的心愿：负责筹建医疗协调科，每年将当地医院无法手术的油田人介绍到华主任那里。

于是，华益慰的医术、医德传遍了克拉玛依油田，他成了克拉玛依油田人的好朋友。

一名患者得救了，影响了周围的人。在他们的心中，华益慰树起了一名好医生的形象。

华益慰始终为病人着想。比如，有些手术可用可不用吻合器的，他尽量不用。哪怕自己受些累，耗费体力，也一针一针地坚持用手缝。虽然这样科室的收入减少了，但是能给患者省下吻合器的钱。

一些慕名而来的患者，挂不上他的专家号。华益慰怕误了他们看病，就在家腾出一间房，开设了"家庭门诊"，为患者服务，并且分文不收。这个小小的"家庭门诊"一开就是十几年，这不足 10 平方米的书房兼门诊里，常常挤满了来自全国各地的患者。

去年 5 月，华益慰搬到院外新居，在布置新家时，老两口商量着将客厅隔开，专门设一间接待室，用以接待前来求诊的群众。

这个计划还没来得及实现，华益慰就病倒了。

有人统计了华益慰退休后的手术，发现 95％以上的是"点名手术"。无论是院内的还是院外的，都愿意找华益慰看病。在他们眼里，华益慰技术好，把生命交给他，心里踏实。

这是多么大的信任。华益慰始终坚守着"病人以生死相托，责任千钧"的行医理念。信任，责任，一字之差，却将医患之间的感情紧紧相系。

——唐先武、罗路云、秦明奇：《病人千钧重，自己半两轻——记专家华益慰》

# 杂谈：坚守职业精神

前段时间在湖南卫视热播的韩剧《大长今》，您看过吗？笔者并非哈韩族，但却十分欣赏长今这个人物，喜欢她的聪慧、善良、执著、永不言败，更深深地敬佩她对职业精神的坚守。

作为御膳房的宫女，通俗地说，长今的职业就是厨师。"我在做食物的时候，总希望吃这食物的人脸上能带着微笑"，"不管什么情况，都不能做害人的食物"，这便是她遵循的从业道德和原则。一次，长今奉命为患有糖尿病的明朝使臣料理膳食，拒绝做那些既能迎合使臣口味，又能显示个人技艺，但却会危害使臣身体的食物，冒着被降罪的危险做了不讨使臣欢心，但却有益其健康的食品，坚守住了厨师的职业精神。

怎样对待自己所从事的职业？不同的人有不同的答案。有的人仅仅把它当作谋生混世、养家糊口的手段，没有什么干好工作的热情和心思，"工资高、福利好、外快多、油水足"的就是好职业，再不济也要轻松惬意、自在逍遥；有的人则认为职业有三六九等、高低贵贱之分，如果干的是他自以为体面的工作，便志得意满、趾高气扬，否则就自觉低人一头，得过且过，一有机会就免不了要动转行、"跳槽"的念头；还有的人把职业看成是追名逐利的工具，不以违背良心和职业道德为耻，反以"靠山吃山，靠水吃水"、"近水楼台先得月"为荣、为幸……他们都患了"职业精神缺乏症"。

职业精神是职业角色所要求所赋予的，是职业从事者人格和人性的真善美在职业生涯中的体现。具有职业精神的人，一旦选定某种职业，就会爱岗敬业，恪守职业道德，处处维护自己的职业形象。正如全国优秀新闻工作者储瑞耕所诠释的："此生选定了新闻这一行当，那就心无旁骛，兴趣以寄，精力以寄，心血以寄，性命以寄。"

如果缺乏职业精神，又会怎样？轻则干一行，厌一行；重则危害他人甚至社会。试想，医生如果缺乏悬壶济世、救死扶伤的职业精神，收受"红包"、看人打卦，为拿提成睁着眼睛说瞎话、昧着良心推销药品就不足为奇，甚至可能见死不救；教师如果缺乏燃烧自己、照亮别人、甘为人梯的职业精神，抛弃爱心教育，教书不育人，一味追求升学率、优秀率、班级排名就不足为奇，甚至把学生当成"摇钱树"，无心课堂讲授，醉心于课外补习等来获取"灰色收入"；记者如果缺乏"铁肩担道义"、针砭时弊、匡扶正义的职业精神，搞有偿新闻或有偿不闻、沦为"新闻乞丐"就不足为奇，甚至为达个人目的而指鹿为马、混淆黑白；法官如果缺乏公平正义的职业精神，不以事实为依据、以法律为准绳，唯上、唯权是从就不足为奇，甚至吃完原告吃被告，制造冤假错案……

如果"职业精神缺乏症"成了社会顽症，大家都为了欲望、私利和个人目的而抛弃职业精神，违背职业道德，这个世界岂非大厦将倾、人人自危？可见，只有每一个职业人都能坚守职业精神，为担当起职业所承担的社会责任而自觉地奉献，社会才能健康运转，才可能建成为安宁、美好、和谐的社会。

——摘自《江西日报》

# 一位女大学生的恋爱历程

和每一个刚踏进大学殿堂的大学生一样，刚从沂水县泉庄山沟出来的我对大学生活充满了美好的憧憬，记得曾在哪里看到过这样一句话：大学里唯一的必修课是"恋爱"，就是这句话把我引到了一条不归路……

和每一个善良、纯情的女生一样，我把爱情当成生命中最美好、最值得追求的东西。我渴望能够得到大学里一个真正懂我、爱我又很体贴、体面的男生的钟爱。我一边漫不经心地学习，一边等待着那个人的出现。我长得还算漂亮，所以身边经常有围着转的男生。而我一直以高傲的姿态打量着身边的男生们。

后来，他出现了。他的家是费县的，父亲开板厂，很有钱。他追我的方式很张扬，是恨不得让全世界都知道他爱我的那种，当时我很欣赏他的胆量，我觉得这样才是男生、才够男人，我的虚荣心大大满足。我接受了他，也爱上了他，一段时间的磨合之后，我们过起了"二人世界"。

女生一般最忠诚的就是自己的爱情。我也这样认为，爱一个人就应该把全部都奉献给他，就应该不顾一切地去爱，就应该抛弃一切。我也做好了随时"献身"于爱情的准备。好像大学里的恋爱都有一套潜规则，没过几天恋人就要到学校附近租间房子，要开始同居，要真正的献身于"爱情"。他是个很正常的男生，没多少天就向我提出："大学城旁边有个房子又便宜，又干净"，我答应并支持了他。

这样的日子随之而来，我终于明白什么叫"二人世界"了。那就是：两个人整天在一起，他就是你世界的全部。你自信地认为拥有了他就拥有整个世界，这个世界上其他什么都已经不重要了。他成天变着花样宠你，他活着就是为了宠你，你活着就是为了爱他。疏忽学习和生活，疏忽自己原来的朋友，疏忽所有那些和你们爱情不相关的东西，甚至对周围的人和事开始变得冷漠。有位思想家说过：爱情的伟大之处就是两个人在相爱的过程中，学会了更好地去爱他人。这样看来，我们这些所谓的爱情简直有点自私、可笑，简直就是作茧自缚。

就这样，我们把大学的日子消耗在恩恩爱爱里，什么学习、就业、能力锻炼都放在了后面。为了一起出去到蒙阴山游玩，我们一起逃课。他为了陪我做一个头发，不去做实验。我为了陪他看一场篮球赛，不去上自习。他省吃俭用也要给我买那件我偷偷看上的衣服。他每天骑自行车带我去菜场买菜，然后我们一起做饭，我们好像过起了居家的日子。

后来，我怀孕了，也在我们意料之中。以前在电视或网络上看到这些事总以为离自己很遥远。想不到，轮到自己的时候自己还能那么平静。我瞒着家人，他凑了一些钱。我们一起商量去哪里最安全又最便宜，后来在收音机里听说临沂中西医结合医院最便宜"流产手术费才80元！"，傻乎乎的我俩真的只带了300元钱，结果到了这个医院里做流产手术，一趟化验下来，就要1000多元，还很疼我的他急急忙忙地找了个银行又去向家里要了1000元，手术进行完了，说钱还不够，急得他打了一圈电话，撒了一圈谎言，才又借了500元，手术完了后，我们就只剩下30元钱打的费！现在我还记得那家医院的骗人伎俩！

好不容易回到住的地方，他还算负责任，一直陪着我。有了第一次，后来又有了第二次。不就是流产吗？他竟然冷静地说了这样一句话。是的，不就是流产吗？只要你在我身边，我死了都愿意。我说。

接着撒谎、借钱，这次比上次还黑……医生郑重地对我说："如果你再流产的话，就有可能……"没什么，我有他。……没什么，真的没什么吗？毕业了，要找工作，找工作真的很难，找个适合自己、又有前途的工作是难上加难，两个人想同在一个地方找到合适的工作更是难比登天。所以，他回费县，我回沂水。那天，他很平静地对我说："我们该分手了……"

大学里的恋爱似乎都埋下了一个伏笔：四年之后，各奔东西。这似乎是每一对大学恋人心知肚明的。分手？就这样就分手？我的四年青春、四年大学光阴就这样白白消耗了？我欲哭无泪，可在现实面前又是何等无奈。毕业那天我一无所有，首先学习不好，其次能力没有，再其次没有积累人脉关系，因为我一直在恋爱。除了享受四年"恩爱"的时光，我一无所有，我也打算将那时光彻底忘却，因为我是个女人，我还需要新的爱情，我不能活在回忆里。

再回头看那句话："恋爱才是大学里唯一的必修课。"我苦笑。别管到了什么时候，爱情当然很重要。但是恋爱方式更为重要，尤其对于前途未卜的青少年，多一点冷静，少一点天真，多一点理智，少一点疯狂。人生就可能会是另一番风景。

——资料来源于中国大学生网

# 苏格拉底与失恋者的对话

苏（苏格拉底）：孩子，为什么悲伤？

失（失恋者）：我失恋了。

苏：哦，这很正常。我怎么发现你对失恋的投入甚至比对恋爱的投入还要倾心呢？

失：到手的葡萄给丢了，这份遗憾，这份失落，您非当事人，怎知其中的酸楚。

苏：丢了就是丢了，何不继续向前走去，鲜美的葡萄还有很多。

失：等待，等到海枯石烂，直到她回心转意向我走来。

苏：但这一天也许永远不会到来。

失：那我就用自杀来表示我的诚心。

苏：但如果这样，你不但失去了你的恋人，还失去了你自己，你会蒙受双倍的损失。

失：踩上她一脚如何？我得不到的别人也别想得到。

苏：可这只能使你离她更远，而你本来是想与她更接近的。

失：您说我该怎么办？

苏：真的很爱？那你当然希望你所爱的人幸福？

失：那是当然。

苏：如果她认为离开你是一种幸福呢？

失：不会的！她曾经跟我说，只有跟我在一起的时候她才感到幸福！

苏：那是曾经，是过去，可她现在并不这么认为。

失：这就是说她一直在骗我？

苏：不，她一直对你很忠诚。当她爱你的时候，她和你在一起，现在她不爱你，她就离去了，世界上再没有比这更大的忠诚。如果她不再爱你，却还装得对你很有情谊，甚至跟你结婚，生子，那才是真正的欺骗呢。

失：可我为她所投入的感情不是白白浪费了吗？谁来补偿我？

苏：不，你的感情从来没有浪费，根本不存在补偿的问题，因为在你付出感情的同时，她也对你付出了感情，在你给她快乐的时候，她也给了你快乐。

失：可是，她现在不爱我了，我却还苦苦地爱着她，这多不公平啊！

苏：的确不公平，我是说你对所爱的那个人不公平。本来，爱她是你的权利，但爱不爱你则是她的权利，而你却想在自己行使权利的时候剥夺别人行使权利的自由。这是何等的不公平！

失：可是您看得明明白白，现在痛苦的是我而不是她，是我在为她痛苦！

苏：为她而痛苦？她的日子可能过得很好，不如说是你为自己而痛苦吧。明明是为自己，却还打着别人的旗号。

失：依您的说法，这一切倒成了我的错？

苏：是的，从一开始你就犯了错。如果你能给她带来幸福，她是不会从你的生活中离开的。要知道，没有人会逃避幸福。

失：可她连机会都不给我，你说可恶不可恶？

苏：当然可恶。好在你现在已经摆脱了这个可恶的人，你应该感到高兴，孩子。

失：高兴？怎么可能呢，不管怎么说，我是被人给抛弃了。

苏：被抛弃的并不一定就是不好的。

失：此话怎讲？

苏：有一次，我在商店看中一套高贵的西服，爱不释手，营业员问我要不要。你猜我怎么说，我说质地太差，不要！其实，我口袋里没有钱。年轻人，也许你就是这件被遗弃的西服。

失：您真会安慰人，可惜您还是不能把我从失恋的痛苦中引出来。

苏：时间会抚平你心灵的创伤。

失：但愿我也有这一天，可我的第一步该从哪里做起呢？

苏：去感谢那个抛弃你的人，为她祝福。

失：为什么？

苏：因为她给了你一份忠诚，给了你寻找幸福的新的机会。

——资料来源于《对话录》

# 第六章　学习宪法法律　建设法治体系

## 一、教学目标

### 【知识目标】

1. 了解法律的含义和历史发展。

2. 了解社会主义法律的本质。

3. 了解我国宪法的特征和基本原则。

4. 了解中国特色社会主义法律体系的构成。

### 【能力目标】

1. 能够理解社会主义法律体系和运行机制。

2. 能够正确认识宪法在我国法律体系中的根本法地位，并自觉维护宪法权威。

### 【素质目标】

1. 能够正确理解我国社会主义法律的内涵，增强自身的法治观念。

2. 能够自觉增强公民意识，维护宪法的最高权威与尊严。

## 二、教学重点

法律的含义和历史发展。社会主义法律的本质。我国宪法的特征和基本原则。我国的国家制度。中国特色社会主义法律体系的构成。

## 三、教学难点

社会主义法律的运行。中国特色社会主义法律体系的形成。

# 实 践 拓 展

组织模拟法庭——《刑法》案件审理

**【实践类型】**

体验反思类

**【实践目标】**

通过组织模拟法庭，让学生感受法律的神圣和尊严，自觉维护法律权威，在生活中知法、懂法、守法。

**【实践方案】**

1. 模拟法庭活动的准备；

2. 教师简要讲述法庭的布置、法庭中各人员的位置、法庭审判的基本过程，然后宣布进入模拟法庭；

3. 庭前准备；

4. 开庭审理；

5. 法庭调查，包括诉辩阶段、质证阶段、问答阶段、认证及总结阶段；

6. 法庭辩论；

7. 法庭调解；

8. 评议、宣判；

9. 专家点评和教师综合评价。

# 知 识 运 用

**【案例一】**

### 篡改成绩　作茧自缚

2005 年，黑龙江省某大学电子工程专业三年级学生李大鹏（化名），因英语成绩始终不及格，便产生了用黑客入侵学校网站改成绩的念头。2005 年 6 月，李大鹏开始研究黑客程序，经过三个月的尝试，到了 9 月，李大鹏将"桂林老兵木马程序"植入到了所在大学的教务部网站中，利用该程序登录到大学的教务部网站，把自己的英语成绩从 59 分更改为 74 分。

过了一段时间，李大鹏见自己改成绩的事没有被发现，胆子便大了起来，他陆续将自己 40 余科的成绩都改为 80 分以上。他见学校校友录和聊天室里经常有学生抱怨考试不过，于是产生了通过修改成绩赚钱的想法。从

2005 年 10 月到 2006 年 3 月，李大鹏利用上网与同学聊天之机，向他们谎称自己认识学校教务部的工作人员，可以修改成绩数据，以此寻找和联系需要修改成绩的学生。其后，李大鹏以修改一科成绩要 50 元到 100 元不等的价钱，先后为本校 20 余名学生修改了学习成绩数据，共收取赃款 13130 元。这些钱都被李大鹏挥霍了。

2006 年 3 月，该大学的老师上网查询学生的成绩时，发现一名学生的成绩从不及格被改成了 75 分后，开始调查。李大鹏害怕事情败露，为隐瞒其犯罪事实，利用"桂林老兵木马"程序，将所在大学教务部网站服务器内存储的以学号 1021 开头的学生成绩数据进行修改，使有机化学科目在 90 分以上的学生考试成绩数据，均被其修改下调 10 分或 20 分，共修改 5100 余条。案发后，该大学向公安机关报案，李大鹏被抓获。

经法院审理认为，李大鹏违反国家规定，采取非法入侵的手段对学校计算机信息系统储存的大量学生成绩数据进行修改，造成了严重的后果，其行为已经构成破坏计算机信息系统罪。鉴于李大鹏被捕后能如实供述犯罪事实，认罪态度较好，其所在学校出具了对其从轻处罚的请求，故法院判处其有期徒刑两年，缓刑三年。

◆思考与讨论

李大鹏的事情给了我们当代大学生怎样的警示？

◆要点提示

道德方面：

1. 网络生活对大学生提出了道德要求，包括：正确使用网络工具，进行健康的网络交往，自觉避免沉迷网络，养成网络自律精神。

2. 社会对大学生的诚信与道德提出了要求，包括：诚信是大学生树立理想信念的基础，诚信是大学生全面发展的前提，诚信是大学生进入社会的"通行证"。

3. 公民基本道德规范对大学生提出的要求：诚信。

4. 大学生应该追求高尚的人生目的：人生目的决定人生道路，人生目的决定人生态度，人生目的决定人生价值标准。

5. 我们应该塑造当代大学生的崭新形象：理想远大，热爱祖国，追求真理，善于创新，德才兼备，全面发展，视野开阔，胸怀宽广，知行统一，脚踏实地。

6. 大学生应该促进个人与社会的和谐：正确认识个体性与社会性的统一关系，正确认识个人需要与社会需要的统一关系，正确认识个人利益与社会利益的统一关系，正确认识享受个人权利与承担社会责任的统一关系。

法律方面：

1. 违反了《维护互联网安全的规定》：故意制作、传播计算机病毒等破坏性程序，攻击计算机系统及通信网络，致使计算机系统及通信网络遭受损害；非法截取、篡改、删除他人电子邮件或者其他数据资料，侵犯公民通信自由和通信秘密构成犯罪，依照刑法有关规定追究刑事责任。

2. 违反了其他相应的网络信息安全法律制度，包括《计算机信息系统安全保护条例》、《互联网信息服务管理办法》等。

3. 违反了《纲要》对公民道德规范提出的要求：诚实守信。

【案例二】

### 借出学生证，"借"来法院传票

张非现在读大学二年级，在他刚上一年级的那个秋天，一位学姐找到他，让他帮忙借些学生证，当时张非听这位学姐介绍，这是某家通信公司在为校园推广业务专门针对在校大学生开展的优惠业务，办卡者只要出示学生证并进行登记，交 100 元，其中 50 元卡钱，50 元话费，就赠送一部手机，条件是需要在网 2 年，每月最低消费达 50 元钱，学姐表示，办卡的人肯定会长期使用不会有问题。

由于和学姐关系非常好，也出于对学姐的信任，张非不仅拿出了自己的学生证还帮忙借了 5 个学生证，张非回忆起在实际办理时还需要本人的身份证复印件及本人签字。过了没多久，学生证就拿回来了，就在大家都淡忘了此事的时候，麻烦来了。3 个月后的一天，张非和同学突然收到一份欠费通知单。张非立即拿着通知单找到学姐询问，学姐把通知单拿去了，并表示不会有事，她去搞定。可随后张非和同学又收到了法院的传票，原来他们被推广赠送手机优惠服务的通信公司起诉了。于是张非又去找学姐问，学姐也表示没有问题，她来处理此事，张非就没再过问此事。没想到的是，就在新学期开学不到一个星期的一天，张非和其他五位同学都收到了法院的执行通知书，这时他们才知道，他们借出学生证办理的电话卡根本没有使用，而是直接将电话卖掉，找到学姐，学姐说自己也是帮别人借学生证，借的人是她的同学的男朋友，而现在这两个人已经分手，根本找不到人了。在这些借学生证的大学生中，有一位因打算出国，由于官司未了，怕耽误出国行程，不得不缴纳了 2150 元，为这笔糊涂账埋单。

◆ 思考与讨论

大学生为什么容易上当受骗？学法、知法、守法，是不是意味着不去做法律禁止的事情就可以高枕无忧了？结合实际谈谈如何才能树立较强的法律意识，避免上当受骗。

◆要点提示

1. 我国《民法通则》规定，18 周岁以上的公民是成年人，可以独立进行民事活动，是完全民事行为能力人。民事主体违反合同或者不履行其他义务的，应承担民事责任。

2. 在本案例中，几位大学生已经是成年人了，从法律角度来说，具有民事权利能力和民事行为能力，相应地也要对自己的行为负责。因此，应该承担偿还费用。

【案例三】

### 中国"乙肝歧视"第一案

2004 年 4 月 2 日上午，中国乙肝歧视第一案在安徽省芜湖市新芜区人民法院公开宣判。法院一审判决确认，被告芜湖市人事局在 2003 年安徽省国家公务员招录过程中作出取消原告张先著进入考核程序资格的具体行政行为，主要证据不足。依照法律规定，该行政行为应予撤销，但鉴于招考工作已结束，故该行政行为不具有可撤销内容。因此，原告要求被录用至相应职位的请求未获支持。

2003 年 6 月，原告张先著在芜湖市人事局报名参加安徽省公务员考试，报考职位为芜湖县委办公室经济管理专业。经过笔试和面试，综合成绩在报考该职位的三十多名考生中名列第一，按规定进入体检程序。2003 年 9 月 17 日，张先著在芜湖市人事局指定的铜陵市人民医院的体检报告显示，其乙肝两对半中的 HBsAg、HBeAb、HBcAb 均为阳性，主检医生依据《安徽省国家公务员录用体检实施细则（试行）》确定其体检不合格。张先著随后向芜湖市人事局提出复检要求，并递交书面报告。同年 9 月 25 日，芜湖市人事局经请求安徽省人事厅同意，组织包括张先著在内的十一名考生前往解放军第八六医院复检。复检结论仍为不合格。依照体检结果，芜湖市人事局依据成绩高低顺序，改由该职位的第二名考生进入体检程序。并以口头方式向张先著宣布，其由于体检结论不合格而不予录取。

2003 年 10 月 18 日，张先著在接到该通知后，表示不服，向安徽省人事厅递交行政复议申请书。2003 年 10 月 28 日，安徽省人事厅作出《不予受理决定书》。同年 11 月 10 日，张先著以被告芜湖市人事局的行为剥夺其担任国家公务员的资格，侵犯其合法权利为由，向法院提起行政诉讼，请求依法判令被告的具体行政行为违法，撤销其不准许原告进入考核程序的具体行政行为，依法准许原告进入考核程序并被录用至相应的职位。此宗案件，被媒体称为"中国乙肝歧视第一案"。

◆思考与讨论

请运用所学法律知识和基本原理分析说明芜湖市人事局取消张先著进入考核程序资格的行为是否合适及其理由。

◆要点提示

1. 按照国内现行《病毒性肝炎防治方案》规定，乙肝病毒携带者除了不能献血或从事直接接触入口食品和保育工作外，并不能视为现症肝炎病人处理。张某只是一名普通的感染者，并且现行劳动人事法规和规章对此也没有作出明确的规定。

2. "乙肝歧视"反映了对乙肝患者权利的漠视。可以这样说，正是由于乙肝传播常识的缺乏和法规的弹性规定，让乙肝患者遭遇了极大不公平。这种不公平不仅仅停留在升学和就业方面，而且也体现在心理挫伤上，这种看不见、摸不着的伤害有时往往会更长久。

3. 由"乙肝歧视"引发的首例诉讼案，涉及的法律权利实际上是携带有乙肝病毒和没有携带乙肝病毒的公民报考公务员的平等竞争的权利。从宪法层面上看，这就是属于公民基本权利的两个方面，即劳动和平等就业的权利与参与国家社会事务管理的政治权利。可以想象，无论法院对这起首例"乙肝歧视"诉讼案的判决如何，都将会引起社会的极大关注。

4. 国内到目前为止还没有宪法诉讼，也就是说，在国内，如果有人认为某项法律、制度或者某一行为违背宪法规定，仍无法提起有关违宪的诉讼。中国虽然不是判例法系国家，但这起首例"乙肝歧视"诉讼案还是有可能影响以后类似案例的判决。如果原告最终胜诉，就会有更多的仿效者纷纷走上法庭主张权利。更重要的是，如果能够以这起诉讼为一个开头，推动政府和全社会树立起宪法至上的观念，在宪法的基础上，正确地行使自己的权利和履行自己的义务，将具有更大的现实和历史意义。

# 延 伸 阅 读

## 赵作海案件始末揭秘　被冤枉杀人后遭刑讯逼供

河南村民赵作海，1999 年因同村赵振响失踪后发现一具无头尸体而被拘留，只因两人曾发生冲突，警方认定无头尸体系赵振响，凶手是赵作海。后来，赵作海以故意杀人罪被判死缓。谁曾想到，就在"杀人犯"赵作海服刑 11 年后，"死者"赵振晌突然回到村里。赵作海案件始末是怎样呢？下面小编为您揭秘。

1998 年 2 月 15 日，商丘市柘城县老王集乡赵楼村赵振晌的侄子赵作亮到公安机关报案，其叔父赵振晌于 1997 年 10 月 30 日离家后已失踪 4 个多月，怀疑被同村的赵作海杀害，公安机关当即进行了相关调查。

1999 年 5 月 8 日，赵楼村在挖井时发现一具高度腐烂的无头、膝关节以下缺失的无名尸体，公安机关遂把赵作海作为重大嫌疑人于 5 月 9 日刑拘。

1999 年 5 月 10 日至 6 月 18 日，赵作海做了 9 次有罪供述。2002 年 10 月 22 日，商丘市人民检察院以被告人赵作海犯故意杀人罪向商丘市中级人民法院提起公诉。2002 年 12 月 5 日商丘中院作出一审判决，以故意杀人罪判处被告人赵作海死刑，缓期二年执行，剥夺政治权利终身。省法院经复核，于 2003 年 2 月 13 日作出裁定，核准商丘中院上述判决。

2010 年 4 月 30 日，赵振晌回到赵楼村。经调查，1997 年 10 月 30 日夜，赵振晌携自家菜刀在杜某某家中向赵作海头上砍了一下，怕赵作海报复，也怕把赵作海砍死，就收拾东西于 10 月 31 日凌晨骑自行车，带 400 元钱和被子、身份证等外出，以捡废品为生。因 2009 年患偏瘫无钱医治，才回到村里。

2010 年 5 月 5 日下午，省法院决定启动再审程序。2010 年 5 月 7 日下午，商丘中院递交了对赵振晌身份确认的证据材料。2010 年 5 月 8 日下午，省法院召开审委会，认为赵作海故意杀人一案是一起明显的错案，宣告赵作海无罪，同时启动责任追究机制。

2010 年 5 月 9 日，当获知 58 岁的赵作海已被无罪释放即将回到家乡时，乡亲们不由得聚在村口，想看看经历了 11 年牢狱之灾的赵作海现在是什么样子。之前，还有一件事令乡亲们震惊，当年，被赵作海"杀死"的赵振晌突然"复活"，从太康县回到了家中。以往平静的村子如同炸了锅，变得不再平静。

原来，2010 年 4 月 30 日，"死亡"十多年的赵振晌出现在赵楼村村支书李忠厚面前，一声"老表"的问候，让李忠厚吓了一跳。"你不是死了吗？咋、咋又回来了？"李忠厚惊问。赵振晌说，自己没死，这些年在外，一直靠卖瓜子、衣服等东西谋生，这次回来，主要是因为得了偏瘫。随后，赵振晌向李忠厚要求吃低保。至于当年为何突然失踪，赵振晌说，当年和赵作海打架时，砍了赵作海几刀，以为把赵作海砍死了，心里害怕就跑了出去。

赵振晌的突然现身，令很多人难以置信，后来为了证明身份，赵振晌只好让大家查看了他肚子上的疤痕。此刻，村民再度想起了十多年前的往事。

1997年10月30日，赵作海和同村村民赵振晌因故打架，之后，赵振晌失踪。在赵振晌亲属报警后，柘城警方将赵作海带走，关了20多天后被放回家。事情过去一年后，赵楼村村民淘井时，发现一具没有头、没有四肢的尸体，村民们都认为是失踪一年的赵振晌，赵振晌的亲属也认为这是赵振晌的尸体，便再次报警。这样，赵作海成为重大嫌疑人被柘城警方再次抓走。2002年12月5日，商丘市中级人民法院以故意杀人罪判处赵作海死刑，缓期两年执行。判决后，赵作海未上诉，开始在位于开封的河南省第一监狱服刑。

当年，关于赵作海和赵振晌打架的原因有两种说法：一种说法是因为经济纠纷；另一种说法是因为两人都和同村妇女杜某相好，遂产生矛盾。当年，商丘中院的判决书表明，赵振晌、赵作海均与同村某妇女有私情，因此发生争斗，赵振晌持刀追打赵作海，赵作海杀死赵振晌。

2010年4月30日当晚，赵作海的亲属听说赵振晌已经回到村里，确认无误后，立刻拨打110报警。当晚，赵振晌被带走。赵作海的亲属们非常兴奋，决定到监狱向赵作海"汇报"详情。

2010年5月4日，按照监狱的会见管理规定，赵作海的叔叔赵振举、姐姐赵作兰、妹妹赵小兰一同来到河南省第一监狱。见面时，赵作海看起来精神不错，当亲属们告诉他赵振晌"复活"的事情后，赵作海先是连问了两次，接下来沉默了一段时间，然后开始失声痛哭，在场的亲人也泪流满面。赵作海说自己冤枉，冤得很，确实没杀人，是屈打成招。为了证实民警打人，他还让亲属们查看了他头上被枪砸留下的伤痕，他说自己这些年是"忍辱偷生"。

商丘中院在得知赵振晌"复活"之后，立即会同检察人员调查详情。从赵振晌本人处了解到：1997年10月30日夜，他对赵作海前往杜某家心生怨气，就携自家菜刀赶到杜某家向赵作海头上砍了一下。由于害怕赵作海报复，也怕把赵作海砍死，他收拾了一些日常用品于10月31日凌晨骑自行车离开家乡，身上只带了400元钱和被子、身份证等。那之后，他辗转各地以捡废品为生。去年他患了偏瘫无钱医治，这才回到村里。5月初，赵作海案经媒体曝光后，舆论一片哗然，此案被称为河南版的"佘祥林案"。

5月5日，河南省高级人民法院在听取赵作海案件情况汇报后，决定启动再审程序。5月8日，河南省高院召开审委会，认为赵作海故意杀人一案是明显错案。审判委员会决定：一、撤销省高院〔2003〕豫法刑一复字第 13 号刑事裁定和商丘市中级人民法院〔2002〕商刑初字第 84 号刑事判决，宣告赵作海无罪。二、省高院连夜制作法律文书，派员立即送达判决书，并和监狱管理机关联系放人。三、安排好赵作海出狱后的生活，并启动国家赔偿程序。

5月9日，河南省高院召开新闻发布会，通报赵作海一案的再审情况，同时启动责任追究机制。当日，当得知将被释放的消息时，赵作海涕泪横流，失声痛哭。此前，赵作海入狱后两次获减刑，先后被改判为无期徒刑、有期徒刑 20 年。当日，河南省第一监狱帮赵作海清点、收拾了私人物品，提出他电子消费卡上的 1277.2 元余款。当日 8 时许，赵作海走进省高院在监狱设立的庭审现场，赵作海当庭被宣布无罪释放。

说起十多年前的那场"血案"，赵振晌黯然神伤，他不承认是因为男女私情，说是为了那 1800 元打工血汗钱。赵振晌说："赵作海在牢里过了 11 年，我也流浪了 13 年呀，都是那次打架，现在想想真不值得，说实话，这些年我心里也不好受，在这件事上，我们两个都是受害者，都有损失。如果他愿意跟我和好，我也愿意，仇家宜解不宜结。"

其实，这些年日子过得很不如意的还有一名当事人杜某。杜某说："当年，我和赵作海同时被关押在老王集派出所，民警非要我承认和赵作海相好，两人是因为我打架的，而且民警让我跪在木棍上，用木棍打，用皮鞭抽，问赵作海杀人时，我在不在场，我说我不知道。"

如今赵作海被释放了，案件水落石出。2010 年 5 月 11 日，杜某来到了赵作海家，问赵作海是否见了赵振晌，说这十几年，因为赵作海的事情，她受尽了歧视和委屈。村里对她说法很多，让她连赶集都抬不起头来。她认为这一切都是赵振晌的侄子报案引起的，希望赵作海能陪她一起去向赵振晌的侄子讨个说法。赵作海感谢杜某对自己两个孩子的照顾，说等自己拿到赔偿，一定会陪她去讨要说法。

既然没有杀害赵振晌，那么赵作海为什么要认罪呢？答案只有四个字：刑讯逼供。

提到自己当年挨打，赵作海说，简直是生不如死，从抓走那天就开始挨打，拳打脚踢，现在头上的伤疤都是用枪头打的。警方用擀面杖一样的棍子敲脑袋，敲得头发晕，还在头上放鞭炮，一个一个点着了炸头，让人没法睡觉……赵作海说，再硬也挺不住，后来说不要打了，让说啥就说啥……

——资料来源：如皋新闻网 2014 年 3 月

# 今日案例：疑罪从无的法治进步

"疑罪从无"要达到怎样的标准？在最近的一起判决中，DNA 鉴定已经认为嫌疑人吻合度较高，却因为提取的位点不够，不能排除"合理的怀疑"，已经因故意杀人罪、强奸罪服刑近 16 年的珠海男子徐辉再审时被无罪释放。据羊城晚报记者 16 日从珠海市中级人民法院获悉，该院于本月 9 日对徐辉作出无罪判决，16 日徐辉从新疆奎屯监狱回到家中。"这不同于赵作海、张高平叔侄等案件，他们是真凶甚至当年的'死者'跑回来才纠错的，徐辉的案子则完全是广东省高院依据原有的证据材料作出的重审决定，这需要更大的勇气，也是司法进步的体现。"其律师侯衍涛如此形容该案十多年后的再审，他一度感叹"这是司法界的一个奇迹"。

从干部到"强奸杀人犯"

小林镇，珠海西部地区一个安静的小镇，1998 年 8 月 25 日早上 8 时许，一具裸尸打破了小镇的平静。当日早晨，一名晨练者在经过离小林市场不远处的一个丁字路口时，突然发现路口土地公龛旁躺着一具裸尸。死者是一名女孩，当年 19 岁，叫严某娟，本地居民，因年轻貌美被当地人称为"小林之花"。很快警察云集这个小镇，并且相当长一段时间，严某娟裸死街头，一直是当地人讨论和打听的话题。

根据当年的判决材料，法医技术鉴定显示，死者阴道内有新鲜精液，头部有三处帽状腱膜下出血，系被钝性物体作用所致。另外，死者右耳垂后方至颈前见一条断续状索沟，伴皮下出血，推测系被用绳索类勒颈致机械性窒息死亡。珠海警方立即成立专案组，全力侦办此案。

徐辉，原本是小林镇劳动服务站副站长，土生土长的小林人。案发时，徐辉工作的服务站与被害人严某娟家隔街相望。徐辉一家三口日常就住在服务站二楼南侧。据说案发后，徐辉还围在警戒线外看了许久的热闹。而事后，徐辉被纳入警方视线是因为两条警犬的功劳。

综合之后判决书、警方笔录以及当年的媒体报道，案发后，专案组很快带了 3 条警犬现场搜寻证据，在根据现场的嗅源展开追踪后，警犬"猎鹰"从案发现场一路追到小林劳动服务站，并顺着楼梯上到二楼走廊位置，不久，另一条警犬"忠诚"也追到同一地点，显示有反应。不过，到此地点之后，两条警犬就不愿再继续追踪下去。

在最初侦查阶段，警方发现徐辉和严某的男朋友周某均有作案嫌疑。

但经进一步调查，周某有案发时不在现场的证明，没有作案时间，从而排除周某作案嫌疑。

案发后的第23天，1998年9月17日晚上9时多，徐辉作为嫌疑人被警方带走，自此开始失去"自由"。数日后，当地警方宣布案件告破。

珠海市中级人民法院介绍，侦查机关之所以将徐辉作为犯罪嫌疑人，是由于案发后警犬曾沿气味追踪到被害人严某家对面徐辉的家中，并对徐辉的凉鞋气味有明显反应。同时，根据DNA鉴定结论，徐辉的DNA与被害人严某体内生物物质DNA的吻合度较高。此外，经调查，案发当晚徐辉的妻子回娘家，徐辉具有作案时间。此外，徐辉被刑事拘留后一度认罪（但后来翻供，并称遭遇刑讯逼供）。

**两审均被判死刑缓期执行**

一年后，珠海市检察院指控徐辉犯故意杀人罪、强奸罪。1999年珠海中院一审判决认定，被告人徐辉无视国法，采取持砖块砸头致人昏迷的暴力手段，奸淫妇女，情节恶劣。一审判处被告人徐辉犯强奸罪和故意杀人罪，两罪并罚，决定执行死刑，缓期二年执行，剥夺政治权利终身。徐辉不服，提起上诉。但2001年，广东省高级人民法院二审裁定维持原判。

当年判决记录：1998年8月25日零时，被告人徐辉在二楼阳台收衣服时，见邻居女青年严某娟独自从家出来，遂起歹念。当时徐辉妻子不在家，女儿已经熟睡，徐辉于是随即下楼沿路尾随。严某娟行至旧税所旁的路口等男友周某前来约会，徐辉走近严的身后，从地上捡起一块砖头，砸打其头部致其昏迷。接着，徐辉把严某娟拖到旧税所南侧窗边，徐辉先钻进去，再将被害人拖入，随后徐辉强行与严发生性关系。

判决材料显示，当徐辉刚穿好裤子时，严某娟苏醒并发出微弱的救命喊声。徐辉怕事情败露便起意杀人灭口，拿出一条花电线从严身后勒住其脖子，用膝盖顶住严的腰部，直至其窒息死亡。随后，徐辉把严的尸体移至山边街土地庙北侧小巷，准备沿小巷拖尸到山上弃置，但因小巷尽头被木栅门封住，只好将尸体弃于小巷的水沟旁。

判决后，徐辉开始在广东四会监狱服刑。

**四处申诉迎来再审**

徐辉在警方突审5天5夜后"认罪"，但当他在看守所睡了一个大觉后便开始翻供。对于自己后来翻供，徐辉说，当时对他的审讯差不多持续了5天5夜，共计108个小时，不让睡觉，一打盹就被照强光，甚至办案警察拿一根牙签在他面前晃，威胁"你睡觉就用牙签锥你的眼睛"，因精神熬不住，为求解脱，选择认罪。"但到看守所睡了一觉，意识清醒了，不对呀，我怎么到这儿来了，我没强奸杀人，我为什么要认罪？"

据判决材料，在专案组对徐辉十多次审讯过程中，前9次徐辉均否认杀人，最后3次审讯中，他承认作案，但关于作案过程描述迥异。比方说，用什么勒死被害人时，徐辉起初"交代"，他案发当晚看到严某娟后，从自己的卧室梳妆台抽屉找出用于织渔网的白色尼龙绳，剪了2尺长，目的是"制服人"；因白色尼龙绳不符合伤口，后来徐辉又供述是用双手卡住严某娟的脖子致对方死亡；接着作案工具又变成了钢丝绳；最后才说是一条花电线，最终被警方认定其是用花电线作案。

和徐辉一样，他的家人也相信徐辉不可能对邻居做出如此伤天害理的事来。妻子黄美英说："徐辉性格也好，平时很顾家，当时也有体面的工作，出这事之前，我们是一个多么幸福的家庭，怎么也不会相信他会干这种事。"哥哥徐庆，十多年来一直在为弟弟奔走疾呼。徐庆也曾劝弟弟，只要认罪减刑就能早日回家，但徐辉不听，每当监狱里有减刑的机会，他都会拒绝，"我没犯罪，我不要减刑！"

徐辉家人不断申诉引起了广东省高院的重视，2008年10月4日广东省高院作出再审决定。其间，徐辉从四会监狱转到新疆奎屯监狱。

2011年，广东省高院对该案发出再审裁定："原审判决认定被告人徐辉的行为构成故意杀人罪、强奸罪的事实不清、证据不足"，撤销原珠海中院、省高院一审、二审裁定，同时将本案发回珠海市中级人民法院重审。

关键证据不足（警犬气味鉴别鉴定的可靠性不足、精液DNA鉴定结论达不到同一性）

在一审、二审中，法院认定徐辉系真凶的证据之一是，公安部门给出的公安局(98)珠刑技(犬)鉴字号鉴定书中提到在侦查该案时，有两条警犬直追到徐辉居住劳动服务站二楼，显示有反应，但没有进一步追踪。

近16年来，锲而不舍为徐辉辩护的律师侯衍涛则称，劳动服务站是公共场所，平时人来人往，而且徐辉作为土生土长的本地人，在当地工作20年，经常有熟人去他那喝茶聊天，无法判定警犬就是冲着徐辉的气味而来的。若是徐辉，警犬应径直到其卧室，因为这里气味最浓，但警犬追到了二楼拐角就没有继续追了，侯衍涛辩护称，这一点正好说明徐辉不是凶手。

庭审中检方指控"徐辉用砖头击打严的头部，将严打晕"，但这块被徐辉描述为"红色的，有三分之二大"的砖一直没有找到也是本案争论的另一大焦点。据一、二审判决，定徐辉有罪的另一证据是对从死者阴道中提取的精液进行DNA鉴定，结论为"经DNA检验，严某娟阴道提取物含有两个不同个体成分。不排除含有徐辉、周某的精斑"，其中周某是严某娟生前男友。当年判决时甚至还用了"被害人严某娟阴道提取物的鉴定结论不能肯定是徐辉的,但也不能排除是徐辉的"的表述。

由于该案复杂,重审历时近3年。经过重审,珠海中院认为:被害人阴道内提取精液的DNA鉴定,限于当时的技术水平和客观情况,仅提取到四个位点进行鉴定,虽然不排除是徐辉精液,但位点太少,概率过低,结论远远达不到同一性的证明要求;警犬气味鉴别鉴定的可靠性不足;案发于深夜零时,被告人徐辉供述细节与现场勘查情况、现场照片高度一致,不合情理;被告供述作案经过及作案工具不合情理;客观上不能排除被告人辩解所称部分案情是道听途说所获悉等。

综上,珠海中院重审宣判认定徐辉作案证据不充分,根据疑罪从无、有利于被告人原则,宣告徐辉无罪。

对话徐辉:我相信法律坚信会判无罪

记者:是什么支撑你16年来一直坚持申诉?

徐辉:因为我没做过,我相信法律最终会还我公道。

记者:你是什么时候知道可以回家了?

徐辉:本月14日晚上,副监狱长找我谈心,指着监区外的一条路问我看到了什么,我说看到了路。他笑着跟我说,"你看到光明。"还问了我穿的衣服和鞋的尺码,那时我就猜到七八分了。第二天给我买了一套新衣服和一双新鞋。

记者:听到宣判你无罪,心情怎样?

徐辉:15日上午11时左右,我被带出监狱,看到了珠海来的法官以及哥哥,随后被带往当地法院听候宣判,这个时候已经坚信自己再也不会返回监狱。听到宣判无罪后我虽说有些激动但很快恢复平静,因为16年了,心情早被磨平了。

记者:你能无罪回家,最想感谢的人是谁?

徐辉:16年来一直为我奔走,一直陪着我坚守到底的律师和哥哥,没有他们的坚持,就算法律再公正,我估计也出不来。

记者:你现在最想做的事是什么?

徐辉:16年了,从39岁进去到55岁出来,妻子一个人把孩子拉扯大,承受了很多苦,现在最想的是先养好身体,多陪陪家人,再找份工作,过回正常的日子。

如何善后:将及时启动国家赔偿程序,徐辉将获精神损害赔偿金

根据国家赔偿法的规定,依照审判监督程序再审改判无罪,原生效判决已经执行的,受害人有获得赔偿的权利。

据悉，法院将及时启动国家赔偿程序，确保赔偿款及时到位。国家赔偿法规定，侵犯公民人身自由的，每日赔偿金按照国家上年度职工日平均工资（每日 200.69 元，据此计算超过 110 万元）计算。

此外，徐辉还可依法获得一定数额的精神损害赔偿金。

疑罪从无原则

疑罪从无原则是指根据证据既不能证明被追诉的被告人实施了犯罪行为，也不能完全排除被追诉的被告人实施了被追诉犯罪行为的嫌疑，从诉讼程序和法律上推定被追诉被告人无罪，从而终结诉讼的法律原则。疑罪从无原则是无罪推定原则的一个派生原则。

有利于被告人原则是指在对事实存在合理疑问时，应当做出有利于被告人的认定。该原则的适用可能情形表现为：当事实在有罪与无罪之间存在疑问时，宣告无罪；当事实在重罪与轻罪之间存在疑问时，认定轻罪；就从重处罚情节存在疑问时，应当否定从重处罚情节；当无法确信某一犯罪行为是否超过追诉时效时，应当认定已超过追诉时效。

——资料来源：慷慨悲歌之士的博客

# 解决收入分配不公，要法律面前人人平等

近来关于贫富差距、收入分配不平等引起热烈的讨论。一些经济学家提出解决这个问题的良方是"机会平等"。甚至引用奥肯的著作《效率与公平——一个重要的权衡》，说："关于平等问题可以从两个角度观察，一个是机会的平等，也有人把它叫做起点的平等；一个是结果的平等。结果的平等和效率有负相关的关系，就是说平均主义，吃大锅饭，会损害效率，损害人的积极性。而机会的平等一般说来是跟效率正相关的，如果机会平等，大家能够平等竞争，这是能够提高效率的。"这种观点忽略了一个前提，在西方"机会平等"的观念是伴随着现代化过程建立起来的，所谓"机会平等"的前提是"法律面前人人平等"——人的基本权利平等。与此相适应的价值观念是"真理面前人人平等"。在中国随着五四新文化运动和现代化过程中，这些基本的观念也深入人心。因此，机会平等的前提是法律面前人人平等，每一个人的基本权利都必须受到尊重，这才是真正意义上的公平。我国的《劳动法》等法律明文规定了劳动者的基本权利，"劳动者享有平等就业和选择职业的权利、取得劳动报酬的权利、休息休假的权利、获得劳动安全卫生保护的权利、接受职业技能培训的权利、享受社会保险和福利的

权利、提请劳动争议处理的权利以及法律规定的其他劳动权利。""用人单位应当依法建立和完善规章制度，保障劳动者享有劳动权利和履行劳动义务。"

但是在现实中，一些企业追求"效率优先"，并没有尊重劳动者的权利。据全国总工会公布的资料显示，2004年以前全国进城农民被拖欠的工资在1000亿元左右，目前全国农民工的数量有一亿人左右，即每名农民工平均被拖欠1000元左右，近70%的农民工有过被拖欠工资的经历。（《1亿民工人均欠薪1000元法院拟增设拖欠报酬罪》，2006年4月29日《北京晚报》）。建筑业又是危险的行业，死伤的民工仅次于煤矿。如果我们观察各个行业，就会发现延长劳动时间、压低工资的现象比较普遍。6月23日《信息时报》发出消息，广东省劳动保障部门去年9月首次对20家"血汗工厂"予以曝光后，再度对严重违反劳动法规的30家"血汗工厂"予以曝光。而与上次公布的20家各种各样违反劳动法规所不同，本次公布的30家"血汗工厂"，其违法事实主要集中在拖欠工资和拖欠社保两个方面。

所以真正的问题，不仅在于收入分配不平等，也不是什么"机会不公平"，而在于劳动者的基本权利没有得到尊重。经济学家们讲了很多原因，如"城乡二元结构"、"工农业差距"等，但是深入追究，就会发现，劳动者没有得到公平的社会地位，他们的生命健康没有得到保证，劳动时间被延长，工资被拖欠。在这样的条件下，收入的差距当然会扩大。所以超过基尼系数的警戒线的真正原因是，劳动者没有得到公平的社会地位。要解决收入分配不公平应该从法律面前人人平等入手，保障劳动者的生命健康，不拖欠工资，不延长劳动时间。这样才能真正达到全体社会成员的和谐。

刀下"留吴英"彰显法治精神和人性之美

作为最高人民法院，自然应该以身作则，即在诸如吴英案这样的涉及民间借贷的案件中彰显法治精神。

人所共知，在2012年3月14日的中外记者会上，国务院总理温家宝直言道："我注意到，一段时间以来社会十分关注吴英案。对于案件的处理，一定要坚持实事求是。我注意到，最高人民法院下发了关于慎重处理民间借贷纠纷案件的通知，并且对吴英案采取了十分审慎的态度。"

由此可见，吴英一案的影响是何其深远。

那么，吴英是否会被最高人民法院送上刑场呢？

2012年4月20日新华网有关新闻报道告诉我们的答案是，4月20日，最高人民法院依法裁定不核准吴英死刑，将案件发回浙江省高级人民法院重新审判。

就此，吴英的父亲吴永正说："我现在心里有一点点的解脱，但是还没有完全解脱。"而吴英的辩护律师张雁峰在接受新浪网采访时表示，吴英案案件重大，且存在巨大争议，最高法此次能顶住压力不予核准，难能可贵。他认为，不核准死刑因素有三，吴英能如实供述案情，且积极检举揭发，同时舆论和民意也形成了影响。

其实，笔者在 2012 年 2 月 7 日也曾经发表过题为《吴英不死更有利于中国社会的长治久安》。

但无论如何，最高人民法院如今刀下"留吴英"，此为彰显法治精神和人性之美。

首先，最高人民法院出台的《关于依法妥善审理民间借贷纠纷案件 促进经济发展维护社会稳定的通知》明确要求，各级人民法院积极践行能动司法理念，充分发挥审判职能作用，妥善化解民间借贷纠纷，促进经济发展，维护社会稳定。

作为最高人民法院，自然应该以身作则，即在诸如吴英案这样的涉及民间借贷的案件中彰显法治精神。

"少杀、慎杀"也是中国社会近年来倡导的重要法治精神，而《关于进一步加强刑事审判工作的决定》等司法解释明确指出，"凡是判处死刑可不立即执行的，一律判处死刑缓期二年执行"。所以说，最高人民法院"依法裁定不核准吴英死刑"，并认为"综合全案考虑，对吴英判处死刑，可不立即执行"正是此种法治精神的具体体现。

其次，尽管最高人民法院认为"被告人吴英集资诈骗数额特别巨大，给受害人造成重大损失，同时严重破坏了国家金融管理秩序，危害特别严重，应依法惩处"，而出于某些考量声称"被告人吴英集资诈骗犯罪事实清楚，证据确实、充分，一审判决、二审裁定定性准确，审判程序合法"，但事实上其"不核准吴英死刑"之举，就本质而言，彰显了某些司法人员的人性之美。

再者，最高人民法院对吴英案的裁定，会让关注吴英案的亿万羲皇子孙，更加相信中国政府确实是在构建法治社会、和谐社会，从而有利于彰显中国社会的法治精神和人性之美。也就是说，吴英不死更有利于中国社会的长治久安。

当然，浙江省高级人民法院的重新审判，一定还会存在某些博弈，但刀下"留吴英"彰显法治精神和人性之美，而最高人民法院已经明确表示"对吴英判处死刑，可不立即执行"，并且吴英的辩护律师张雁峰始终坚持的"无罪辩护"并非没有事实和法律依据。所以，笔者罗竖一希望浙江省高级人民法院能依法做出最为公正的判决，而不要再演绎出司法跟民意几乎完全相左的黑色幽默。

——资料来源：观点中国，罗竖一

## "中国宪法司法化第一案"——齐玉苓案

1990 年，山东省滕州第八中学初中毕业生齐玉苓考上济宁商校，却被同村同学陈恒燕盗用姓名就读直至毕业，毕业后陈继续冒用齐的名字参加工作。齐诉陈侵犯姓名权、受教育权纠纷案，经山东省高院二审公开开庭审理，并获最高人民法院批复，于 2001 年 8 月 24 日向社会公布审理结果：齐玉苓获得共计 10 余万元的赔偿。此案被称为"中国宪法司法化第一案"。

**中考"失利"年轻女孩遭遇下岗**

1990 年夏，山东省枣庄市滕州鲍沟镇圈里村 17 岁的姑娘齐玉苓在中考后，一直没能获得录取通知书。以为自己未被录取，齐玉苓最终借钱上了邹城技工学校。命运弄人，技校毕业后，没干两年的工作因厂里减员分流，齐玉苓成了下岗大军中的一员。于是，每天早上卖早点、下午卖快餐成为齐玉苓维持生活的唯一途径。时光荏苒，转眼到了 1999 年。已准备结婚的齐玉苓，遇到了一件蹊跷事。

**"真假"齐玉苓　同村同学冒名顶替**

从朋友处，齐玉苓无意中得知，当地银行有一个与自己同名同姓的人。齐玉苓倍感诧异，因为姓名同音不奇怪，但"苓"字也一样就有点让她好奇了，而更让齐玉苓震惊的还在后面——这名"银行齐玉苓"正是 1990 年考取中专的，而且这个人上的中专正是当年齐玉苓所报考的济宁商校。

经过仔细调查，齐玉苓发现，那个已是银行储蓄所主任、为人母的"齐玉苓"竟是原圈里村党支部书记陈克政的女儿陈恒燕。事实上，陈恒燕早在自己预考落选之后就开始了冒名齐玉苓的行为。没资格参加统考的陈恒燕，用齐玉苓的名义取得了鲍沟镇政府的委培合同，而费尽心血考试的齐玉苓，却对一切茫然无知。

**弄虚作假 9 年冒名者站上被告席**

9 年后突然出现的这场变故，让齐玉苓无论如何也不能接受。她没想到，当年她自以为中考失利而痛苦万分的时候，却已有人偷偷拿走了她的录取通知书，摇身一变，成了"齐玉苓"，上了本是她考上的济宁商校，从此当上了城里人，还捧上了银行这令人羡慕的饭碗。而自己却在打工、下岗。

1999年1月29日，齐玉苓在家人的帮助下将陈恒燕及其父、山东省济宁商业学校、滕州第八中学、山东省滕州市教育委员会等推上法院被告席。

齐玉苓在诉状中表示：由于各被告共同弄虚作假，促成被告陈恒燕冒用原告的姓名进入济宁商校学习，致使原告的姓名权、受教育权以及其他相关权益被侵犯。请求法院判令被告停止侵害、赔礼道歉，并赔偿原告经济损失16万元，精神损失40万元。

**不满一审判决坚持维护受教育权**

1999年5月，枣庄市中院对齐玉苓诉陈恒燕等四被告一案作出一审判决。一审判决后，没有认定齐玉苓的受教育权被侵犯，齐玉苓又上诉至山东省高院。而这起特殊的案件着实让法官感到为难，陈恒燕等人侵犯了齐玉苓的受教育的权利，应该承担民事责任，但是却苦于找不到具体的法律规定。所以决定向最高法请示。

2001年6月28日，最高法作出批复，明确指出：以侵犯姓名权的手段侵犯他人依据宪法规定享有的受教育权，应承担相应的民事责任。山东省高级人民法院据此对这场冒名顶替上学案作出了终审判决：判令陈恒燕停止对齐玉苓姓名权的侵犯，济宁商校、滕州教委、滕州八中承担连带赔偿责任，与陈恒燕父女共同赔偿齐玉苓精神损失费5万元、赔偿齐玉苓因受教育权被侵犯所造成的经济损失5万余元，总计10万余元。

在我国司法实践中，由于种种原因，宪法没有作为法院裁判案件的直接法律依据。从新中国成立至今，各级法院在审理案件过程中，往往回避在法律文书中直接引用宪法。因此，作为国家根本大法，宪法中规定的部分公民基本权利内容在司法实践中发生争议时，可能难以获得有效的司法救济。

发生在上世纪90年代的山东齐玉苓诉陈恒燕等人一案，事关宪法规定的平等受教育权，因首次引用宪法规定进行判决，被司法界、学术界、媒体称为"宪法司法化第一案"。最高法对齐玉苓案的批复，成功实现了宪法中公民基本权利条款在普通诉讼中的适用。

——资料来源：《四川法制报》

# 第七章　树立法治观念　尊重法律权威

## 理 论 导 学

## 一、教学目标

### 【知识目标】

1. 了解社会主义法治理念的基本内容。
2. 了解法律思维的含义与特征。
3. 了解尊重法律权威的基本要求。

### 【能力目标】

1. 能够树立社会主义法治观念，增强维护社会主义法律权威的自觉性。
2. 能够加强法律修养，培养依法办事的思维方式，用法律思维分析和思考问题。

### 【素质目标】

1. 能够自觉树立社会主义法治理念，增强法律意识，加强社会主义法律修养。
2. 提高自身在社会实践中运用法律的能力，养成法律思维，做一个知法懂法守法用法的合格公民。

## 二、教学重点

社会主义法治理念的重要意义。法治思维方式的含义和特征。维护法律权威的意义。

## 三、教学难点

如何树立社会主义法治理念。什么是法治思维？如何培养法治思维？

# 实 践 拓 展

【实践项目一】

观看电影《十二公民》

【实践类型】

观感类

【实践目标】

观看电影后，请同学们思考，在中国这个特殊的转型期，如何现实地处理好人治和法治的关系。

【实践方案】

以班为单位组织学生观看电影《十二公民》。根据影片内容，将学生分成正反两方，组织学生进行课堂辩论。活动结束后，每位学生上交有关讨论或辩论结果的书面材料。

# 知 识 运 用

【案例一】 延安"黄碟案"

中国青年报 2003 年 1 月 20 日报道，2002 年 8 月 18 日晚 11 时许，延安市宝塔公安分局万花派出所民警接群众电话举报，称张某夫妇在位于宝塔区万花山乡的一处诊所后屋（诊所面对该村的一条大道，紧邻的一排房屋是商业用门面。诊所由两个通透的商业门面用房构成，其中设有一床）中播放黄碟。4 名身着警服，但据称因尚未授警衔所以未佩带警号的民警遂前去调查。民警从后面的窗子看到里面确实有人在放黄碟，就敲门进去，在查处过程中因试图扣押收缴黄碟和 VCD 机、电视机时，与张某夫妇发生冲突。张某阻挡，并抡起一根木棍砸向一名民警，致使该民警手被打肿，两民警受伤。民警以妨碍警方执行公务为由，并将作为播放淫秽录像的证据——从现场搜到的 3 张淫秽光碟连同电视机、影碟机一起带回派出所并留置到第二天。张某在向派出所交了 1000 元暂扣款后被放回。

2002 年 8 月 20 日，陕西当地媒体《华商报》以《家中看黄碟，民警上门查》为题，开始对此事予以报道，随后引起社会各界的广泛关注，并由此引发了有关"公权是否有权干涉私权空间"的大讨论；2002 年 8 月 22 日，宝塔公安分局决定对张某打伤民警的行为以妨碍公务罪立案，并由分局治安大队调查；2002 年 10 月 21 日，张某被宝塔公安分局以涉嫌妨碍公务罪刑事拘留；2002 年 10 月 25 日，宝塔公安分局向宝塔区人民检察院提请批捕犯罪嫌疑人张某；2002 年 11 月 4 日，宝塔区检察院作出不批准逮捕决定，并送达公安机关；2002 年 11 月 5 日，宝塔公安分局对张某变更强制措施，取保候审；2002 年 12 月 5 日，宝塔公安分局解除对张某的取保候审，并宣布撤销该案；2002 年 12 月 25 日，张某向宝塔公安分局提出国家赔偿申请书，并要求公安机关恢复名誉、赔礼道歉，处理相关责任人；2002 年 12 月 31 日，宝塔公安分局和张某在案件调查小组的主持下达成处理协议，协议规定由宝塔公安分局向当事人赔礼道歉，一次性补偿张某 29137 元人民币，并处理相关责任人员。这就是在国内影响极大的陕西黄碟案。

◆**思考与讨论**

民警私闯民宅是否符合法定程序？如何在行政管理中尊重和保障人权？

◆**要点提示**

1. 公权力介入私权利的正当性。对于公权力，"法不授权不得行，法有授权必须为"。这条原则意味着：法律无明文规定的权力不得行使，法律对权力明文禁止的更不得行使，超越立法目的和法官精神行使的权力无效，法律有明文规定的权力不得放弃。公权力对私权利的介入必须是必要的、合理的和正当的，只能在一定的范围内行使。公权力的行使要为公民保留必要的生存空间或生存自由。

2. 私权利行使的合法性。对于私权利应遵循"法无禁止皆权利，法无禁止不得罚"的原则。公民权利的行使需要借助法律的保障和确认，但并非只有法律明确规定的才是公民的权利，也并不只有法律明确肯定的行为才是合法的，只要法律没有明确的禁止，就应当认为公民的行为是合法的，不应受到法律制裁。公民的私生活是公民的隐私权，是私权利，有权保持自己的独立生活空间，公民个人对自己的私生活有权依据自己的价值、评价标准去选择，只要公民个人的行为没有损害社会和他人的利益和权利，他的权利的行使就是合法的。合法的行为公权力就是无理由介入，即使对本人有害的行为，也应由其自己负责，国家不能轻易干预，必须是该私人行为的社会意义和社会危害达到一定程度时，公权力才能介入。公权力的行使应给公民个人生活以尊严，而不应成为障碍，否则就会毁灭个人幸福，使个人丧失个性和尊重。

3. 保持公权力与私权利的平衡。由于我国长期处于"官本位"和"权力本位"思想的影响，公权力始终处于强盛的支配地位，而私权力大多处于弱小的或被支配的地位，从而导致公权力和私权利的失衡，公民权利往往得不到有效保护。消除权力和权利的对应和冲突，使两者在平衡中寻求和解与一致，已成为现代社会和法治国家的普通追求，权力与权利相互关系的畸形发展将会产生行政专横、践踏人格、权力滥用或社会混乱，所以，应改变现实生活中的这种强弱不平衡、不对等状态，使两者保持一种平衡。

4.保持权力与权利平衡的方式主要有：通过基本权利的配置限制权力行使的范围，实现权力与权利的最低程度平衡；建立和强化权力救济制度实现权利和权力的结果平衡；坚持权力以权利为界限，实现权力和权利的动态平衡。

【案例二】

### 孙志刚案

湖北籍公民孙志刚，男，2001年毕业于武汉科技学院，2003年2月24日受聘于广州市达奇服装有限公司。2003年3月17日晚10时许，孙志刚因未携带任何证件（没有暂住证也未带身份证）上街，被执行统一清查任务的天河区公安分局黄树街派出所民警李耀辉带回询问，随后被作为"三无人员"送至天河区公安分局收容待遣所转送广州市收容遣送中转站，3月18日晚10时许，孙志刚因自报有心脏病被送至广州市收容人员救助站201室。3月19日晚，孙志刚因向其他收容救助人员的亲属喊叫求助，引起救助站护工乔燕琴的不满，随后将孙志刚调至该站206室并指使206室李海婴等其他收容救助人员对其进行管制。20日凌晨0时30分，乔燕琴等四名护工再次将孙志刚从201室调至206室，并授意李海婴等人对其进行殴打。45分钟后，护工胡金艳将孙志刚调至205室，孙志刚向护工吕二鹏反映其被打情形，遭吕二鹏警棍打击。上午10时15分，孙志刚被发现伤势严重，开始抢救。10分钟后，医生宣布抢救无效死亡。4月3日，孙志刚的家属向中山大学法医鉴定中心提请法医鉴定。4月18日中山大学法医鉴定中心发布的鉴定结论称：孙志刚系因背部遭受钝性暴力反复打击，大面积组织损伤致创伤性休克死亡。4月25日，《南方都市报》首次报道此事，标题为"被收容者孙志刚之死"，并配发社评："谁为一个公民的非正常死亡负责"；此后，该报道被多家媒体迅速转载，孙志刚案件开始受到广泛关注。5月1日《北京青年报》报道，广州市公安局就此案进行了调查，结果是"孙志刚被打与警察无关"，"可能是在医院被同房的8个人打的"，"这8个人分布在全国8个省份，都已经不在广州了"。这一敷衍塞责的调查报告迅速受到各方的质疑和严厉抨击。作为对社会舆论的反应，中央政法委书记罗干、广东省委书记张德江等发表公开讲话，要求公正审判处理该案。5月11日，广东省委一副书记带领有关部门领导上门看望孙志刚的家属，表示要清查此案，依法严惩凶手。5 月 14 日，许志永、滕彪、俞江三位法学博士以中国公民名义向全国人大常委会提交建议书，要求对导致孙志刚被错误收容的执法依据——《城市流浪乞讨人员收容遣送办法》（以下简称《收容遣送办法》）——进行违宪审查。5 月 19 日，中国政法大学、中评网等联合召开"收容制度合宪性问题"研讨会。随后，全国各地法学及相关学科学者、学术团体就此事件组织了多次学术研讨。5 月 23 日，贺卫方等 5 位学者以中国公民的名义向全国人大常委会提交建议书，提请全国人大常委会就孙志刚案及收容遣送制度实施状况启动特别调查程序。5 月 23 日，广州市人民检察院就孙志刚案向广州市中级人民法院和天河区人民法院、白云区人民法院分别提起公诉，控告涉案和涉嫌参与殴打孙志刚的被收容救助人员和涉嫌玩忽职守、对于孙志刚被错误收容负有责任的民警李耀辉等人政纪处分。6 月 5～6 日，三法院分别公开开庭审理孙志刚案；但据《北京青年报》报道，只有 5 家新闻单位被邀请参加旁听，大多数新闻单位和关心此案的人民群众被拒之门外；即使被邀请的记者，也被要求不得携带包裹及照相、记录、录音器材，不得采访此案，并且要求在宣判后统一采用有关部门提供的稿件。因此，所谓公开开庭审理"徒有虚名"。为这三起案件 18 名犯罪嫌疑人提供辩护的律师此前也被告知不得向任何人透露有关此案的资料，不得接受记者采访。6 月 8 日，广州市委、监察局及有关单位对孙志刚案所涉及的 23 名有关责任人作出党纪、政纪处分。6 月 9 日，三法院作出一审判决：主犯乔燕琴犯故意伤害罪，判处死刑，剥夺政治权利终身；李海婴犯故意伤害罪，判处死刑，缓期 2 年执行，剥夺政治权利终身；钟辽国犯故意伤害罪，判处无期徒刑，剥夺政治权利终身；胡金艳等 9 人犯故意伤害罪，分别判处有期徒刑 3 至 15 年；民警李耀辉等 6 人犯玩忽职守罪，分别判处有期徒刑 2 至 3 年。6 月18 日，国务院常务会议审议通过了《城市生活无着的流浪乞讨人员救助管理办法》（以下简称《救助管理办法》）。6 月 20 日，国务院总理温家宝签发第 381 号国务院令，公布了该《办法》。随后发表的新闻稿称，鉴于 1982 年 5 月 12 日发布的《收容遣送办法》"已经不适应社会发展的要求"，将于 2003 年 8 月 1 日起废止，而代之以《救助管理办法》。6 月 27 日，广东省高级人民法院对孙志刚案作出终审判决，驳回上诉，维持原判。

◆思考与讨论

谈谈孙志刚案件反映出的法律价值冲突。

◆要点提示

1. 亚里士多德在定义法治时说：法治应包含两重意义：已成立的法律获得普遍的服从，而大家所服从的法律又应该是制定得良好的法律。亚里士多德是提出"良法"之治思想的第一人，以后经过自然法学派和其他学派的不断经营和发展，今天就现代社会来说，"良法"之治中的"良法"至少应当包括：法律必须体现人民主权原则，必须是人民根本利益和共同意志的反映，并且是以维护和促进全体人民的综合利益为目标的；法律必须承认、尊重和保护人民的权利和自由；法律面前一律平等；法律承认利益的多元化，对一切正当利益施以无歧视性差别的保护。

2. 良法是法治的最低要求。所谓法治，首先是"良法"之治。法治当中的"良"、"善"意指益于人的道德准则，在观念形态上它已转化为人人都能接受的正义。法律制度在设计和构建过程中被要求的分配正义、校正正义、实体正义、程序正义等都是它的内容。法律以正义实现为追求，该法便是善法、良法，舍弃了正义的价值标准，法便是恶法。

3. 经过三十多年的民主法制建设，中国业已基本上确立了一个囊括社会各方面的法律体系框架，在法治道路上也得到越来越多的社会认同，然而我们的法律甚至包括宪法在内的制定法应有的权威却始终未能确立，凌驾于法律之上的权力、模糊法律界限的人情、腐蚀法律尊严的金钱……现实中仍有不少的事物高于法、大于法、外于法。立法过程中还未广泛采用调查、听证等公开化、民主化方式，特别是一些层次较低的地方性立法和部门立法与社会公益之间的关系，表现为权力色彩、地方和部门利益气息过于浓厚，使得这些立法用普遍的法治原则乃至宪法和一些国家基本法律进行衡量，都很难称得上"法"，与法治理想中的"良法"之治相比，形势依然严峻。

## 延 伸 阅 读

## 2015 年度十大法治新闻

1. 防止领导干部干预司法新规公布，构筑抵御干扰公正司法"防火墙"

2015 年 3 月 30 日，中共中央办公厅、国务院办公厅正式公布《领导干部干预司法活动、插手具体案件处理的记录、通报和责任追究规定》，共 13 条，明确建立司法机关对相关行为的记录制度；党委政法委的通报制度；纪检监察机关对领导干部违法干预司法活动及司法人员不记录或者不如实记录的责任追究制度。规定要求，对任何领导干部干预司法活动、插手具体案件处理的情况，司法人员都应当全面、如实记录，做到全程留痕，有据可查。中央政法委同时印发《司法机关内部人员过问案件的记录和责任追究规定》，明确责任追究，确保司法人员依法独立公正办案。

点评：领导干部违法干预司法活动、插手具体案件处理，一直是影响司法公正的顽疾，确保司法机关依法独立行使审判权和检察权，是司法改革的重点和难点所在，也是建立和完善中国特色社会主义司法制度的突破口。党的十八届四中全会明确提出，要"建立领导干部干预司法活动、插手具体案件处理的记录、通报和责任追究制度"。"两个规定"相互衔接配套，对领导干部干预司法活动说"不"，共同构筑起抵御干扰公正司法的"防火墙"，为司法机关依法独立公正行使职权提供了制度保障，对于保障司法人员依法履职，有效防止关系案、人情案、金钱案，维护司法公正具有重要意义，凸显了司法改革的方向，也体现出全面推进依法治国的决心。

2. 最高法印发立案登记制改革意见，破解立案难问题，保障当事人诉讼权利

2015 年 4 月 1 日，中央全面深化改革领导小组第十一次会议审议通过《关于人民法院推行立案登记制改革的意见》。最高人民法院 4 月 15 日印发该意见，改革人民法院案件受理制度，变立案审查制为立案登记制，对依法应该受理的案件，做到有案必立、有诉必理，保障当事人诉权。意见于 2015 年 5 月 1 日起施行，全国各级法院正式由立案审查制转变为立案登记制。

点评：推行立案登记制改革，是党的十八届四中全会提出的重要举措。立案是审判的前提和基础，是启动司法程序的总开关。依法立案是公正审判的开始，如果有案不立、有诉不理，司法公正就无从谈起。立案登记制改革，是关系司法体制改革成败的重要一环，是破除人民群众反映强烈的"立案难"问题的关键一招，将充分保障当事人的诉讼权利，对于推动建设公正高效权威的社会主义司法制度，建设中国特色社会主义法治体系，促进中国法治建设和人权保障事业具有重要意义。

3. 依法保障律师执业权利规定出台，构建司法人员和律师间新型关系

2015 年 8 月 20 日，全国律师工作会议在北京召开。会议由最高人民法院、最高人民检察院、公安部、司法部联合召开，这在我国律师事业发展史上是第一次。中共中央政治局委员、中央政法委书记孟建柱，国务委员、公安部部长郭声琨，最高人民法院院长周强，最高人民检察院检察长曹建明等出席会议并讲话。会议讨论了《关于深化律师制度改革的意见》、《关于依法保障律师执业权利的规定》、《律师执业管理办法》和《律师事务所管理办法》。9 月 16 日，最高人民法院、最高人民检察院、公安部、国家安全

部、司法部联合出台《关于依法保障律师执业权利的规定》，进一步规范律师执业行为，深化律师制度改革，加强律师队伍建设，为构建司法人员和律师的新型关系提供坚实制度保障。

点评：律师制度是一个国家法律制度的重要组成部分，是法治文明进步的重要标志。律师执业权利是当事人权利的延伸，律师执业权利的保障程度，关系到当事人合法权益能否得到有效维护，关系到律师作用能否得到有效发挥，关系到司法制度能否得到完善和发展。"两院三部"联合出台《关于依法保障律师执业权利的规定》，全面贯彻落实党的十八大和十八届三中、四中全会精神，贯彻习近平总书记系列重要讲话精神，充分体现了党中央、国务院对律师工作和律师队伍的高度重视，对保障律师执业权利、维护法律正确实施、维护社会公平正义的高度重视，有助于更好地发展社会主义民主政治，充分发挥律师队伍在全面推进依法治国伟大实践中的积极作用。

4. 全面深化公安改革框架意见印发，公安机关推出百余措施便民利民

2015年2月，《关于全面深化公安改革若干重大问题的框架意见》及相关改革方案经中央审议通过后印发实施。全面深化公安改革的总体目标是：完善与推进国家治理体系和治理能力现代化，建设中国特色社会主义法治体系相适应的现代警务运行机制和执法权力运行机制，建立符合公安机关性质任务的公安机关管理体制，建立体现人民警察职业特点、有别于其他公务员的人民警察管理制度。到2020年，基本形成系统完备、科学规范、运行有效的公安工作和公安队伍管理制度体系，实现基础信息化、警务实战化、执法规范化、队伍正规化，进一步提升人民群众的安全感、满意度和公安机关的执法公信力。全面深化公安改革共有7个方面任务、100多项改革措施。公安改革由此驶入快车道，相继推出了户籍制度改革、出入境管理改革、公安交通管理改革等一系列便民利民的制度性、政策性改革举措。

点评：全面深化公安改革，事关国家长治久安，事关人民群众切身利益，事关国家治理体系和治理能力现代化，是适应时代新发展和人民新期待的必然要求，是促进社会公平正义、维护社会和谐稳定的必然要求，是激发队伍生机活力、提升公安机关战斗力的必然要求。框架意见及相关改革方案紧密结合公安工作性质特点和职责任务，聚焦提升人民群众的安全感、满意度和公安机关的执法公信力。突出让人民群众有更多的获得感，为全面深化公安改革提供了重要遵循。这次公安改革是从体制、机制、制度入手进行的全方位改革，改革力度之大、范围之广、措施之实，在公安

史上具有里程碑意义。

5. 检察机关开展提起公益诉讼试点，试点检察机关发现案件线索501件

根据全国人大常委会通过的授权决定，2015 年 7 月 2 日，最高人民检察院召开新闻发布会，发布《检察机关提起公益诉讼试点方案》。方案明确了试点的案件范围。民事公益诉讼的案件范围确定为检察机关在履行职责中发现的污染环境、食品药品安全领域侵害众多消费者合法权益等损害社会公共利益的案件。行政公益诉讼的案件范围确定为生态环境和资源保护、国有资产保护、国有土地使用权出让等领域负有监督管理职责的行政机关违法行使职权或不作为，造成国家和社会公共利益受到侵害的案件。截至2015 年 12 月底，北京等 13 个试点省市检察机关开展提起公益诉讼试点以来，共发现公益诉讼案件线索 501 件，通过检察建议等方式办理公益诉讼诉前程序案件 245 件。

点评：近年来，生态环境污染、危害食品药品安全等侵害社会公共利益的事件时有发生，在国有资产保护、国有土地使用权出让、生态环境和资源保护等领域，一些行政机关违法行使职权或者不作为，使国家和社会公共利益受到侵害。党的十八届四中全会决定明确要求，"探索建立检察机关提起公益诉讼制度"。检察机关作为国家法律监督机关，适合代表国家和社会公共利益提起诉讼；检察机关拥有法定的调查权，有利于调查取证和解决举证困难问题；能够高效、准确地配合人民法院进行诉讼，可以大幅度降低司法成本。由检察机关提起行政公益诉讼，符合四中全会"努力形成科学有效的权力运行制约和监督体系，增强监督合力和实效"的要求，既体现了我国基本制度的特色，又坚持了正确的政治方向。

6. 修改人口与计划生育法决定通过，我国"全面两孩"政策将正式实施

2015 年 10 月 26 日至 29 日，中国共产党第十八届中央委员会第五次全体会议在北京举行，全会审议通过《中共中央关于制定国民经济和社会发展第十三个五年规划的建议》，提出全面实施一对夫妇可生育两个孩子政策，积极开展应对人口老龄化行动。2015 年 12 月 27 日，十二届全国人大常委会第十八次会议表决通过了关于修改人口与计划生育法的决定，于 2016 年1 月 1 日起施行。修改后的人口与计生法明确，国家提倡一对夫妻生育两个子女。2016 年 1 月 5 日，《中共中央、国务院关于实施全面两孩政策改革完善计划生育服务管理的决定》公布，我国将实行生育登记服务制度，对生育两个以内（含两个）孩子的，不实行审批，由家庭自主安排生育。这是在"准生证"制度实施多年后，我国计划生育服务管理的重大变革。

点评：计划生育政策推行 40 多年来，我国人口过快增长的势头得到有效控制，资源、环境压力有效缓解，妇女儿童发展状况极大改善，为全面建成小康社会奠定了坚实基础，也为世界人口发展作出了重大贡献。当前我国人口发展呈现出重大转折性变化，实施全面两孩政策、改革完善计划生育服务管理，是新形势下坚持计划生育基本国策的重大战略部署。实施全面两孩政策，可以通过进一步释放生育潜力，减缓人口老龄化压力，增加劳动力供给，促进人口均衡发展。有利于优化人口结构、促进家庭幸福与社会和谐、促进经济社会持续健康发展、实现全面建成小康社会的奋斗目标，是站在中华民族长远发展的战略高度促进人口均衡发展的重大举措。

7. 刑法修正案（九）最终获表决通过，回应司法实践新情况作出新规定

2015 年 8 月 29 日，十二届全国人大常委会第十六次会议表决通过了刑法修正案（九），对我国现行刑法作出修改，以解决当前司法实践中出现的一些新情况、新问题，更好地适应预防和惩治犯罪的需要。修正案共 52 条，自 2015 年 11 月 1 日起施行。修正案将贪污数额分为"较大"、"巨大"、"特别巨大"三档；取消嫖宿幼女罪；收买被拐卖的妇女、儿童今后一律不能免除刑罚。在修正案制定、审议过程中，立法机关回应社会关切，对惩处恐怖活动、校车或客车超员超速、暴力袭警、国家考试作弊、编造传播网络谣言、扰乱法庭秩序、行贿等犯罪作出新的规定。

点评：备受关注的刑法修正案（九）主要解决了以下问题：一些地方近年来多次发生严重暴力恐怖案件，网络犯罪呈现新的特点，从总体国家安全观出发，统筹考虑了刑法与其他维护国家安全方面法律的衔接配套；随着反腐败斗争的不断深入，进一步完善了刑法相关规定，为惩腐肃贪提供了法律支持；贯彻落实了党中央关于逐步减少适用死刑罪名的要求。此次刑法修改，对社会危害严重的犯罪惩处力度不减，继续保持高压态势。同时，对一些社会危害较轻或者有从轻情节的犯罪，则留下了从宽处置的余地和空间，坚持了我国宽严相济的刑事政策，体现了维护社会公平正义的精神。

8. 全国人大常委会作出"特赦决定"，习近平签署主席令特赦四类罪犯

2015 年 8 月 29 日，国家主席习近平签署主席特赦令，根据十二届全国人大常委会第十六次会议 29 日通过的全国人大常委会关于特赦部分服刑罪犯的决定，对依据 2015 年 1 月 1 日前人民法院作出的生效判决正在服刑，释放后不具有现实社会危险性的四类罪犯实行特赦：一是参加过中国人民抗日战争、中国人民解放战争的；二是中华人民共和国成立以后，参加过保卫国家主权、安全和领土完整对外作战的，但犯贪污受贿犯罪，故意杀

人、强奸、抢劫、绑架、放火、爆炸、投放危险物质或者有组织的暴力性犯罪，黑社会性质的组织犯罪，危害国家安全犯罪，恐怖活动犯罪的，有组织犯罪的主犯以及累犯除外；三是年满七十五周岁、身体严重残疾且生活不能自理的；四是犯罪的时候不满十八周岁，被判处三年以下有期徒刑或者剩余刑期在一年以下的，但犯故意杀人、强奸等严重暴力性犯罪，恐怖活动犯罪，贩卖毒品犯罪的除外。

点评：中国重启特赦这一独特的法律制度，严格依照宪法和法律特赦部分服刑人员，将依法治国、依法执政的理念和态度更加清晰、明确地展现在世人面前。这是实施宪法规定的特赦制度的创新实践，具有重大的政治与法治意义。特赦体现了以德治国与依法治国相结合的基本原则和对宽严相济的刑事政策的遵循。在抗日战争暨世界反法西斯战争胜利 70 周年的重大节庆时刻，特赦部分服刑罪犯，能够更好地凝聚国家共识，强化反对战争、珍爱和平的理念，树立我国开放、民主、文明、人道、法治的大国形象，展示了我们党的执政能力、执政自信，也展现了我国的综合国力和制度自信。

9. 中美达成共同打击网络犯罪共识，决定建立热线机制开展对话沟通

2015 年 9 月 9 日至 12 日，习近平主席特使、中共中央政治局委员、中央政法委书记孟建柱率团访问美国，同美方就共同打击网络犯罪等执法安全领域的突出问题深入交换意见，达成重要共识。国务委员郭声琨于 11 月 29 日至 12 月 3 日赴美国主持首次中美打击网络犯罪及相关事项高级别联合对话，在落实两国元首达成的共识方面取得重要进展。中美双方在此次对话中达成了《打击网络犯罪及相关事项指导原则》，决定建立热线机制，就网络安全个案、网络反恐合作、执法培训等达成广泛共识，取得积极成果。

点评：中美两国都是互联网大国，在当前网络空间事端频发、网络安全威胁不断上升的大背景下，双方加强网络安全领域互信与合作尤为重要。中美在维护网络安全方面拥有重要的共同利益，也要应对共同的威胁，开展对话合作、共同打击网络犯罪，符合双方和国际社会的共同利益。当前，中美网络安全执法合作进入新的发展阶段，双方通过务实合作和坦诚交流，解决了一些实际问题，增进了双方了解和互信。中美双方坚持把对话机制作为就网络安全问题开展交流沟通的主渠道，有助于及时、有效回应彼此关切，建设性地管控分歧。相信以此为契机，网络安全执法必将成为中美合作的新亮点。

10. 完善国家统一法律职业资格制度，明确法律职业范围及取得资格条件

2015年6月5日，习近平总书记主持召开中央全面深化改革领导小组第13次会议，审议并原则通过《关于完善国家统一法律职业资格制度的意见》。2015年9月，中共中央办公厅、国务院办公厅印发《关于完善国家统一法律职业资格制度的意见》，规定建立健全国家统一法律职业资格考试制度，将现行司法考试制度调整为国家统一法律职业资格考试制度，改革法律职业资格考试内容，明确了法律职业的范围和取得法律职业资格的条件。在司法考试制度确定的法官、检察官、律师和公证员四类法律职业人员基础上，将部分涉及对公民、法人权利义务的保护和克减、具有准司法性质的法律从业人员纳入法律职业资格考试的范围，并分别从思想政治、专业学历条件和取得法律职业资格三个方面明确了法律职业的准入条件。

点评：国家统一法律职业资格制度，是为协调推进"四个全面"战略布局，特别是全面推进依法治国、建设社会主义法治国家提供人才保障，是对司法考试制度的改革和完善，具有重要意义。建立健全统一的法律职业资格考试制度，把好法律职业入口关、考试关、培训关，将提高法律职业人才选拔的科学性和公信力，有助于最大程度凝聚法治共识，实现法治队伍正规化、专业化、职业化，建设一支忠于党、忠于国家、忠于人民、忠于法律的高素质社会主义法治工作队伍。

——资料来源：法制网

# 2015 年度十大法治人物

1. 买买提江·托乎尼牙孜，新疆维吾尔自治区阿克苏地区公安局副局长

冲锋反暴恐　誓死铸警魂

2015年10月13日中午，根据牧民提供的线索，新疆阿克苏地区公安局副局长买买提江·托乎尼牙孜带着民警和牧民进入山中搜查拜城县"9·18"案件恐怖分子。由于地形复杂，部分牧民与队伍失散，买买提江骑马沿途寻找，随后遭暴恐分子偷袭劫持。被劫持后，买买提江怒斥暴恐分子罪行，极力规劝他们自首，后不幸遭暴恐分子残忍杀害，献出了年仅51岁的生命。2015年12月11日，买买提江·托乎尼牙孜被批准为革命烈士，并被追授全国公安系统一级英雄模范荣誉称号。在33年的从警生涯中，他先后被评为全国打击恐怖活动先进个人、全疆优秀人民警察、阿克苏地区

政法系统十佳先进个人，荣立一次二等功、两次三等功。

评语：在生命最后时刻，买买提江想的还是保护牧民，他大义凛然地对暴恐分子说："群众是无辜的，你要杀就杀我，放了他们！"在买买提江身上，我们看到的是听党指挥、忠诚使命、一腔热血报效祖国的政治本色，敢于担当、临危不惧、与暴恐分子斗智斗勇的英雄气概，恪尽职守、任劳任怨、舍小家为大家的奉献精神，万众一心、众志成城、誓夺反恐斗争胜利的顽强作风。他用鲜血谱写了一曲感人至深的壮丽凯歌。

2. 彭少勇，河北省保定市人民检察院党组副书记、副检察长

秉公护正义　坚守显公信

彭少勇，现任保定市检察院党组副书记、副检察长。1979 年进入检察院工作，2003 年从定兴县委副书记、纪委书记职务调任保定市检察院反贪污贿赂局副局长，曾任保定市检察院副检察长兼冀中地区检察院党组书记、检察长。在保定市检察院反贪污贿赂局工作期间，他带领该局荣获"全国十佳反贪局"称号。近年来，他荣获个人二等功 1 次、三等功 4 次。2014 年在办理顺平县王玉雷涉嫌故意杀人案件中，彭少勇依法排除非法证据，依法作出不批准逮捕决定，并向公安机关提出补充侦查意见，最终缉获案件真凶，有效纠正和防止了一起冤错案件。

评语：作为一名检察官，彭少勇对法律有着坚定信仰。艰难险重的任务面前，彭少勇总是挺身而出，以"咬定青山不放松"的劲头履行职责，全力维护社会公平正义。工作中，他始终以对法律负责、对当事人负责、对工作负责的态度秉公执法，认真办理经手的每一起案件，让人民群众感受公平正义。彭少勇说，"敢于担当是检察官基本的职业素养，只有坚守法律底线，坚守职业操守，坚守公平正义，才能对得起自己承担的那份责任"。

3. 才让旺杰，甘肃省夏河县人民法院民庭审判员

双语解心结　公正促案结

才让旺杰是甘肃省夏河县人民法院民庭审判员。15 年来，才让旺杰用藏汉双语帮助当地藏族农牧民群众解开了不少"心结"，办了不少实事。既精通藏汉双语又通晓法律，使得才让旺杰深得藏族群众信赖。许多法律术语在藏语中并没有对应的释义，才让旺杰需要吃透汉语意思，才能将其准确拆解成简单平实的藏语，传达给藏族群众。自 2010 年以来，在他独立承办和审结的各类民事案件中，80％都系依法调解结案，办案数量和调解率均在全院名列前茅。他所审结的案件均能做到案结事了，无一超审限、无一错案、无一发回重审和上访缠诉。

评语：才让旺杰常说，法律的力量在于公正，法官的分量也在于公正。

从当法官的那一天起，他始终把公正审判、化解矛盾、构建和谐作为自己追求的最高境界。在办案过程中，他始终以依法调解为先导，以化解矛盾为目标，对法律有疑问的当事人他从头至尾解释法律，直到当事人明白是怎么回事。多年来，他以敢为人先、争创一流的执著，对待自己钟爱的审判事业；他以严格执法、诚信热情的服务，展示着法律的正义与无私。

4、李培斌，山西省阳高县龙泉司法所所长

十法定纷争　无私献终生

2015年10月15日，在山西省大同市参加司法所长培训期间，党的十八大代表、全国优秀基层司法所长、山西省阳高县龙泉司法所所长李培斌突发疾病去世，年仅50岁。李培斌工作30余载，调解了数以千计的民事纠纷，制止了上百次群体性械斗，使50多个濒临破裂的家庭和好如初，30多位遭受遗弃的老人得以安度晚年，20多名失足青年改邪归正，20多名社区矫正人员迷途知返。在长期的调解生涯中，李培斌逐渐摸索出了一套"人民调解十法"：用情感染法、以柔克刚法、先守后攻法、正义震慑法、亲情促动法、群众抨击法、稳定大局法、感化教育法、诚信担保法、类同案推代教育法。如今，这套调解法则已成为人民调解工作的"活教材"。李培斌以自己的行动向大家阐释了什么叫"当初入党为什么，如今在党做什么，身后为党留什么"。

评语：他扎根乡村，埋头基层，他淡泊名利，恪尽职守。他心中有民，把人民群众满意作为检验工作的最高标准，想群众之所想，急群众之所急，努力做好服务群众的各项工作；他心中有责，切实把干事创业作为人生的不懈追求，扎根基层，立足本职，敢于担当，兢兢业业，埋头苦干；他心中有戒，严格要求自己，乐于奉献、清廉如水，守得住清贫，耐得住寂寞。他在平凡的岗位上，用生命传递着忠诚与信仰。

5. 马善祥，重庆市江北区观音桥街道办事处人民调解员

调解有方法　有事找老马

马善祥，重庆市江北区观音桥街道办事处人民调解员。比起他的名字，群众更习惯叫他"老马"。28年来，他调解各类矛盾，为群众解决两千多个困难和问题；他记下148本、520多万字工作笔记，总结了60多种群众工作方法。2012年5月，观音桥街道党工委、办事处挂牌成立"老马工作室"，组建了一个从事基层调解工作和群众思想政治工作的专业团队，提炼形成了一整套"老马工作法"。3年多来，"老马工作室"接访1300多人次，办理信访问题350件，成功调解330余件，调解成功率达96％；办理上级交办信访件60余件，回复率100％；成功应对辖区物业小区、建筑工地突发群

体性事件 20 余件，化解进京非正常上访积案 1 件，妥善处置 8 起意外死亡事件。如今，"有事找老马"，已成为观音桥街道居民遇到困难时最常说的一句话。

评语：让群众带着怨气来，带着满意走，这是马善祥追求的目标。为此，他给自己立下了接待群众的 24 字"规矩"：起立迎接、请坐倒水、倾听记录、交流引导、解决问题、出门相送。没有对群众的深厚感情，就不可能有如此执著的坚守。作为一名出色的人民调解员，为群众服务，为群众解决问题，把党的路线方针政策传播到群众的心坎上，马善祥是这么说的，也是这么做的。马善祥以 28 年的坚持实现了自己的梦想——"成为一个群众需要的人"。

6. 闫胜义，河南省兰考县人民法院东坝头人民法庭副庭长

立志当公仆　断案零失误

闫胜义，兰考县人民法院东坝头法庭一名普通法官。1987 年 8 月，从河南司法学校毕业的闫胜义被分配到兰考法院工作。当领导问他愿意到哪些部门去时，闫胜义主动要求"到离群众最近的地方去"，在基层一干就是 28 年。28 年里，他用自己司法为民的公仆情怀、探求就里的求实作风、朴实清廉的高洁品质，再次成为传承和诠释焦裕禄精神的时代楷模。他先后审结案件 2600 余起，全部发改率为零，错案率为零，无一起赴省进京上访案件；他多次被评为法院先进工作者，被省高院评为"优秀人民法庭法官"，被省高院、司法厅联合授予"调解能手"称号，他的事迹得到省市多位领导点赞，先后被《法制日报》等 20 余家媒体宣传报道。他被大家誉为焦裕禄式的好法官、老百姓的贴心人。

评语：28 年风雨，他倾注了几乎全部心力；28 年坚守，他从当年 20 来岁的毛头小子成为年近半百经验丰富的老法官。闫胜义用 28 年的青春岁月对"一心为民"做出了最深刻的注解："时时用焦裕禄精神丈量自己，时刻都在想，如果有一天我成为一名对群众有用的人，我就要时时以焦裕禄为榜样，为百姓做更多的事儿。"闫胜义心底里装的都是百姓的安宁，他以实际行动忠实履行着一名法官的神圣职责。

7. 潘志荣，内蒙古自治区达茂旗人民检察院驻满都拉镇口岸检察室主任

"游牧"遍草原　无悔践誓言

2011 年，潘志荣被任命为内蒙古自治区达茂旗检察院派驻满都拉镇口岸检察室主任兼派驻石宝镇检察室主任。从那时起，潘志荣就开始了自己独具特色的"游牧"办公，除了每周定期去两个检察室接访外，还不定期地去设立在达茂旗其他几个苏木、乡、镇的检察工作站进行巡访，每年三分

之二的时间他都在基层农牧区。为方便服务农牧民群众，潘志荣专门制作发放了 5000 多张"检民联系卡"，并承诺 24 小时提供服务，被少数民族兄弟贴心地称为"一叫通"。为更贴近当地牧民，潘志荣还自发学习蒙语。如今，他不仅能得心应手地为蒙古族群众提供法律服务，还成为单位双语翻译组成员、蒙语公诉出庭组成员。由于常年下乡，2013 年，潘志荣曾因疲劳过度，突发心脏病，幸亏抢救及时才脱离危险。然而几天后，他又和往常一样，走向乡下的农牧民群众。

评语："脚下的泥越多，离老百姓的心才越近。"从事"游牧"检察工作 4 年来，潘志荣走遍了全旗 77 个嘎查和行政村；巡访牧场牧点 980 多个；达茂旗 1.8 万平方公里的土地上，处处都有他的足迹。他始终把人民群众放在心中最高的位置，坚持把公平正义作为崇高价值追求，用心血守护公正、捍卫法治，以实际行动践行人民检察为人民的无悔誓言，赢得广大牧民群众赞誉。

8. 马兰，北京高通律师事务所律师

法援千里行 燃灯送光明

马兰，1989 年大学毕业后，先从事法律咨询和企业法律顾问工作，2003 年加入北京高通律师事务所，专职从事律师工作。2010 年 7 月 22 日，马兰不顾家人反对，放弃丰厚的收入，毅然加入"1＋1"中国法律援助志愿者行动，扛着大包小包奔赴西部山区，做起了法律援助志愿律师。如今 48 岁的她，在这条法律援助志愿之路上，已经坚守了 5 年。从 2010 年开始参加志愿者行动，马兰先后在甘肃省张掖市山丹县和西藏拉萨城关区等地服务。而在她来之前，很多地方没有一名律师。担任法律援助志愿者期间，马兰先后受理数百件案件，与此同时，她积极普法，主动到各单位开展法制宣传，到当地电视台做法治讲座。从甘肃、西藏，再到云南、贵州，上高原，赴边疆，贫困山区的村村寨寨，都留下了马兰坚定的足迹。

评语：在西藏，马兰像一个永远不知疲倦的机器人，一个人撑起整个法律援助中心。没有周末、没有节假日，对前来求援的藏族同胞，她总是视同亲人。在法律援助志愿者行动的 5 年间，马兰每天坚持写工作日记，记下每一份收获与感受。她在日记里这样写道："也许我只是一只 50 瓦的灯泡，照亮不了太大的地方，但我也要努力让法律正义的光亮传递到更远、更需要的地方。"

9. 薛永清，河北省肃宁县公安局政委

忠诚洒热血 浩气存英烈

薛永清，1989 年参加公安工作，一级警督。生前任肃宁县公安局党委副书记、政委。从警 26 年来，薛永清忠于职守，尽职尽责，任劳任怨，历经多个基层工作单位和岗位，始终做到爱一行、专一行。他曾荣获省、市优秀人民警察，省"新长征突击手"和"全国经侦系统先进个人"称号，系全省经侦专家，两次荣立个人三等功。2015 年 6 月 8 日 23 时 46 分，肃宁县付佐乡西石堡村发生一起特大涉枪刑事案件，犯罪嫌疑人刘双瑞持双管猎枪，先后窜至该村 3 户人家开枪行凶，致两名村民死亡、3 人受伤。薛永清在带队抓捕犯罪嫌疑人时，身先士卒，被犯罪嫌疑人击中头部，壮烈牺牲。薛永清牺牲后，人力资源和社会保障部、公安部追授薛永清为全国公安系统一级英模，河北省委、省政府追授薛永清"人民卫士"荣誉称号。

评语：忠诚无悔，一腔热血化春雨；浩气长存，壮士英年写千秋。为保护人民群众生命安全，薛永清在关键时刻不惜献出宝贵生命，彰显了对人民的忠诚，对党的事业的忠诚，对人民警察光荣使命的忠诚。他的事迹感人至深，精神可歌可泣，他用鲜血证明了人民警察是人民群众的保卫者，他用生命践行了"人民公安为人民"的铮铮誓言。

10. 刘胡乐，云南刘胡乐律师事务所律师

辩护谋民利　代理传民意

刘胡乐，男，汉族，中共党员，一级律师。1956 年出生，昆明市人。现为云南刘胡乐律师事务所律师、云南司法道德研究所副所长并兼任云南工业大学特邀教授。十多年来，他承办各类诉讼案件数千件，为企业和当事人挽回利益及避免经济损失数十亿元，为数十家政府机构和大中型企业担任法律顾问。在代理昆明国际信托投资公司证券回购纠纷、借款纠纷中，他凭借精湛的法律业务能力，使数亿元的呆账、死账起死回生。在刑事辩护领域，刘胡乐也颇负盛名。他曾为数百起重大刑事案件担任辩护律师，为上百人获得免刑、减刑。

评语："律师是社会主义法治工作队伍的重要组成部分，应当是正义的化身、公平的使者。"刘胡乐认为，律师和法官、检察官一样都是为了正义。在这种信念的指引下，刘胡乐坚持律师对待每一个人都应该是公平的，无论他是有罪还是无罪，都应该享有辩护和辩解的权利。在工作中，刘胡乐重证据、重调查研究，以事实为依据，以法律为准绳，一心一意献身于自己热爱的事业。

——资料来源：法制网

# 回顾 2015 年度中国十大法治事件

2015 年，是落实党的十八届四中全会提出全面推进依法治国精神的第一年，也是中国法治建设亮点频出的一年。

通过宪法宣誓制度、40 年后重启特赦、修改并通过新大气污染防治法、红色通缉令让外逃贪官全球无处遁形、立案登记制改革破解"立案难"问题……一部部法律的制定和通过，一项项改革措施的落实和推进，让党的十八届四中全会提出的全面推进依法治国蓝图，正化为现实。

以下是媒体评选出的 2015 年度中国十大法治事件。

**大事件一：宪法宣誓制度**

2015 年 7 月 1 日，全国人大常委会表决通过实行宪法宣誓制度的决定。宪法宣誓制度将于 2016 年 1 月 1 日起实行。誓词共 70 字："我宣誓：忠于中华人民共和国宪法，维护宪法权威，履行法定职责，忠于祖国，忠于人民，恪尽职守，廉洁奉公，接受人民监督，为建设富强、民主、文明、和谐的社会主义国家努力奋斗！"

**亮点：营造尊崇宪法权威的氛围**

宪法宣誓仪式的寓意就在于通过鲜明的仪式意象和强烈的心理暗示唤起人们对宪法的信仰。宣誓是一种庄严的承诺，誓词是沉甸甸的诺言。宪法宣誓实际上是宣誓人向公众神圣的宪法承诺。

比宣誓更重要的是言行一致，将誓词内化于心、外化于行，用实际行动践行誓言、兑现承诺。宪法宣誓诚可贵，依宪治国价更高。期望宪法宣誓制度能够彰显宪法的至上权威，凝聚全社会依宪治国的共识，在全社会尤其是全体公职人员中营造尊崇宪法权威的氛围。

**大事件二："民告官"进入 2.0 时代**

2015 年 5 月 1 日，新修改的行政诉讼法正式实施，这是党的十八届四中全会后，国家立法机关修改的第一部法律，也是行政诉讼法实施 24 年来作出的首次修改，标志着"民告官"正式迈入 2.0 时代。同一天，《最高人民法院行政诉讼法司法解释》也正式实施，被社会久为诟病的民告官诉讼"立案难、审理难、执行难"等问题随着新制度、新规定的施行，得到进一步解决。

**亮点：要求行政首长出庭应诉**

要求行政首长出庭应诉，是新行政诉讼法的一大亮点。行政诉讼制度的一个重要功能就是监督行政机关依法行使职权。而行政机关能否做到依法行政，关键在于行政首长。只有行政首长了解和重视行政诉讼活动，才能认识到行政行为合法与否的重要性，也才能督促行政机关工作人员严格依法行政。因此，要求行政首长出庭应诉，并不是"为难"行政首长，而是更好地监督行政机关依法行使职权，有利于加快建设法治政府。

**大事件三：立案登记制改革破解"立案难"问题**

2015年4月1日，中央全面深化改革领导小组第十一次会议审议通过了《关于人民法院推行立案登记制改革的意见》。意见提出，改革人民法院案件受理制度，变立案审查制为立案登记制，对依法应该受理的案件，做到有案必立、有诉必理，保障当事人诉权。

**亮点：法院由立案审查制转变为立案登记制**

2015年5月1日，全国各级人民法院正式由立案审查制转变为立案登记制。同时，为规范登记立案程序，提高立案工作效率，最高人民法院下发了《关于人民法院推行立案登记制改革的意见》和《关于人民法院登记立案若干问题的规定》，对接收诉状、当场立案、告知补正、诉讼费收取等提出了明确要求。

**大事件四：重特大贪污犯终身监禁坚守刑罚底线**

2015年8月29日，全国人大常委会表决通过刑法修正案（九），规定重特大贪污犯终身监禁不得减刑假释。对贪污受贿特别巨大、情节特别严重的犯罪分子实行"终身监禁"，首要目的就在于用制度封堵"提前（钱）出狱"的可能，在刑事司法的最后一个环节坚守司法公正的底线，让其死罪可免、活罪难逃。

**亮点：死缓限制减刑、假释**

贪污受贿犯罪是职务犯罪中性质最为严重的两类犯罪，在当前反腐败斗争形势依然严峻复杂的情况下，在逐渐减少、控制死刑的前提下，出台死缓限制减刑、假释这样的规定，既能体现惩处腐败的从严一面，又能达成控制死刑的目标。对重大贪污受贿犯罪限制减刑、假释终身监禁，也彰显了党和政府坚决反对腐败的坚强决心，顺应民意。

**大事件五：《关于依法保障律师执业权利的规定》公布**

2015年9月，备受法律界关注的《关于依法保障律师执业权利的规定》全文正式公布。

**亮点：为27万律师撑开执业保护伞**

这次由"两院三部"联合出台的《规定》，在律师事业发展史上还是第一次，是深化律师制度改革、促进律师事业发展的重要举措，对保障律师执业权利、推进律师事业发展、充分发挥律师在全面推进依法治国中的重要作用，具有重大而深远的意义。期待《规定》的公布实施，能真正为 27 万律师撑开权利保护伞。

**大事件六：习近平签署主席特赦令**

尘封 40 年之久的中国特赦制度终于重启。2015 年 8 月 29 日，国家主席习近平签署主席特赦令，根据全国人大常委会关于特赦部分服刑罪犯的决定，对四类服刑罪犯实行特赦。

**亮点：特赦开启法治文明新篇章**

根据主席特赦令，对依据 2015 年 1 月 1 日前人民法院作出的生效判决，释放后不具有现实社会危险性的四类罪犯实行特赦。

在纪念中国人民抗日战争暨世界反法西斯战争胜利 70 周年之际，特赦部分服刑罪犯，具有重大的政治意义和法治意义。特赦可以使这项古老的中华法治文明进一步发扬光大，创新宪法实践，积累德政，展现执政自信，彰显刑罚的人道主义。

特赦制度的重启，开启了尊崇宪法、宽严相济、慎刑恤囚的中国法治文明新篇章。

**大事件七：红色通缉令**

2015 年 4 月，按照"天网"行动统一部署，国际刑警组织中国国家中心局公布了对 100 名涉嫌犯罪的外逃国家工作人员、重要腐败案件涉案人等的红色通缉令。

**亮点：让外逃贪官全球无处遁形**

这是我国首次集中公布外逃人员信息。曾致浙江官场上百人被查的"女巨贪"杨秀珠名列第一，部分未被通报落马，但"消失"已久的官员亦在列。

红色通缉令将让外逃贪官在全球无处遁形，外逃贪官逍遥法外、逍遥海外的日子终将一去不复返。红色通缉令发布彰显中国强力反腐的决心，释放出对外逃贪官一追到底的强烈信号，意味着中国海外追赃追逃行动在提速，海外再也不是腐败分子的"避风天堂"。

**大事件八：通过新修订的大气污染防治法**

经过三次审议，2015 年 8 月 29 日，十二届全国人大常委会第十六次会议通过新修订的大气污染防治法。

**亮点：提高违法成本，加大处罚力度**

27 年后首次大修的大气污染防治法将自 2016 年 1 月 1 日起施行，不仅在法条数量上几近翻一倍，内容上也基本对所有现行法条作出修改，其中不少规定凸显从治标走向治本的立法思路。

提高违法成本，加大处罚力度，是大气污染防治法首次大修的鲜明特点。违法成本低，守法成本高，被公认为是近年来中国环境违规问题屡禁不止的重要原因之一。新的大气污染防治法共 129 条，涉及法律责任的条款有 30 条，具体的处罚行为和种类接近 90 种，大大提高了这部法律的可操作性和针对性。

建立重点区域大气污染联防联控机制，是本次大气法大修的主要亮点。尤其是对重点区域联防联治、重污染天气的应对措施都作出了明确要求。新修订的大气污染防治法专设一章，对重点区域大气污染联合防治作出规定。京津冀地区一直是大气污染的重灾区，加强联防联控治霾势在必行，而加强京津冀三地的立法协作，将联防联控治霾纳入法制轨道，才是治本之策。

**大事件九：收买被拐妇女儿童一律追究刑责**

新通过的刑法修正案(九)修改了关于收买被拐卖妇女、儿童行为的条款。根据新规定，收买被拐卖妇女、儿童的，今后一律不能免除刑罚。这意味着今后收买被拐妇女、儿童的行为将一律被追究刑责。

**亮点：严厉打击买方市场**

庞大的、需求旺盛的买方市场，是导致拐卖犯罪屡打不绝并且不断加剧蔓延的根本原因。买主的法律风险偏低，更是助长了拐卖犯罪的气焰。实践中，收买人被刑事问责的极其罕见。

只有补齐打拐的法律短板，彻底铲除买方市场，对收买妇女儿童者一律追究刑事责任，真正实现"买卖同罪"，才能从源头上遏制拐卖妇女、儿童犯罪。

**大事件十：检察机关提起公益诉讼制度**

2015 年 12 月 16 日，山东省庆云县人民检察院以县环保部门不依法履行职责为由，向县法院提起行政公益诉讼。这是启动检察机关提起公益诉讼试点改革以来的全国首例"行政公益诉讼"。

**亮点：激活公益诉讼的正能量**

党的十八届四中全会提出"探索建立检察机关提起公益诉讼制度"。2015 年 7 月 1 日，全国人大常委会通过了《关于授权最高人民检察院在部分地区开展公益诉讼试点工作的决定》，选择在北京、内蒙古等 13 个省、自治区、直辖市的检察院开展为期两年的改革试点。之后，最高人民检察院印发了《检察机关提起公益诉讼试点方案》。

检察机关在生态环境和资源保护重点领域提起公益诉讼，既能激活公益诉讼的正能量，又能使公益诉讼成为履行法律监督的新司法利器，让检察机关的法律监督职能由虚变实、由弱变强。期待更多的检察机关敢于亮剑，理直气壮地用好公益诉讼这个司法利器。

"国无常强，无常弱。奉法者强则国强，奉法者弱则国弱。"实现中华民族的伟大复兴，离不开法治中国的砥砺前行。

2016 年，中国将向着决胜全面小康发力。全面依法治国，无疑是重要保障之一。让我们沐浴着法治的阳光告别 2015，共同期待 2016 中国法治奏响新的凯歌、谱写新的华章。

——资料来源：新浪网

# 人民日报：自觉遵守党纪国法

核心提示：4 月 13 日，人民日报发表评论员文章。文章称，日前，党中央对薄熙来严重违纪问题立案调查、公安机关对尼尔·伍德死亡案进行复查，得到了党员群众的衷心拥护，自觉遵守党纪国法，成为全党全国人民的普遍共识。

新华网北京 4 月 12 日电，"我国是社会主义法治国家，法律的尊严和权威不容践踏。不论涉及谁，只要触犯法律，都将依法处理，决不姑息。"日前，中共中央对薄熙来严重违纪问题立案调查、公安机关公布对尼尔·伍德死亡案进行依法复查结果并将犯罪嫌疑人移送司法机关，得到了广大党员群众的衷心拥护，自觉遵守党纪国法，成为全党全国人民的普遍共识，凝聚着改革发展稳定的强大力量。

无论是作出依法依纪予以彻底查清的果断决策，还是贯彻法律面前人人平等的法治原则，无论是采取正确有力的各项措施，还是将相关情况及时向社会公布，中央的处理决定，既是落实从严治党的根本要求，也是维护社会主义法治的必然之举。同时也充分说明，代表人民群众根本利益的中国共产党，决不允许有凌驾于党纪国法之上的"特殊党员"；法律面前人人平等，制度面前没有特权、制度约束没有例外，任何人触犯法律都将受到严肃追究和严厉惩处。

国无法不治，民无法不立。一切组织和个人都必须严格遵守法律，这是现代法治社会的基本要求。依法治国，是我们党领导人民治理国家的基本方略，是国家长治久安的重要保证。作为我们这样一个发展中大国，大力弘扬法治精神，增强全体公民的法律意识，对于稳定社会秩序、维护国家利益、保障公民权利，具有至关重要的意义。当前，我国正处于社会转型和经济结构调整的重要时期，面对体制转轨、社会转型、思想多样、利益多元的新形势，只有所有社会成员都自觉遵守法律、维护法律尊严，才能维护正常社会秩序、创造良好社会氛围，才能更好地化解矛盾纠纷、维护社会稳定，也才能谈得上实现公平正义、推进社会和谐。

　　严密的组织纪律性，是我们党的一个鲜明特征；党的各级组织和全体党员严守党的纪律、自觉接受党的纪律约束，是我们党的重要优势，也是党始终保持先进性的重要保证。对党员干部而言，如果说遵守国家法律是基本义务，那么遵守党的纪律则是基本要求。遵守国家法律就是时时处处模范践行国家法律，遵守党的纪律就是要首先遵守党的政治纪律，自觉同以胡锦涛同志为总书记的党中央保持一致，坚决贯彻中央的决策部署。王立军事件、尼尔·伍德死亡案件和薄熙来严重违纪问题再次警示我们，只有坚决执行党的纪律、遵守国家法律，立身不忘做人之本、为政不移公仆之心、用权不谋一己之私，在任何情况下都不逾越法律、纪律和道德的底线，切实做到自重、自省、自警、自励，才能真正做到清清白白为官、堂堂正正做人、干干净净干事。

　　"奉公如法则上下平，上下平则国强。"面对复杂多变的国内外环境，面对艰巨繁重的改革发展稳定任务，我们要继续抓住和用好我国发展的重要战略机遇期，有效应对各种风险和挑战，圆满完成"十二五"时期经济社会发展目标任务，必须有一个良好的社会秩序，必须依靠全体人民的团结奋斗、开拓进取。不断增强纪律和法治观念，自觉遵守党纪国法，我们才能更好地增强党和国家的创造力、凝聚力、战斗力，为改革发展稳定营造良好环境，为夺取全面建设小康社会新胜利、加快推进社会主义现代化提供坚实保障。

——资料来源：新华网

# 第八章　行使法律权利　履行法律义务

## 理 论 导 学

### 一、教学目标

**【知识目标】**

1. 法律权利及其特征。

2. 法律义务的特点。

3. 法律权利与法律义务的关系。

4. 我国宪法规定的权利与义务。

**【能力目标】**

1. 能够厘清法律权利和法律义务的内涵、关系。

2. 能够正确行使公民的基本权利与自由，自觉履行公民基本义务。

**【素质目标】**

能够妥善处理学习生活中遇到的法律问题和各种矛盾，不断提高自身的法律素质和个人修养。

### 二、教学重点

法律权利和义务的关系。我国公民的基本权利和义务。

### 三、教学难点

行使权利和履行义务的关系如何处理，保障自身权利和尊重他人权利之间的界限如何把握。

# 实 践 拓 展

观看《今日说法》

【实践类型】

观感类

【实践目标】

通过观看视频，使学生增强法律意识，养成法律思维，做一个知法、懂法、守法、用法的合格公民。

【实践方案】

教师根据教学内容，选出1～2个典型的案例，组织学生观看，并分组进行分析议论，形成小组集体意见，推荐代表向全班阐述自己的观点，与其他小组交流看法。然后由教师予以引导或总结。活动结束后，学生以小组为单位上交案例分析材料。

# 知 识 运 用

【案例一】

林甲，男，17岁，汉族，河北省某县中学高三年级学生。

林乙，男，15岁，汉族，河北省某县中学高二年级学生。

林甲、林乙二人系同乡同村同姓叔伯兄弟，在县中学读书，并住校。1988年春的一天，林甲因个人卫生不好，被班级同学、班卫生委员田某（回民）指出，并要求他在三天内将个人卫生搞好，要求他不要因为一个人影响班级评比。林甲对此很不满，认为田某故意使其难堪，不买账，待田某离开林甲宿舍后，大骂田某，并有侮辱回民的言论。林甲辱骂田某的事，当天晚上就传到田某的耳朵里，田某火冒三丈，立即去责问林甲，于是两人大吵起来，后被同学们劝住，从此两人结下仇。田某因为是班干部，过后没有把这件事放在心上。林甲则不然，过后时时想报复。于是他去找林乙，两人商讨报复的方法。两人经过一番密谋，由林乙放哨，林甲找来一块熟猪肉皮，给田某的饭碗擦上猪油。田某吃饭时总觉得味道不对，但头一、二次他没有在意，第三次觉得不对劲，于是田某就暗中留意，在某天下午课外活动时间，他发现了林甲、林乙两人鬼鬼祟祟地溜进宿舍，直往饭碗上抹什么东西，他立即冲进去，看见二林正在拿猪肉皮擦他的碗。田某怒发冲冠，冲上去用力打了林甲一拳，于是二对一地撕打起来。田某吃了亏，又发现二林是侮辱回族，他跑到各年级，把回民同学叫在一起，并把二林侮辱回族的言行叙述一遍。回民们激情奋起，立即去找二林，并把二林痛打一顿。当天晚上同宿舍的同学，发现林甲鼻青脸肿，就问他是谁打的。林甲添油加醋的说是田某带领全校的回民打的。于是有几个好斗的"仗义之士"出头联络汉族同学，并煽动说："回回结伙打老汉"，一些不明真相的学生，一哄而起，追打回民同学。第二天回民同学罢课，并要求学校保护回民。学校经过调查，是因为林甲、林乙的行为造成的，学校给了他们应有的处罚。

◆**思考与讨论**

林甲、林乙的行为是否得当？

◆**要点提示**

林甲、林乙两个人由于对同学田某不满进而发展成为歧视回民、谩骂回民，并向田某饭碗上抹猪油是侵犯他人信仰自由的行为。《中华人民共和国宪法》的第四条规定："禁止破坏民族团结和制造民族分裂的行为。"林甲、林乙两个人的言论和行为，在主观动机和客观效果上都构成了破坏民族团结的行为，应受到必要的处罚。

【案例二】

老刘在公园锻炼身体时，捡到一个钱包，但钱包中只有50块钱，在周围喊了几声没人理他，老刘就揣着钱包回家了，路过福利彩票销售点时，头脑一热，掏出刚捡的50元买了两张彩票，将找回的钱又放回钱包。第二天，到公园锻炼时，经常在一起锻炼的老宣说，昨天自己丢了钱包，不知谁捡到了，老刘即拿出钱包，被老宣认定为自己所丢，除了感谢老刘外，发现钱包里的50元变成了30元，顺口问了一句，老刘实话实说，自己用了其中的20元买了彩票，并表示明天给补20元，第二天，福利彩票开奖，老刘所选号码中了大奖，奖金500万元。这个消息也传到老宣耳朵里，即找到老刘要求将20元及所中奖项归还自己，老刘自然不答应，这时，有人认为奖金应该由两个人平分。这笔奖金究竟应该归谁呢？

◆**思考与讨论**

用捡到的钱买彩票中奖，奖金应归失主还是拾得人？

◆**要点提示**

本笔彩票奖金应该归老刘所有。本案中存在两个法律关系：第一，是老刘与老宣之间因丢失钱包、拾得钱包而产生的不当得利之债关系，债的内容是钱包及内装的50元钱，老刘将钱包及50元钱归还给老宣，双方之间的关系就消除了。第二，是老刘与福利彩票中心之间的彩票买卖关系，彩票中心承诺一旦中奖即应将奖金承兑给老刘。这两个法律关系都属于债，而债的关系当事人都是特定的，彩票中心只对持有彩票的老刘有承兑义务。

从另一个角度说，金钱，作为一种特殊的物，其重要特征是"占有即所有"，也就是说，谁占有金钱，谁就对该笔金钱拥有所有权。老刘在公园捡了 50 元钱，这 50 元钱就归老刘所有，只不过是老刘与丢钱的老宣之间形成了一个债的关系，老刘有而且也只有返还 50 元给老宣的义务，老刘拿自己的钱买彩票中奖，奖金自然也应归老刘，而不是归老宣。

**【案例三】**

2006 年 3 月 23 日的傍晚，海南省临高县的警方接到报警，说当地的新盈镇突然发生了一起命案，警方随后赶到了现场，调查随即展开。死者叫陈不波，今年 25 岁，曾参与多起抢劫，是临高警方网上通缉的重犯。

死者陈不波当天是在偷摩托车，被车主发现后急忙逃跑，车主高喊抓贼，听到喊声的邻居开始对陈不波围追堵截，陈不波慌不择路，跑进一家村民的宅基地，被赶来的很多群众围了起来，半小时之后，陈不波死在了那里。

那天傍晚大约 19 时许，刘先生把自己的摩托车停在易富圆宾馆门口，当他下楼时，看到有人在偷他的车。刘先生拔腿就追，边追边喊，周围的邻居们听到动静纷纷出来帮忙。镇子不大，很快刘先生看到小偷被前面两个年轻人截住了。刘先生回忆，当时他看到小偷手里拿了一把刀，威胁拦路的一个叫李小虎的青年，当时很多在场的群众都看见了这一幕。他们不相信小偷胆敢当着大家的面行凶，可是还没等人们反应过来，李小虎就被刺倒在地上。

看到小虎倒下，大伙又惊又气，刘先生和几个人冲了上去想把小偷摁在地上，可是持刀的陈不波马上又挥舞着手上的尖刀，向刘先生他们刺来。刘先生挨了小偷两刀，两手鲜血直流，他和先前被刺伤的小虎马上被送往医院。

小偷的偷盗行为本身就是大伙不能原谅的事情，现在居然还持刀连伤两人，村民们愤怒了，而此时小偷陈不波还在挥舞着沾着血的刀威胁其他的人，于是越来越多的村民加入抓捕小偷的行列，终于他们把陈不波逼到了一户村民宅基地的墙边。随后，石块、木棍等随手捡到的东西成了村民们的武器，这些东西纷纷往陈不波的身上打去，陈不波在那个时候既无路可逃，也无处可躲。

20 时左右，夜色渐浓，混乱中没有人注意到伏倒在墙边的陈不波是个什么样子，后来当警方赶到现场时，发现陈不波满身伤痕，流血很多，呼吸已经停止。

半月之后警方的调查有了结果，他们在现场找到群众所说的伤人的凶器，一把90厘米的匕首，它与李小虎身上的刀伤是吻合的。现场的痕迹检验和各种检查报告说明，村民们反映的情况是真实的。在周密论证之后，警方得出结论，在陈不波被追赶过程中，他对事主持刀行凶，犯罪性质已经转化为抢劫，在这种情况下，村民们将小偷打死，不承担法律责任。

主持人：在这个故事当中，有很多人在听完了之后说死的这个人叫死有余辜，因为是群众，以群众的力量群起而攻之，最后把他制伏，到底从法律的角度来讲，群众的这种行为应该怎么认定？

韩玉胜：作为群众的行为我觉得是很可以鼓励的，毕竟现在从社会风气来说，有很多地方出现的犯罪行为在发生，而路人视而不见，村民不顾自身的安危，因为犯罪人有凶器，仍然集体和这个犯罪人做斗争，从这一点来讲我觉得对他们的行为应该给予特别鼓励。

主持人：这个案子涉及《刑法》规定的正当防卫如何理解的问题。

韩玉胜：《刑法》规定对带有暴力性质的危及人身安全的行为是可以进行正当防卫的，陈不波开始是盗窃，后来被发现以后他掏出刀来挥舞而且还刺伤了人，这时候他已经由盗窃转化成了抢劫，对抢劫行为是可以进行正当防卫的，但我们在防卫的时候应该是他的不法侵害行为正在进行中，如果你针对的是还没开始的或者是已经结束的暴力行为，那就不能够再进行防卫了，正当防卫有一个限度，就是以制伏犯罪人的犯罪行为为限，只要他丧失了或者表示不再反抗了，你就应该停止对他的攻击行为。

主持人：在这个案件当中，天色比较黑，陈不波手持利器而且已经扎伤了人，这时候谁能够保证说陈不波的伤害他人的行为不会继续进行下去，而这种伤害会不会造成更严重的后果，谁又能说得清楚。

韩玉胜：因为犯罪分子拿着刀，而村民拿的都不是锐器，我们要求采取了防卫行为的群众对自己的度要把握好，这是对群众的一种苛求了，这种苛求不利于我们和犯罪行为做斗争。

主持人：在生活里面，我们也经常能够看到一些带有情绪性的海报和标语，比如有的海报上写着：小偷小贩发小广告者，胆敢进院狠踹暴打。还有的写的是偷井盖者，抓住剁手。下面一句话就有点吓人了，打死"两抢"分子，概不负责。事实上这些标语表现出来的是情绪大于法律了。

韩玉胜：这种标语从出发点来讲，可能是为了震慑那些犯罪分子，但是如果从这些标语的本质来看是不合法的，同时也会使所看到标语的这些群众在法律意识上产生了一种模糊认识，认为我这么做就是对的，这个对我们实现国家法治建设是非常不利的。对犯罪分子行使刑罚权的是人民法院而不是其他任何机关或者个人，任何时候情绪都需要受法律的约束，绝不能够以感情代替法律，不能因为大家对小偷痛恨，就把这些犯罪人一个一个都打死，这就成了一种私刑，私刑在我们国家是绝对不允许的，任何犯罪人他所受到的惩罚一定是国家法律给予他的应当受到的惩罚。

主持人：当我们在面对犯罪分子的时候，我们一定要选择合理合法的手段来进行自我保护，如果我们超出了合理合法的限度，最后我们自己很有可能制伏他人不当导致自己成为新的犯罪人，而且只有手段方式的合理合法才能既制伏犯罪分子，又彰显法律精神。

◆思考与讨论

什么是正当防卫？如何把握正当防卫中的"限度"问题？你怎么看待现实生活中的"抓小偷"事件？

◆要点提示

我国《刑法》第 20 条规定：为了使国家、公共利益、本人或者他人的人身、财产和其他权利免受正在进行的不法侵害，而采取的制止不法侵害的行为，对不法侵害人造成损害的，属于正当防卫，不负刑事责任。

在实践中，一般是以防卫行为能否制止正在进行的不法侵害行为为限度，同时考虑所保护的利益的性质和可能遭受损失的程度。也就是说，如果超出了制止正在进行的不法侵害行为的限度，并且防卫行为造成的伤害大于不法行为可能造成的侵害，就属于防卫过当了。

# 延 伸 阅 读

## 大学生不应该要求父母支付学费、生活费

宋某 9 岁时，父母离异，由母亲抚养，父亲按月支付抚养费，但后来经常拖欠。2002 年宋某考上大学，需要大笔学费，父亲拒绝支付，而母亲又无力承担。宋某在多次向父亲索要无果后，以父母当年的离婚协议为依据向当地法院申请强制父亲履行给付抚养费的义务。

法院将其父亲拖欠的高中时期的教育费、医药费和抚养费强制执行给他，但没有支持他索要大学学费和生活费的义务。

我国《婚姻法》第 21 条规定，父母对子女有抚养教育的义务，父母不履行抚养义务的，未成年的或不能独立生活的子女，有要求父母给付抚养费

的权利。但何谓"不能独立生活"，《婚姻法》本身没有界定。2001 年 12 月 24 日出台的《关于适用〈中华人民共和国婚姻法〉若干问题的解释》（一）第 20 条规定，不能独立生活是指，尚在校接受高中及其以下学历教育，或者丧失或完全丧失劳动能力等非因主观原因而无法维持正常生活的成年子女。依照新的司法解释，不管父母是否有给付能力，都无法定义务承担子女抚养费。

抚养教育子女是家庭最基本的社会功能。人类的生育活动是一项深受社会文化影响的行为，受到道德和法律的关注，由此形成了相应的权利和义务。在一般情况下，由于本能、情感、道德和习惯等的作用，父母会尽自己所能为子女支付全部或部分费用，即使法律规定他们已经不再有此义务。

但法律的精神，不支持一个人成年后仍向父母伸手要钱。最高人民法院司法解释的本意是不支持成年子女对父母的依赖性。按照我国教育制度的实际情况，大学生基本上都是年满 18 周岁的成年人。大学生作为成年人，应当学会自立自强，不应该对父母有依赖性，否则既不利于自身成才，也不利于提高一个民族的竞争力。最高人民法院的司法解释，不但对在校大学生有实际意义，对已毕业的大学生也有重要的意义，可以防止出现有工作机会但不愿就业，在家依赖父母生活的"啃老族"。

——资料来源：法制网

# 生活中不可忽略的法律小常识

生活中经常会碰到大大小小的问题，而中国人的习惯则是大事化小，小事化了。有时即使是"吃亏"了，也只能哑巴吃黄连，能忍就忍了。而不知用法律的武器来维护自己的合法权益。今天大家就跟法律直通车小编一起来看看生活中的一些最常见的法律常识有哪些吧！

一、如果上下班途中发生交通事故，有权向所在单位要求享受工伤待遇，包括下班时顺道买菜的情况。上下班的途中包括四种情况：

1. 在合理时间内往返于工作地与住所地、经常居住地、单位宿舍的合理路线的上下班途中；

2. 在合理时间内往返于工作地与配偶、父母、子女居住地的合理路线的上下班途中；

3. 从事属于日常工作生活所需要的活动，且在合理时间和合理路线的上下班途中；

4. 在合理时间内其他合理路线的上下班途中。

二、如果未满 18 岁的孩子夜不归宿，必须对孩子进行教育，否则就要承担相应的法律责任。

三、如果别人借您钱，您一定要他出借据，而且借款数额一定要大写（注：诉讼时效为两年）。

四、如果想要保护自己的家或其他财产，一定不要私设电网或设置毒物等，否则可能触犯危害公共安全罪。《中华人民共和国治安管理处罚法》第 37 条第一款规定：未经批准，安装、使用电网的，或者安装、使用电网不符合安全规定的，处 5 日以下拘留或者 500 元以下罚款；情节严重的，处 5 日以上 10 日以下拘留，可以并处 500 元以下罚款。

五、公民在赡养、工伤、刑事诉讼、请求国家赔偿和请求依法发给抚恤金等方面需要获得律师帮助，但是无力支付律师费用的，可以按照国家规定获得法律援助。

六、如果想写遗嘱，一定要注明年月日，并亲自签名。让人代书，一定要两个以上证人在场见证，代书人、见证人、遗嘱人都要签名，最好委托律师见证并执行遗嘱。

七、抚恤金、生活补助费是在死者死亡后，由国家发给死者亲属的费用，用以优抚救济死者家属中未成年人和丧失劳动能力的亲属，不属于死者的遗产，一般不能作为遗产继承。

八、民间借贷属于高风险事件，法律规定高于同期利率 4 倍以上的民间借贷，是不受法律保护的。如目前一年期贷款利率为 6％，即民间借贷 1 年期利率高于 24％（即月息 2％）以上，高出部分不受法律保护。

九、在幼儿园、学校学习、生活的无民事行为能力人和限制民事行为能力人或者在精神病院治疗的精神病人，因这些单位没有尽到监护职责而受到伤害，这些单位应适当给予赔偿。单位有过错的，亦应适当承担责任。

——资料来源：普法教育网

# 刑事法律小常识

一、刑事责任能力

刑事责任能力是指行为人构成犯罪和承担刑事责任所必需的，行为人具备的刑法意义上辨认和控制自己行为的能力。不具备刑事责任能力者即使实施了客观上危害社会的行为，也不能成为犯罪主体，不能被追究刑事责任；刑事责任能力减弱者，其刑事责任也要相应地适当减轻。我国《刑法》对刑事责任年龄的规定采用了四分法：

1. 绝对无刑事责任年龄，即不满 14 周岁的，对任何犯罪都不负刑事责任。

2. 相对刑事责任年龄，即已满 14 周岁不满 16 周岁的人，犯故意杀人、故意伤害致人重伤或者死亡、强奸、抢劫、贩卖毒品、放火、爆炸、投毒罪的，应当负刑事责任。除上述罪名外，因不满 16 周岁不予刑事处罚的，要责令他的家长或者监护人加以管教，在必要的时候，也可以由政府收容教养。

3. 减轻刑事责任年龄，即已满 14 周岁不满 18 周岁的人犯罪，应当从轻或者减轻处罚。

4. 完全负刑事责任年龄，即已满 16 周岁的，犯任何罪，都必须负刑事责任。但犯罪时未满 18 周岁，不适用死刑。

二、犯罪主观方面：故意和过失的几种形态

直接故意，是指行为人明知自己的行为会发生危害社会的结果，并且希望这种结果发生的主观心理态度。例如：甲用匕首对准熟睡的乙的胸口猛刺数刀，致乙死亡。

间接故意，是指行为人明知自己的行为肯定发生危害社会的结果，并且放任这种结果发生的主观心理态度。如某甲持枪打猎，看到一只野猪，当时他预料如果举枪射击，就可能打中在该地拔草的某乙，但他对这种可能发生的结果，采取漠不关心的放任态度，于是举枪向野猪射击，结果未打中野猪而打死了拔草的某乙。

直接故意和间接故意，它们的相同点：行为人都预见到自己行为的危害结果以及危害行为与危害结果之间的因果关系的发展。它们的不同点有：直接故意，其意识因素是明知自己的行为必然发生或者可能发生危害结果；其意志因素是希望结果发生。间接故意，其意识因素是预见到危害结果的可能发生，而不是预见到结果的必然发生；其意志因素只能是放任结果的发生。如果行为人明知危害结果的必然发生，却有意放任这种结果发生的，应是直接故意。

过于自信的过失，是指行为人已经预见到自己的行为可能发生危害社会的结果，但轻信能够避免，以致发生这种结果的心理态度。

玩忽大意的过失，是指行为人应当预见到自己的行为可能发生危害社会的结果，因为疏忽大意而没有预见，以致发生这种结果的心理态度。

过于自信的过失与间接故意有时容易混淆，应弄清二者的异同。在意识因素上二者是相同的，即都只能预见到危害结果的可能发生，而不是遇见到危害结果的必然发生，在意识因素上，二者的具体态度有重大差异。间接故意是行为人对危害结果的发生采取有意放任而无意防止的态度，发生了危害结果也不违背行为人的意愿；而过于自信的过失则是行为人轻信危害结果可以避免，并且这种轻信有一定的根据，如行为人有熟练的技术、丰富的经验、一定的预防措施、有利的客观条件等，即本意是要避免危害结果的发生，所发生的危害结果是违背行为人意愿的。

三、我国的死刑政策(保留死刑、严格限制死刑的适用)

1. 犯罪时不满 18 周岁的人和审判时怀孕的妇女不适用死刑。

2. 死刑依法由最高人民法院判决的以外，都应当报请最高人民法院核准。

3. 死缓制度：对于应当判处死刑的犯罪分子，如果不是必须立即执行的，可以判处死刑同时宣告缓期 2 年执行。

四、剥夺政治权利的期限分为以下几种情况

1. 终身。判处死刑、无期徒刑的犯罪分子，应当剥夺政治权利终身。

2. 3 年以上 10 年以下。在死刑缓期执行减为有期徒刑或者无期徒刑减为有期徒刑的时候，应当把附加剥夺政治权利终身改为 3 年以上 10 年以下。

3. 与管理的期限相等。判处管制附加剥夺政治权利的，剥夺政治权利的期限与管制的期限相等。

4. 1 年以上 5 年以下。其余情况，包括单独剥夺政治权利和附加剥夺政治权利的期限都应当在 1 年以上 5 年以下。

剥夺政治权利期限的起算：单独判处的，从判决裁定之日起算。附加的，有以下几种情况：

(1)主刑判处死刑、无期徒刑附加剥夺政治权利终身的，从主刑执行之日起；

(2)管制附加剥夺政治权利的，和管制同时执行，同时完毕；

(3)其他情况，剥夺政治权利的刑期，从徒刑、拘役执行完毕之日或者从假释之日起计算，剥夺政治权利的效力当然适用于主刑执行期间。

五、不再追诉的法定情形

法定最高刑为不满 5 年有期徒刑的，经过 5 年不再追诉；法定最高刑为 5 年以上不满 10 年有期徒刑的，经过 10 年不再追诉；法定最高刑为 10 年以上有期徒刑的，经过 15 年不再追诉；法定最高刑为 20 年，如 20 年以后认为必须追诉的，须报请最高人民检察院核准。

# 民事法律小常识

**一、关于胎儿的利益的保护**

胎儿本身不具有权利能力，但并不意味着对胎儿的利益就不予以保护。胎儿需要保护的利益主要是继承时的应留份额，即被继承人必须在遗嘱中为胎儿保留必要的份额。我国《继承法》第 28 条已经明确规定遗产分割时应该保留胎儿的继承份额。

**二、生理死亡的时间认定**

因为死亡关系到民事主体是否存在、原权利义务是否变更、继承是否开始等，就需要准确判断生理死亡的时间。在我国一般以心脏停止跳动、自主呼吸消失、血压零为自然人死亡的标准。随着医学科技的发展，多数学者主张脑死亡与心脏死亡相比更为科学，标准更可靠。几个互有继承关系的人在同一事件中死亡，又不能确定死亡先后时间的，根据《继承法意见》第 2 条规定，推定没有继承人的人先死亡；死亡人各自都有继承人的，如几个死亡人辈分不同，推定长辈先死亡；几个死亡人辈分相同，推定同时死亡，彼此不发生继承，由他们各自的继承人分别继承。

**三、宣告死亡**

是指人民法院经利害关系人申请，依审判程序对下落不明满一定期限（一般期限：下落不定满 4 年；特殊期限：意外事件满 2 年）的自然人，宣告其推定为死亡的一种法律制度。

**四、未成年人的监护制度**

对于未成年人的监护包括法定监护，又包括指定监护。法定监护是指监护人由法律直接规定；指定监护是指监护人由法院指定。父母作为未成年子女的法定监护人，以子女出生这一法律事实为发生原因，一直延续到子女年满 18 周岁。因死亡或按照法定程序予以剥夺外，任何人不得加以限制。按照《婚姻法》的规定，养父母和养子女间的权利和义务适用对父母子女关系的有关规定。父母离婚后，抚养子女的一方应是未成年子女的监护人，同时另一方也有抚养子女的权利和义务。

未成年人父母双亡或丧失监护能力或被取消监护资格的，依照《民法通则》第 16 条规定，由下列人员中有监护能力的人担任监护人：祖父母、外祖父母；兄、姐；关系密切的其他亲属、朋友愿意承担监护责任，经未成年人的父、母所在单位或者未成年人住所地的居民居委会、村民委员会同意的。

对未成年人的监护，也可以通过法院指定来确定。在发生监护纠纷时，监护人不能依法确定时，根据《民法通则》规定的监护人的顺序，从有监护资格的人中选定监护人。指定应当坚持对被监护人有利的原则。如果被监护人有一定的识别能力，应当征求被监护人的意见。指定监护人时，既可以是一个，也可以数个。

五、住所是指公民长期居住生活的地点

住所是自然人参与的各种法律关系集中发生的中心地域。依据我国法律规定，以户籍所在地的居住地为自然人的住所。从《民法通则》第15条（公民以他的户籍所在地的居住地为住所，经常居住地与住所不一致的，经常居住地视为住所）、《民法意见》第9条规定（公民离开住所地以后连续居住一年以上的地方，为经常居住地。但住医院治病的除外。公民由其户籍所在地迁出后至迁入另一地之前，无经常居住地的，仍以其原户籍所在地为住所）来看，我国主要采纳客观的标准来判断住所，在判定住所时没有要求了解当事人是否有久住的意思。

六、医疗事故

是指医疗机构及其医务人员在医疗活动中，违反医疗卫生管理法律、行政法规、部门规章和诊疗护理规范、常规，过失造成患者人身损害的事故。认定医疗事故必须具备下列五个构成要件：第一，医疗事故的责任主体必须是医疗机构及其医务人员；第二，医疗事故责任人必须有违法过失行为；第三，构成医疗事故的行为必须是发生在诊疗护理工作中的行为，包括为此服务的后勤和管理工作；第四，过失行为必须造成患者人身损害；第五，过失行为和损害结果之间必须有直接因果关系。因果关系可分为单因单果、多因单果、单因多果和多因多果。在许多医疗事故中，由于患者病情的复杂性、体制的差异性和医务人员的技术水平以及其他一些人为的原因，致使事故发生多属于多因单果。

# 诉讼小常识——如何提起诉讼

随着我国法治建设的完善、普法教育的推进，"拿起法律武器保护自己"已经成为普通老百姓耳熟能详的话语。对于一些简单、小额的纠纷，即使没有法律专业知识，没有律师帮助，普通老百姓也同样可以"走进法庭"，通过司法裁判保护自己的权利。本文将介绍起诉时需要注意的几点事项。

## 一、确定案件的性质

我国的法律诉讼分三种，分别是：刑事诉讼、民事诉讼、行政诉讼。刑事诉讼的主要作用是对被告人定罪量刑。我国绝大多数刑事案件是由国家负责侦查起诉的，有四种刑事案件属于"亲告"范畴，也称为"自诉"案件，这类案件有：侮辱诽谤罪、暴力干涉婚姻罪、虐待罪、侵占罪，被害人可以直接到法院起诉。民事诉讼的主要作用是处理民事纠纷，如合同纠纷、婚姻家庭纠纷、劳动争议等。行政诉讼，简单地说就是"民告官"，例如当事人认为行政处罚不当，可以以作出该具体行政行为的行政机关为被告，提起行政诉讼。

## 二、明确具体被告

确定被告并没有想象的那么容易，而且，被告不正确，结果基本是败诉。关于如何正确地确定被告，首先要明确什么是被告。被告是指被诉称侵犯了原告的民事权益，或者与原告发生了民事权益争执，而依法被人民法院传唤应诉的人。

## 三、准备好起诉材料

起诉材料从形式上说主要包括起诉状、证据材料。起诉状有具体格式，可以通过阅读一些法律书籍查找到。特别需要注意的是，在写起诉状时，明确诉讼请求很重要，如果忽略了本该主张的诉讼请求，相关权利是得不到法院保护的。证据方面，民事诉讼、刑事自诉主要依据"谁主张谁举证"的原则，一般来说，作为原告，需要提供充足的证据，否则要承担败诉的风险。而在行政诉讼中，由作为被告的行政主体承担主要的举证责任。

## 四、确定管辖

也就是要确定向哪个法院提起你的诉讼，你的案子应该由哪个法院来审理。按照我国的审判体制，采取二审终审制。一般的简单民事纠纷或者刑事自诉案件都是由基层人民法院来审理。而一审案件确定管辖的基本原则是"原告就被告"，比如说甲借你一万元钱不还，你准备要起诉甲，你的住所是 A 县，而甲的住所是 B 县，那么你就应当到 B 县提起诉讼，除非你们有约定或者甲在 A 县临时居住，且居住满一年，或者你在 A 县有查封的甲的财产。

具体问题可以参阅《民事诉讼法》及最高人民法院关于适用《中华人民共和国民事诉讼法》若干问题的意见。

# 大学生签订劳动合同要小心

新《劳动合同法》既给大学生带来了维护自己合法权益的福音，但同时企业用工成本提高，使企业招聘大学生将比以前要求更加苛刻，对于大学生就业来言又是挑战。那么针对新《劳动合同法》及其相关条例、解释，究竟哪些新的法律条款需要应届毕业生重视呢？

一、正确认识就业协议和劳动合同二者的法律地位

（一）不要错误地认为就业协议就是劳动合同。

经笔者调查发现，有相当大的一部分毕业生认为，有就业协议就不用签订劳动合同了，就业协议就是劳动合同。这种看法是错误的。就业协议是指毕业生在校时，与用人单位、学校三方协商签订的，是编制毕业生就业计划和毕业派遣的依据。而劳动合同是毕业生与用人单位明确劳动关系中权利义务关系的协议，是上岗毕业生从事何工种劳动的依据。也就是说，就业协议签订在前，劳动合同订立在后。另外，它们所包含的内容也不同，就业协议的内容主要是毕业生如实介绍自身情况，并表示愿意到用人单位就业，用人单位表示同意接收该毕业生，学校同意推荐该毕业生，列入就业方案并纳入就业情况统计，它不涉及毕业生到单位报到后所享有的权利义务。而劳动合同涉及劳动报酬、劳动保护、工作内容、劳动纪律等，劳动权利义务关系更为明确。因此，毕业生只有弄明白这两个合同的含义，才能更好地通过签订有效的劳动合同来维护自身的权利。

（二）要正确认识就业协议对大学生就业的促进作用。

既然劳动合同才是劳动者权利的根本保障，很多毕业生就认为不用签就业协议而直接签劳动合同就可以了。专家认为，直接签劳动合同是有效的，但也存在一些缺陷。首先，就业协议需要经过学校签证，这有助于学校做好就业促进工作。毕业后，学校可以根据就业协议书把学生的档案直接寄给用人单位的档案保管部门，减少了周转的时间，提高了新单位办理手续的效率。其次，劳动合同只规范学生毕业后的就业行为，假如有一方在毕业前反悔，另一方将无法利用就业协议的一些特别政策保护自己。如，就业协议上往往有违约金规定，违反协议者应支付违约金，而劳动合同必须根据劳动法规定订立，对违约金的设立局限性很大，根本无法像就业协议一样广泛保护。

二、订立劳动合同时应注意的法律问题

（一）劳动合同的建立

自用工之日起即建立劳动关系，用人单位应1个月内签订书面合同，否则被处罚支付双倍工资。同时新法规定，"用人单位自用工之日起满一年不与劳动者订立书面劳动合同的，视为用人单位与劳动者已订立无固定期限劳动合同"。这样劳动者就不用担心是否签合同的问题了，如果单位不和你签合同，一年后，你就直接转为无固定期限劳动合同了，这样的法律规定将促使企业更主动地与学生签订劳动合同。

（二）合同必备条款

新《劳动合同法》增加了用人单位的名称、住所和法定代表人或者主要负责人、劳动者的姓名、住址和居民身份证或者其他有效身份证件号码、工作地点、工作时间和休息休假、社会保险五项条款，除去双方当事人情况是合同必备要件外，实际增加了三条：工作地点、工作时间和休息休假、社会保险。对于此必备条款，以往很多单位都规避社保问题，不给劳动者上保险，现今大学生在找工作面试时，就不需提社保问题了，这些条款都是企业劳动合同必备条款，如果企业合同中没有此条款，则用人单位就违法了。

（三）试用期的期限

劳动合同期限三个月以上不满一年的，试用期不得超过一个月；劳动合同期限一年以上不满三年的，试用期不得超过二个月；三年以上固定期限和无固定期限的劳动合同，试用期不得超过六个月。

试用期次数，同一用人单位与同一劳动者只能约定一次试用期，试用期的工资，不得低于本单位相同岗位最低档工资或者劳动合同约定工资的百分之八十，并不得低于用人单位所在地的最低工资标准。以往，很多用人单位对应届毕业生约定试用期过长，试用期等于白干期的现象屡见不鲜。法律中有关试用期期限的规定，避免了用人单位无限期的对劳动者试用，对于初涉职场的大学生权益提供了法律保障。

（四）经济补偿金条款

在新的法律中，除了劳动者没有过错被解除劳动合同需要支付经济补偿金外，劳动合同到期时用人单位不续签合同的，也需要向劳动者支付经济补偿金。这样的规定，充分体现了立法对履行劳动合同期间劳动者贡献的补偿和肯定，也要求用人单位思考如何才能使劳动合同管理满足成本合理和管理便利的双重要求。除了续签劳动合同外，对劳动者更加人性化的管理意识，提升劳动者的劳动效率，实现劳资和谐共赢才是根本。

三、劳动者解除劳动合同时应注意的问题

1. 协商一致解除劳动合同。劳动者与用人单位协商一致的情况下可以解除劳动合同。但应注意，劳动者主动提出的情况下，用人单位不需要向劳动者支付经济补偿金。

2. 提前通知解除劳动合同。《劳动合同法》第三十七条规定，劳动者提前三十日以书面形式通知用人单位，可以解除劳动合同。劳动者在试用期内提前三日通知用人单位，可以解除劳动合同。需要注意的是，劳动者履行提前通知义务必须用书面形式，且要保留用人单位签收书面通知的证据。不然一旦发生纠纷，用人单位会说你未履行提前通知义务，是擅自离职，这样就会造成被动局面，还可能因此向用人单位承担赔偿责任。劳动者向用人单位发出书面通知后，用人单位不明确表示同意，同时不为劳动者继续提供劳动保护或者劳动条件导致劳动者无法工作，或不支付劳动报酬，或不为劳动者缴纳社会保险费，则劳动者可以依据《劳动合同法》第三十八条的规定，在履行事先告知义务后，即可解除劳动合同，不必再等到三十日期满后再离开用人单位。

3. 符合法定情形劳动者解除劳动合同。《劳动合同法》第三十八条规定了九种劳动者可以解除劳动合同的法定情形。需要说明的是，强行给劳动者"放假"或"停工"可视为未提供劳动条件，拖一天或少付一元也是未及时足额支付劳动报酬。劳动者都可以据此提出解除劳动合同。

——选自医学招聘网：《大学生签订劳动合同要小心》

# 常用劳动法律数据

一、工作时间

1. 标准工作时间：每天 8 小时，每周 40 小时，每周至少休息一天。

2. 延长工作时间：一般每天不超过 1 小时，特殊情况下每天不超过 3 小时，每月不得超过 36 小时。

3. 延长工作时间的工资标准：一般情况下不低于工资的 150%；休息日不能补休的不低于工资的 200%；法定假日不低于工资的 300%。

二、劳动仲裁和诉讼时效

1. 提出仲裁要求的一方应当自劳动争议发生之日起 60 日内向劳动争议仲裁委员会提出书面申请。仲裁裁决一般应在收到仲裁申请的 60 日之内作出。对仲裁裁决无异议的，当事人必须履行。

2. 劳动争议当事人对仲裁裁决不服的，可以自收到仲裁裁决书之日起 15 日内向人民法院提起诉讼。一方当事人在法定期限内不起诉又不履行仲裁裁决的，另一方当事人可以申请人民法院强制执行。

三、女职工的劳动保护

1. 女职工在月经期间，所在单位不得安排其从事高空、低温、冷水和国家规定第三级体力劳动强度的劳动。

2. 女职工在怀孕期间，所在单位不得安排其从事国家规定的第三级体力劳动强度的劳动和孕期禁忌从事的劳动。

3. 怀孕七个月以上（含七个月）的女职工，一般不得安排其从事夜班劳动；在劳动时间内应安排一定的休息时间。

4. 女职工产假为 90 天，其中产前休假 15 天。难产的，增加产假 15 天。多胞胎生育的，每多生育一个婴儿，增加产假 15 天。

5. 有不满一周岁婴儿的女职工，其所在单位应当在每班劳动时间内给予其两次哺乳（含人工喂养）时间，每次 30 分钟。多胞胎生育的，每多哺乳一个婴儿，每次哺乳时间增加 30 分钟。在女职工每班劳动时间内的两次哺乳时间可以合并使用。哺乳时间和在本单位内哺乳往返途中的时间，算作劳动时间。

6. 职工在哺乳期内，所在单位不得安排其从事国家规定的第三级体力劳动强度的劳动和哺乳期禁忌从事的劳动，不得延长其劳动时间，一般不得安排其从事夜班劳动。

7. 女职工劳动保护的权益受到侵害时，有权向所在单位的主管部门或者当地劳动部门提出申诉。受理申诉的部门应当自收到申诉书之日起 30 日之内作出处理决定；女职工对处理决定不服的，可以在收到处理决定书之日起 15 日内向人民法院起诉。

四、经济补偿

1. 用人单位克扣或者无故拖欠劳动者工资的，以及拒不支付劳动者延长工作时间工资报酬的，除在规定的时间内全额支付劳动者工资报酬外，还需加发相当于工资报酬 25％的经济补偿金。

2. 用人单位支付劳动者的工资报酬低于当地最低工资标准的，要在补足低于标准部分的同时，另外支付相当于部分 25％的经济补偿金。

3. 经劳动合同当事人协商一致，由用人单位解除劳动合同的，用人单位应根据劳动者在本单位工作年限，每满 1 年发给相当于 1 个月的经济补偿金，最多不超过 12 个月。工作时间不满一年的按 1 年的标准发给经济补偿金。

4. 劳动者不能胜任工作，经过培训或者调整工作岗位仍不能胜任工作，由用人单位解除劳动合同的，用人单位应按其在本单位工作的年限，工作时间每满 1 年，发给相当于 1 个月工资的经济补偿金，最多不超过 12 个月。

5. 劳动合同订立时所依据的客观情况发生重大变化，致使原劳动合同无法履行，经当事人协商不能就变更劳动合同达成协议，由用人单位解除劳动合同的，用人单位按劳动者在本单位工作的年限，工作时间每满 1 年发给相当于 1 个月工资的经济补偿金。

6. 用人单位濒临破产进行法定整顿期间或者生产经营状况发生严重困难，必须裁减人员的，用人单位按被裁减人员在本单位工作的年限支付经济补偿金。在本单位工作的时间每满 1 年，发给相当于 1 个月工资的经济补偿金。

7. 劳动者患病或者非因公负伤，经劳动鉴定委员会确认不能从事原工作，也不能从事用人单位另行安排的工作而解除劳动合同的，用人单位应按其在本单位的工作年限，每满 1 年发给相当于 1 个月工资的经济补偿金，同时还应发给不低于 6 个月工资的医疗补助费。患重病和绝症的还应增加医疗补助费，患重病的增加部分不低于医疗补助费的 50%，患绝症的增加部分不低于医疗补助费的 100%。